生命の根源

救われる原理

《上》

谷井信市

Parade Books

著者・谷井信市。

「飛昇の碑」兵庫県丹波篠山市役所庭園に設置。

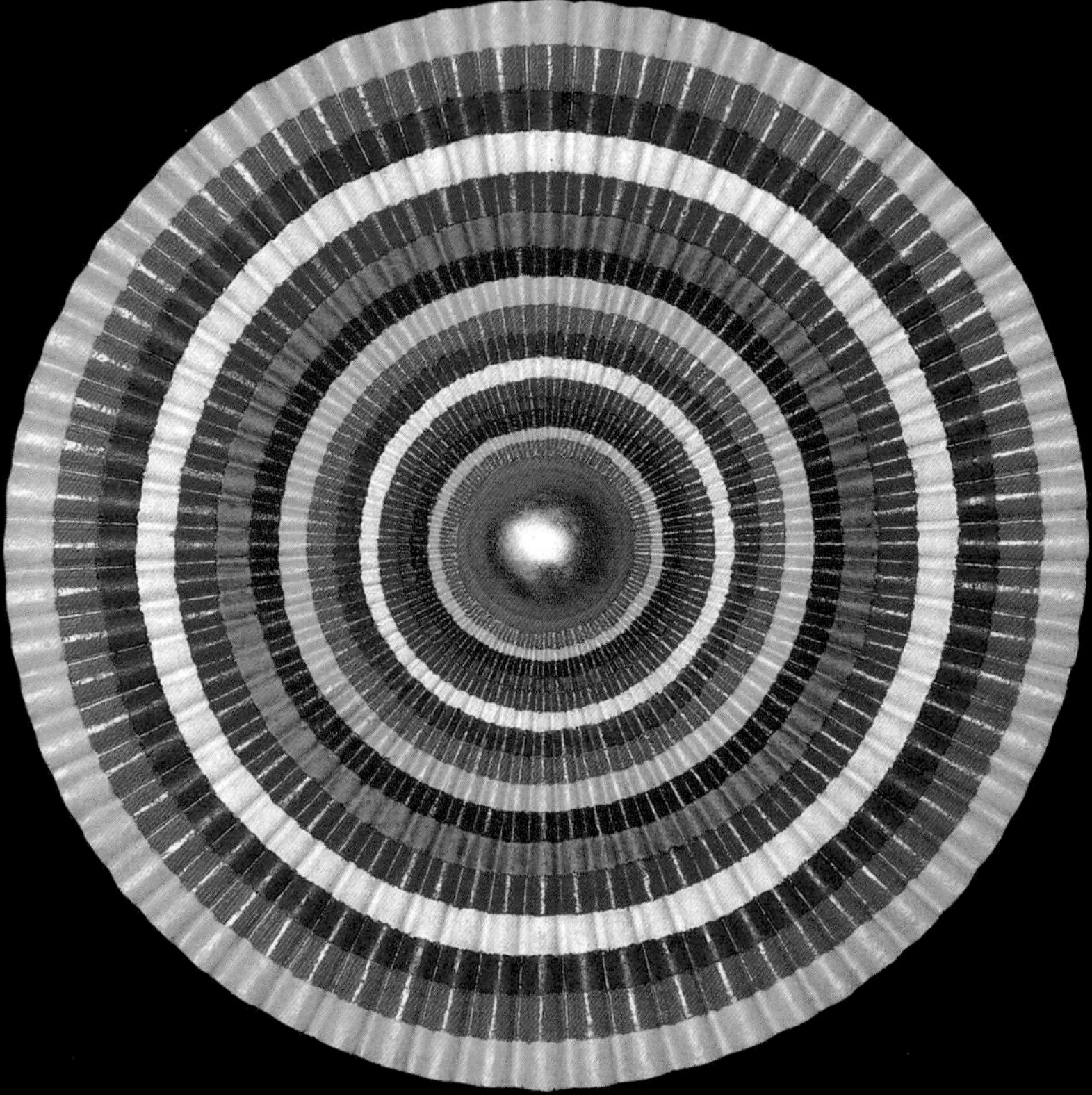

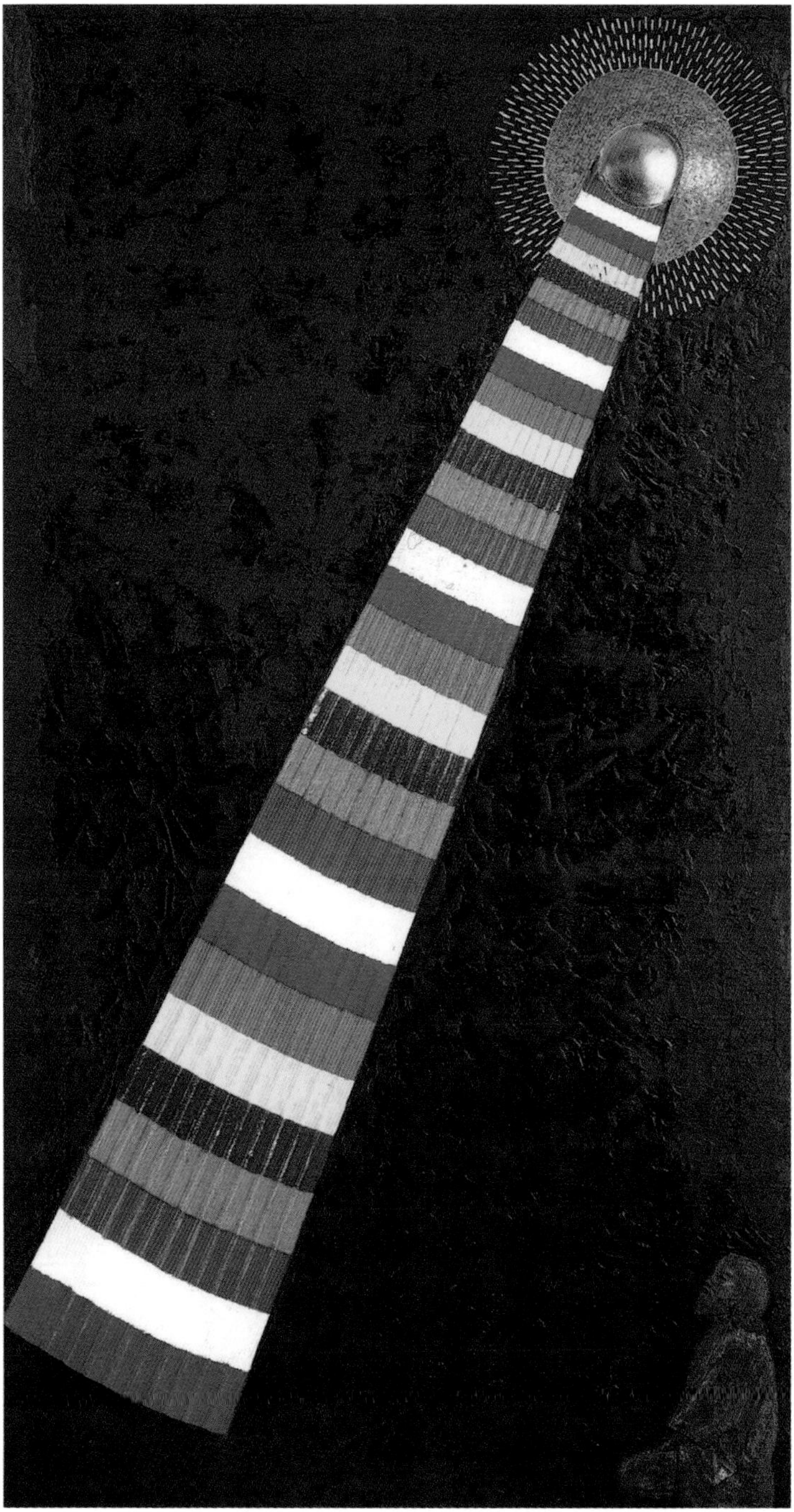

宇宙に黄金に輝く球体から七色のスポットが出る世界。

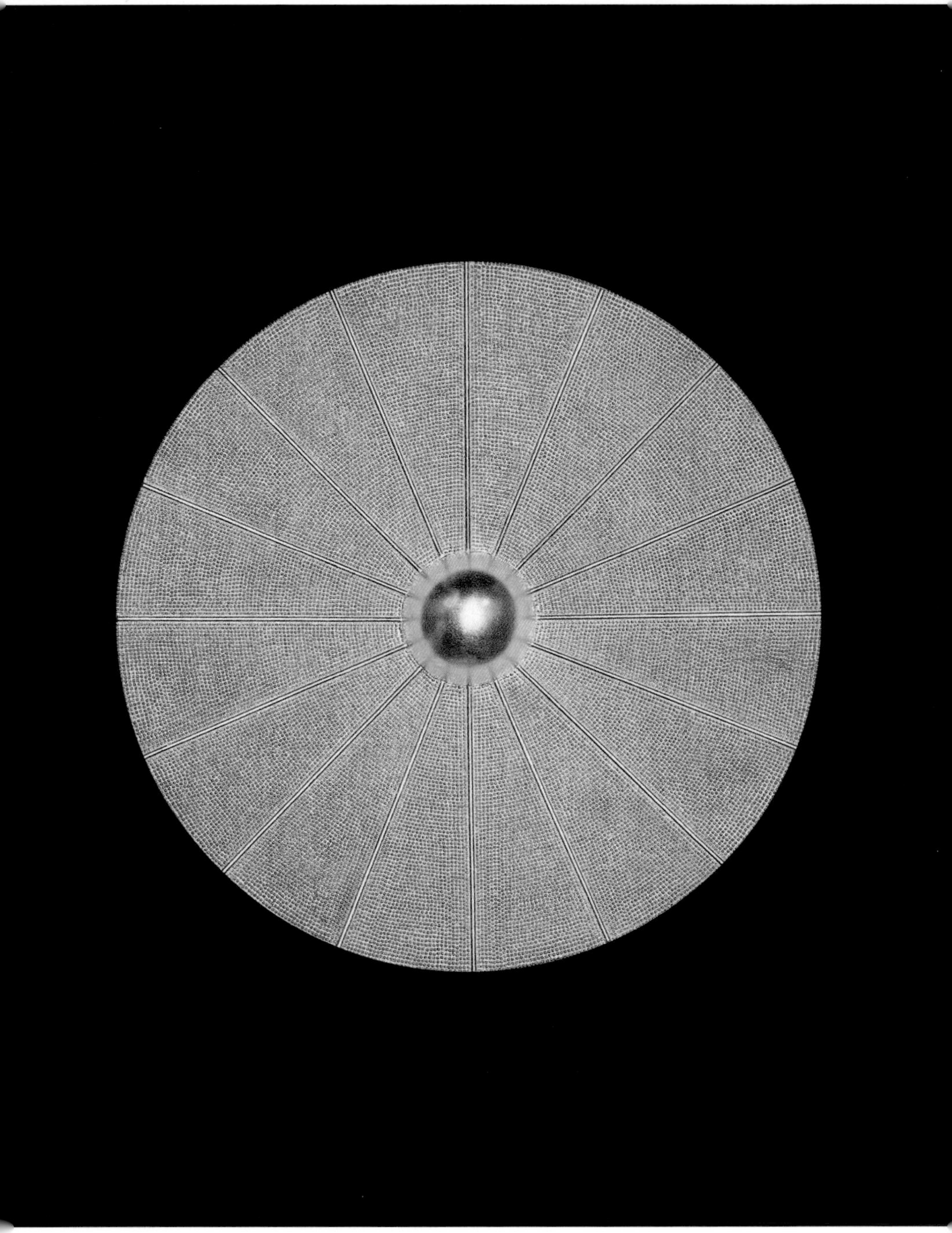

宇宙に黄金以上に美しく輝く生命の根源。

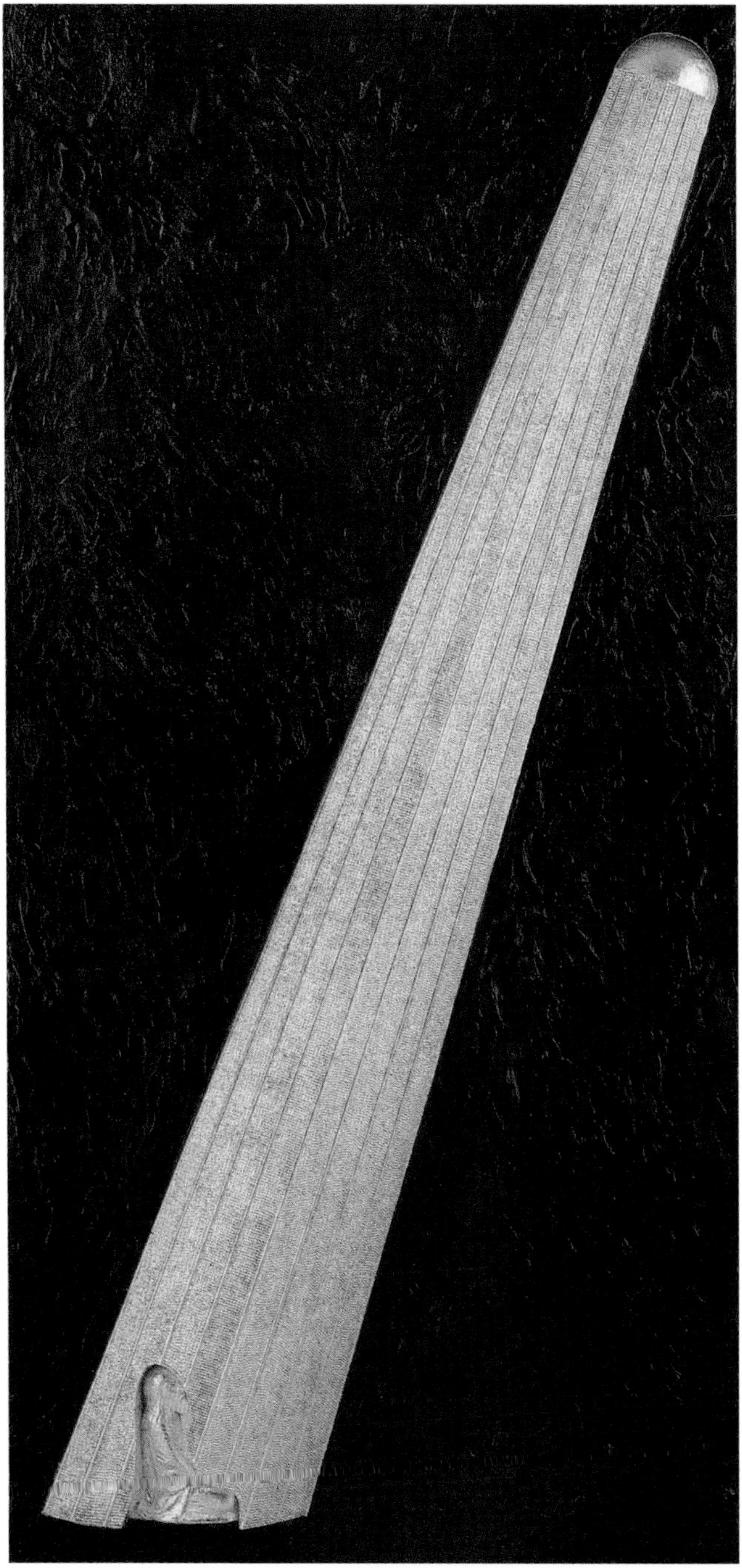

宇宙に黄金以上に美しく輝く生命の根源からスポットを受ける。

私は空を見て雲が消えてほしいなっと思った後で空を見ると、
私の真上の雲が丸くなって青空になって消えた奇跡。

1978年4月23日　生命体の光。

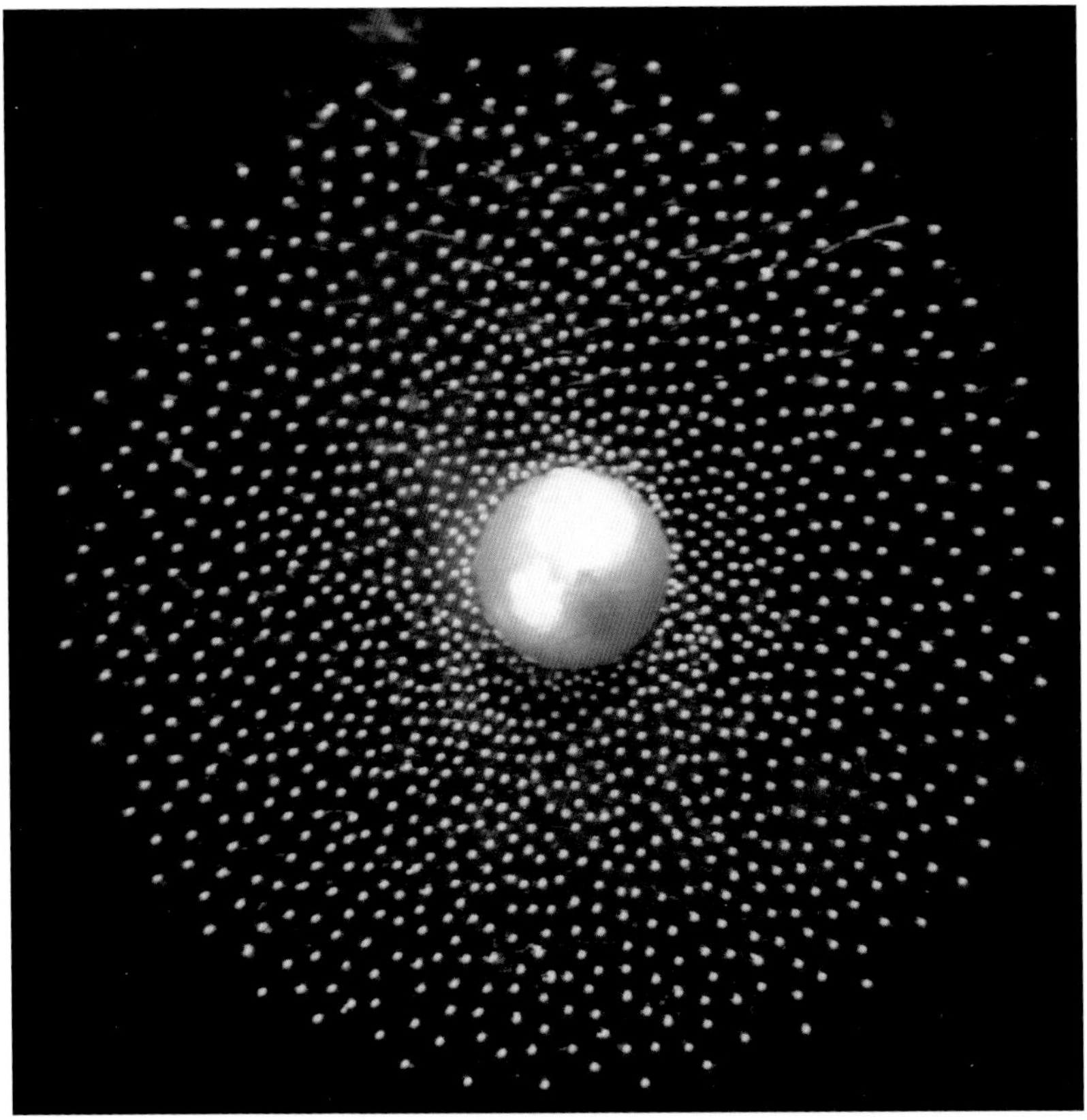

私は1977年に宇宙に黄金以上に美しく輝く生命の根源から小さな球体の生命が
美しく輝いて宇宙に飛び散って行く状態を三回見せていただきました。

富士山の前に三つの生命体の光。

三つの生命体光。

1978年、実家の山の上から五色のスポット。

生命の黄金の光。

生命体を助け終わった瞬間に真っ赤になって流れ落ちた滝の水。

フィリピンのレイテ島タクロバンの戦場跡。平和の像の前で現地の子供たちの病気を治す。

タンザニアのマサイ族と記念撮影。

南極に上陸して三つの島で生命体を助ける。

1968年　「不動明王」宝塚市中山寺総特院に設置。制作費寄贈。インドの赤石。高さ180㎝。

平和の母（イタリアの大理石）。

はじめに

私は、彫刻以外の仕事は絶対にしないと思っていましたが、一九七七年十二月に、フィリピンのレイテ島のタクロバンの戦場跡に平和の像を制作設置させて頂いた後、一九七八年十月十三日に宇宙に存在する生命の根源から直接、黄金以上に美しく光輝くスポットが降りて、与えられて、皆を救ってほしいと頼まれて、使命を受けました。その時に、彫刻を制作するよりも、生命の根源からの使命を全うすることの方が大事だと思って、彫刻を辞めることにしました。それから誰に何と思われようとも、今後の自分の幸せよりも、人間の苦しみと死後の世界で幸せになれない生命体が救われるようにするために、研究解明・発見に私の命を懸けてやり遂げることに強い信念をもつようになりました。

これまで生命の根源と生命を人間は発見できなかったから、死んだ人間の生命は神仏と思われ、また人間が死んで遺体から離れて生きる生命は霊、または魂と言われてきました。私が発見できた生命は、人間の死後、遺体は消滅して、生命だけが生きることになります。だから私は、神仏の生命、生命体、先祖の生命、生命体と言います。生命の根源の光で病気の発生源と、死後の世界を解明でき、神仏の生命も救えることを生命の根源から光を受けた時に教えられました。その後、確信を持ち、地球に生存する生命と、宇宙空間を飛んでいる生命を一九七七年七月八日に発見しました。その後、世界を旅して、死後の世界で生命が幸せなのか苦しんでおられるのか、真実を調べる事が一番大事なことだと思って、世界の国々の生命をお助けしながら、生存状態も調べさせて頂きました。その結果、地球の死後の世界が地獄になっていることがわかりました。そのことを世界の人々に言っても、死後の世界が見えないから、信じられるまで時間がかかりますので、先に世界の生命科学者、生物科学者、物理化学者、宗教研究家、医学者に証明して、了解して頂かないと人間の心と生命の心を変えて地獄を少なくすることは難しいと思いました。しかし、私は証明できる方法がありますから心配要りません。大事なことは恐いことでも早く教えてあげないと皆を早く救えなくなります。宗教は人間と死んだ人の生命を救うためにありますから、私の本に書かせて頂いたことが真実かどうか真っ先に理解されることが一番大事なことです。

私は一九七七年から生命の根源の光で診察、治療と、病気を発生させる生命をお助けして病気を治してきました。根源の光で、どこが悪いのか、病気が治ったかどうかわかるようになりました。最初の一年間は病気の発生源を解明するために、根源の光で様々な病人を、診察、治療を続けました。

医学者も解明できない原因不明の病気が増えています。私は、医学治療を受けられても病気が治らない人を診て病気の原因を徹底的に調べました。人間を治療するだけでは、病気の発生を少なくすることは絶対に不可能であることが一年ほどでわかりました。それ以来、治療室で病気を治すことを辞めて、病気の原点である生命エネルギーのメカニズムと、業と生存状態を解明するために、日本を始め世界の国々のあらゆる場所に出向いて調べました。土地、山林、街、ビル、ホテル、家、職場、海、川、池、墓、神社、お寺、教会、修道院、遺跡、人間の体、動物、植物、様々な乗り物などを調べることで、いろんな人間の病気と死後の世界が地獄になった原因を解明できました。

地球の死後の世界が地獄になっていることを、世界のリーダーに理解して頂かないと戦争をなくすことも、悪魔祓いを少なくすることも難しいと思います。人間の地獄も、死後の地獄も全て人間と生命の心、意識が創っています。ですから、人間も生命体も過ぎてしまったことは全て許して、今から仲良くして助け合って生きることが、皆が幸せになれる方法です。

どんな人でも前世からの因果関係の生命体が何兆、何十兆、何百兆ありますから、かんたんに和解ができなくて、何千年も幸せになれない生命体が増え、死後の世界が地獄になってしまったから、生命の根源から皆を救うために、私に光を降ろされて与えられたのだと思います。もしも、世界の生命体が幸せであれば、どこの国に行かせて頂いても、生命体が私に助けを求めて沢山集まって来られることはないでしょう。人間は生命の生存行動が見えないから、信じられないかもしれません。しかし、世界の生命体は私から光を受けると幸せになれることを知っておられるから、集まって来られるのです。今まで世界の人々が信じて行なってきたことで、死んだ人の生命が本当に幸せに天国に行けるのであれば、私は研究解明も本の出版も必要ないはずです。私の本に書かせて頂いた文書は筆記しておいた文書を書いたのではありません。私が四十年以上、体験、体感、研究解明、発見できたこと、記憶していたことを書かせて頂いたものです。人から学んだり、本を読んで学んだのではありません。生命の根源の光により、研究、解明、発見できた真実を、どなた様にも了解して頂かないと人間世界と死後の世界を今から救うことはできません。私は世界の人々と先祖の生命体と因果関係の生命体を救うために、四十年以上世界の生命体を助ける時には、ボランティアで活動しています。二〇一四年までに、世界の五十ヵ国の生命体をお助けしながら調べさせて頂き、書かせて頂いたのが本書です。お金儲けのために出版するものではありません。貴重なお金と時間を使って、皆を救いたい一心で、途中で諦めずにやり遂げることができました。皆様の幸せを願って出版させて頂いた本ですから粗末にしないようにお願いします。

殆どの人間は、幸せに少しでも長生きできるように願って生きておられます。生命の根源から直接使命を受けた限り、人間と生命体を救うため、本当のことを解明して世界の人々に教えて広げ、人間の苦しみと死後の地獄を救いたいと考えています。しかし、解明できた本当のことを世界に広めると、反対側の人間と生命体から、嫌われたり、恨まれたりすることもありますので、皆を救いたいという強い愛がないと、達成することは至難の業です。自分が不幸になることがわかっても、止めてしまうとさらに死後の世界が地獄になりますから、絶対に止めることはできません。

全ての生命の根源は、不公平なく平等に救われる原理を天から皆に教え与えておられます。この教えを、時間をかけてよく考え、苦しむ原因と、救われる方法を学んで理解してください。上っ面でサーッと読み飛ばしたり、一回読んで本棚に飾って置かれる本ではありません。今からどのように生きれば幸せになれるのか、どのように生きると不幸になるのかがわかります。病気の発生と、死んでなぜ苦しむのか、どう生きれば救われるのか、全てがこの本でどなたにもわかって頂けるように解き明かしてあります。

　宗教の教えを学んで書かせて頂いた本ではありません。世界を旅して、生命の根源の光で解明できた教えです。また、専門家だけに読んで頂く本ではありません。子供や老人の方にも読んで頂く本ですから、漢字を多く使わないようにしました。大切なことは繰り返し書くことで、一回しか読まれない人、難しくて理解ができない人、早く忘れる人、自分の宗教の教えしか信じたくない人、嘘だと思う人、この本を読みたくない人、読まれて立腹される人も救うために書かせて頂いた本です。世界の国も、人も、宗教も関係なく皆を平等に救うことが目的です。

　間違っている教えを信じると、不幸になりますが、正しい本当の教えを信じると幸せになれます。何を信じるか、自分自身が決めることです。この本を読まれる方は、初めから本当のことをそのまま書かれた本だと信じて頂くと早く理解ができます。信じられないから難しいのです。

　生命の根源の全てを許し、全てを愛し、全てを救う教えと光に、人間も生命体も逆らうことも、恨むことも、怒ることも、邪魔立てすることも、自分を救うために無視することもできないはずです。全ての生命の根源の教えは、永遠に変わらない、全てが平等に救われる教えです。しかし、信じられなくて実行されない方は、死んでから自分自身の生命を幸せにすることは難しくなります。

目次

人間と生命体を救うための研究解明の旅

救われる原理とは 475

私の半生

私が彫刻家になる決意をした理由

私が彫刻家になろうと思った理由は、体は必ず死んで消えますが彫刻は残るからです。人々の心の支えになる作品を一点でも多く残したい、そんな気持ちから決意しました。石の彫刻に力を入れたのは、古代のエジプト、ギリシャ、インド、イタリア、フランスなど、世界の国々の古代彫刻が数多くの人々に感動と安らぎを与えているからです。

私が今までに制作しました作品は、野外にも納めています。大作は展覧会に出品せずに、野外彫刻に力を入れて大作を納めました。理由は、野外の方が数多くの人々に見て頂けるからです。

「胎像」兵庫県森林公園にて。石彫刻シンポジウムで制作中。

私の彫刻が教えてくれること

「わかれ」という彫刻が、子供がお世話になった小学校にあります。何か記念に残したいと思って制作しました。人生では誰にでも必ず別れがあります。別れにもいろんな別れがあり、生徒が卒業で先生や友だちと別れる時、また郷里や国と別れる時、愛する人との別れも辛いものです。人生の長い月日の中で、別れる時に後悔することもあります。どんな別れであっても後悔のない別れであってほしいと思います。別れの中で、親と別れる時、女性の方はお嫁に行く時に、親と別れるめでたい別れもあります。その時の親子の気持ちは嬉しい気持ちと辛くて淋しい気持ちが混ざります。親も子も今までの様々なことを思い出して、胸一杯になって別れることになります。嫁に出す娘の親にとって、苦労して育てた我が子ほ

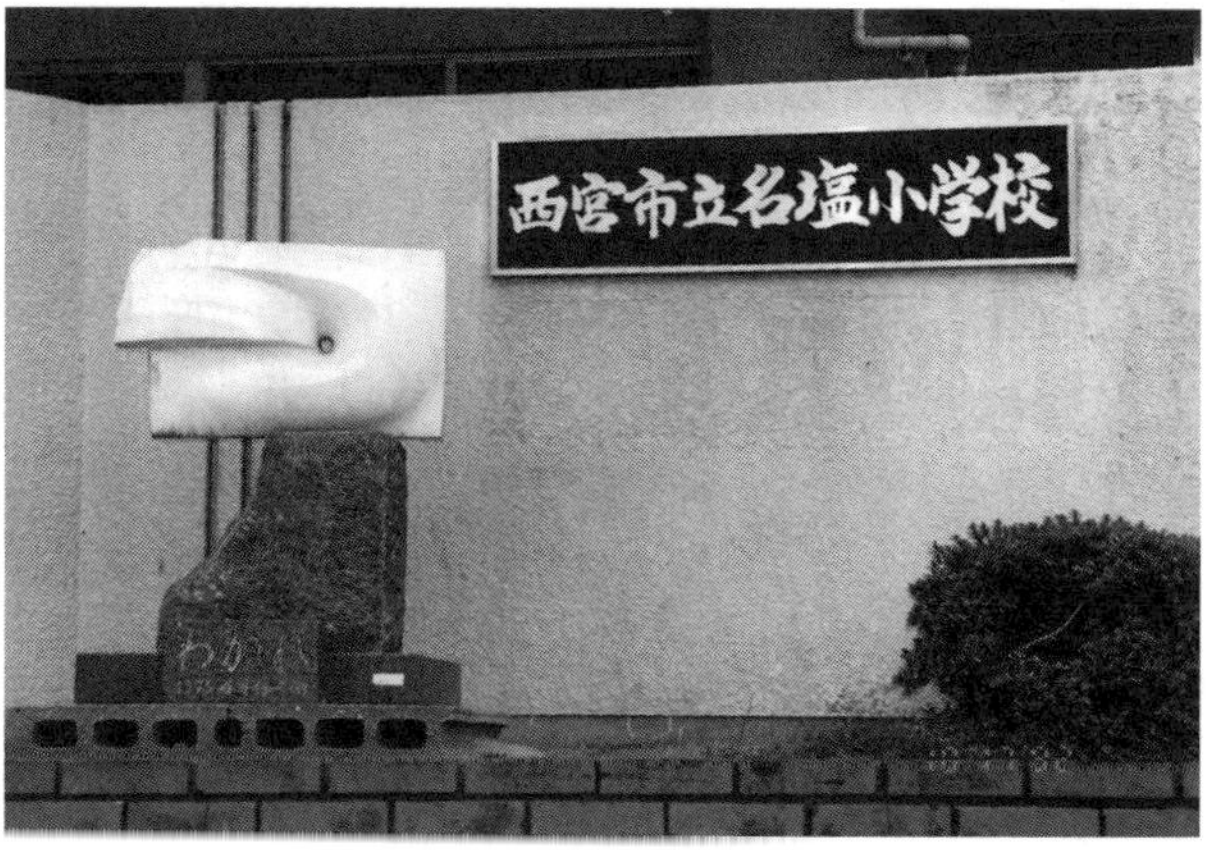

「わかれ」西宮市立名塩小学校。

ど可愛く、別れは辛いものです。子供が親よりも先に亡くなった時は親の気持ちは一番辛いものです。兄弟との死の別れも辛く悲しいものです。親が亡くなられた時に子供は一番辛くて悲しい気持ちで胸一杯になります。「親孝行したい時には親はなし」という昔からの諺がありますが、もっと親孝行しておけばよかったと、親が亡くなった時に後悔の涙が出ます。親は亡くなっても、死後の世界で親の生命は永遠に生きて、見たり聞いたり出来る方もおられます。親が亡くなると二度と会えないと思う方もおられます。死後の世界で親の生命体と会える方と永遠に会えない方もあります。

私は「世界平和の像」をフィリピンのレイテ島に送り出す時に、御影石で三メートル三十センチのその像と、アトリエで別れる時は大変嬉しい気持ちと寂しい気持ちで胸一杯になって、自分の子供を外国に送り出すような気持ちになりました。彫刻でこんな思いをしたことは初めてでした。

こんな作品を一点でも数多く今の世に残したいと思いました。世界平和のため、戦争で亡くなられた数多くの方々の生命体に感謝と幸せを願って、「世界平和の像」をフィリピンのレイテ島に建立させて頂いたおかげで、素晴らしい体験を得ました。感謝と感動と修行を与えて頂いたことは素晴らしく幸せなことでした。苦労があって成長させて頂くことは有り難いことで、協力して頂いた皆様に心から感謝しています。

「共存」。この作品は私がお世話になった母校の中学校へ、大理石で制作して設置させて頂きました。

抽象作品ですが、よく見て頂きますと共存という意味を心に伝えてくれます。この世では共存して、助け合っていかなければ生きることはできません。共存にもいろいろな形があります。例えば学校ですと、先生と生徒、家族の共存によって、子供たちは勉強ができ、先生も勉強を教えることができます。大きく考えると、社会全体、国ひいては世界の共存にまで到達します。今日一日幸せに生きられることに全ての方が感謝して、仲良く助け合わないと生きられないことを、この彫刻は教えています。作品は大理石ですから、私がこの世を去ってから何百年、何千年と、様々な人々に「共存」して生きる大切さ、一日生きられる喜びと感謝と、人間愛の大切さを教えていくのです。皆にこの彫刻を見て頂いて心の支えに少しでもお役に立てたら幸せに思います。

「共存」(イタリアの大理石)。

「鏡」。この彫刻は西宮市名塩木之元の木之元寺に納めさせて頂きました。鏡と申しましても自分の顔が映る鏡ではありません。鏡で自分の顔や姿を見た時に、少しでも美しく若々しい顔、姿がいつまでも映ることを特に女性の方は期待します。鏡に自分の顔が映った時に、自分の顔が恐ろしく映ることを考える人はおられません。「鏡」の作品を通して、正確に表から見えない奥に潜んでいる人間の心を教えてくれます。外見が若くて美男美女であっても一番大事なものは自分の心です。死んでしまうと顔の中にある、表から見えない恐ろしい髑髏が現れます。人間の心は善と悪になりますから、美しい心と恐ろしい心になることもあります。人間の気持ちの使い方が大事です。生命は永遠に生きる自分の宝ですから、悪になって恨まれて自分を不幸にしないように美しい心で生きることが大事です。自身に悪い性格があるならば自分で正しく直さないと、体が消滅しても生命は生き続け、また人間の体に入ります。新たに生まれた時は自分の体は今世と違う別人ですが、過去の性格で生まれて来ることになります。針の先ほどの小さな球体の生命こそ、人が死んでからも永遠に自分のものとして絶対に死ぬことのない一番大事なものです。全ての生命を創られた根源の美しい光、心の原点に少しずつでも私たちは近づいて、死後の世界でも美しい心をそのまま保ち、再び生まれ変われた時に幸せに過ごすため、自分の悪い

「鏡」西宮市木之元寺に設置。

心も性格も前世も自分で綺麗にするしかありません。神仏の生命体が綺麗にしてくださるのではありませんから頼ることはできません。この彫刻を通して、自分の外見だけを美しくするのではなく、心、性格を正しくすることの方が大事であることを知ってもらいたいです。生命の死はありませんので、今からでも決して遅くはありません。全ての生きる者を愛し、過ぎた事は許して仲良く助け合って毎日生きることができたら、地球に生きる全ての生命と生き物は最大の平和と幸せを享受できるでしょう。

「波」。この作品は西宮市の体育館とスポーツセンターの間に設置させて頂きました。この彫刻は人々に何を教えようとしているのか。これは海の波というよりも、人生の波を表した作品であります。人生はある時には荒波のように荒れ狂ったり、またある時には穏やかな美しい波のようでもあります。しかし、どん底に落ちてしまって苦しくて死にたくなることもあります。そんな時に、その苦しい波に負けず、力強く乗り越えて行かねばならないことを私たちに教えています。荒波と美しい穏やかな波、人生はこの繰り返しであることを教えています。人間は、生まれてから死ぬまで舟に乗って様々な体験をしながら、人生で苦しい

「波」西宮市体育館に設置。除幕式に西宮市長とライオンズクラブの方に作品の説明をする著者。

時、辛い時には耐え忍んで、幸福を求めて生きています。死ぬまでにどのような荒波にも負けず、正しく力強く勇気を出して生きなければなりません。作品を通して少しでも人々が生きるための心の支えになれば私にとって大変光栄であります。

「胎像」という作品を、兵庫県の兜青山公園で制作設置させて頂きました。この作品は私たち人間に何を教え、語りかけているのでしょうか。「胎像」は人間を始め、数多くの生き物の生と死を表した作品です。子を誕生させた親にとっては、この作品は様々な事を思い出させてくれるでしょう。人間を始めとする数多くの様々な生命が、生き物を誕生させる仕組みになっています。女性は出産の時の苦しみに耐え、生まれた我が子であればこそ、育てることができるのです。苦しみを乗り越えたことによって、母性愛を我が子に深く感じることで、人は相手と同じ苦しみを自分が体感でき、初めて人の本当の愛の尊さを理解し、反省と感謝ができるようになるのです。男性にとっては、自分の子を産み出してくれた女性の立場というものを、理解し感謝しなければならない面もあります。また子供の生命体は自分の父母を選んで生まれるのですから、自分を産んで育ててくださった自分の父母に感謝しても恨むことはできません。私は「胎像」の作品を通して、子を産む方々への感謝の気持ちを形にしました。彫刻は抽象で、全ての生き物の誕生と生命の輪廻を表しており、生命が新しい生き物を力強く誕生させる姿そのものです。

世界の国々の素晴らしい芸術作品の中には、長い年月をかけて制作された作品もあります。完成を見ないまま、自分の生涯を費やして世を去っていかれた方もおられます。そのようにして、私たちに素晴らしい宝物を残してくださったおかげで、いろんな事を学ぶことができ、感動を与えられているわけです。古代の人々の大きな愛と力強い心を、私たちは無駄にしないように学んでいくと共に、感謝し保存していかなければなりません。新しい世代に生きる子供たちのために、平和と人々の幸福のためにも、古代の人々に負けないように素晴らしい芸術作品を残す努力をしなければなりません。

前世、今世、未来、宇宙に生きる生命は輪廻して生き続けていきますので、地獄が消えて、美しく平和が続くように私たちは毎日心がけて生きることが大事です。

「胎像」兵庫県森林公園で制作、設置。

「如意輪」。人々の犠牲になった数多くの生き物の生と死と、幸せを求めて生まれてくるものと、生み出すものの幸せを表す作品です。生き物を生かし支配する生命と、生き物の死後も生命が生きて、また、いつの日か生き物を誕生させて輪廻する生命を表す作品として制作しました。当時、心ならずも犠牲になった諸々の生き物もその姿を変え、「如意輪」の中に新しい生命体が復活することが、私の気持ちでもあり、人々の願いでもあるのではないでしょうか。空に現れて上の方から人々を毎日見つめて、澄みきった無限の空間に、生きる幸せと喜びを隠しきれない新しい生き物の生命体が、力強くほのぼのとした柔らかな曲線の中にあって、太陽の光を浴びて美しく輝く「如意輪」の生命体の光は、人々を美しい光で照らす。健康を求める数多くのゴルファーの対話の場として、美しく力強い勇気と喜びを与え、感じさせてくれる作品です。老若男女を問わず人々がゴルフ場の清々しい大気を胸一杯吸い込んで、眩しいほど美しく輝く光を浴びつつ広々とした緑の芝生の上でゴルフを楽しみ、現代芸術の彫刻に一時の心の幸せと安らぎを感じられたら、それが私の大きな喜びです。人々が大自然の美しい緑に、人間らしい生き甲斐を求めるのはだれも同じです。

今日までの科学の進歩、発達は、人間に豊かな生活と素晴らしい未来を築くための努力の結果でしたが、しかし現実は原発が沢山作られて、危険な方に向かっています。今こそ、真剣に、未来永劫、人類のため、新しく生まれてくる生命も含めた全ての生き物のため、美しい地球にすることが大事です。また、人間の世界と死後の世界で生きる生命の幸せのた

「如意輪」黒みかげ石。

めに、戦争を止め悪事も止めて一人ひとりの心が信頼でき、仲良くできるように変えていかなければならない時代になっています。

世界の国々に見られる、古代の都市において彫刻が沢山用いられていますが、今日まで日本ではその数はまだ少ないように思われます。しかし、今日ようやく都市造形の空間や、大自然の環境に、彫刻が果たす役割が認められるようになってきました。この作品によって、一時でも心の安らぎと喜びを心に深く感じられて、与えられるものがあれば、彫刻を制作、設置させて頂いた私にはこれ以上の幸せはありません。

人間国宝平田郷陽先生の原型の「童と良寛」を制作

私は二十八歳の時に、岡山県の玉島のライオンズクラブから依頼を受け、人形彫刻家の人間国宝の平田先生の「童と良寛」の原型の石像を制作しました。高さ三メートルの、その当時ブロンズ像で制作すれば三百万円掛かる良寛像を、私は御影石で百万円で制作しました。その時、まだ私は石材会社で彫刻家として作品を作っていましたので、百万円の制作費の中から会社に利益があるようにしなければならないし、制作の予算は少ない。しかし、人間国宝の平田先生の原型の作品ですから、良くするも悪くするも私の気持ちに掛かっていました。予算が少なくても悪い作品は

「童と良寛」1965年、岡山県玉島市園通寺公園に設置。右・平田郷陽先生、左・著者。

作ることはできないので私は毎日ボランティアで残業しました。

初めに、平田先生の「童と良寛」の人形彫刻を前から写した写真を一枚を見て、粘土原型を作って、兵庫県の芦屋から東京の鶯谷の平田先生のご自宅まで持って行き、先生に見て頂きました。先生は私に、「前からの写真一枚だけでよく作られましたね。余程慣れておられるのですね」と仰いました。それから平田先生に手直しして頂き、先生は「自宅に来て頂いたのは童と良寛の気持ちを伝えたかったからです」と仰いました。それから粘土原型の手直しが終わって芦屋のアトリエまで持ち帰って、その後香川県の高松の庵治の山まで良寛像を制作する石の採取に行きました。石材屋さんの家に泊めて頂いて、石山で石の採取が終わって、私が家に帰って二日後にアトリエに石が運ばれました。それから休みなしで良寛像を制作して、完成に間近い頃、平田先生が良寛像を見に来られて、喜んで頂きました。その後、大阪の平田先生の弟子たちが先生から、良寛の石像を見に行くように言われて、五人の方が見に来られました。私を見て、「もっと年齢のいかれた人が制作されたのかと思っていましたが、若い方でびっくりしました」と仰いました。私もその時は二十八歳の若さで、人間国宝の平田先生の作品を百万円でよく作ったと思います。もし先生に認めて頂かなければ大変なことになって、予算はブロンズ像の三分の一ですから、百万円以上の損害になるところでしたが、その時は大きな良い作品を作りたい一心でした。無事に完成して、岡山県の円通寺の山の上まで運ぶのに、途中からトラックが上がる道を造って、良寛像を上げて設置して頂きました。

その後、玉島の町で良寛像の記念祝いに、平田先生と石材会社の社長さんが招待を受けられました。

が、良寛像を制作した私には招待も感謝状もありませんでした。それでも、私は妻と二人の子供を連れて良寛の像の除幕式を見に行きました。その時にライオンズクラブの方が、「良寛像を制作された谷井先生を招待しなかった私たちが間違っていたことを許してください。平田先生と谷井先生と良寛像の前で写真を写させて頂いて、ライオンズクラブの会館に飾らせて頂きますので堪忍してください」と仰いました。私は感謝状の方が大事でした。その当時に三メートルの良寛像を庵治石で百万円で制作することは絶対に不可能でありましたから、私がボランティアで残業しなければ絶対に出来ませんでした。しかし石の彫刻は私が死んでもいつまでも残りますから、苦労しましたが制作させて頂いて良かったと思っています。平田先生の原型の「童と良寛」を制作させて頂いて幸せに思って感謝しています。平田先生の人柄を見て人間も国宝に感じられる立派な方でした。

苦労して制作して納めた彫刻ほど感動と喜びが大きい

兵庫県の丹波篠山市のロータリークラブが、市役所の庭園に設置する彫刻の制作を私に頼みにこられました。予算は百万円しかありませんと仰いましたので、私は二百万円掛かる彫刻から百万円を寄付することにして引き受けました。彫刻の石は黒御影石で、高さ一メートル三十センチ、横幅二メートル七十センチ、奥行き一メートルで、「飛翔の羽」のタイトルで制作しました。この作品は石を割った時に失敗して形ができた彫刻で、同じ形は二度とできない傑作です。作品は人々に力強い勇気を与え、人生で辛い時があっても苦しい時があっても、弱気にならずに自分の生きる目的を諦めずに頑張ろうという気持ちを与えてくれる彫刻です。また大雨の時にしか見られないのですが、この彫刻は穴から水が流れ落ちる仕掛けになっています。

予算が少なくても素晴らしい庭園にするために、毎日ボランティアで西宮の自宅を午前六時に出てバスと電車に乗って片道二時間三十分かけて庭造りに行きました。三本の木を植える時に植木屋さんと私の意見が合わなくて、植木屋さんが気を悪くされ、協力することを止めて離れました。しかし、私が一人で木を植えているのを見ておられて、植木屋さんもまた手伝ってくれて、谷井先生の植え方の方がやはり良かったですね、と仰いました。私は植木屋さんに、あなたは自分の町の庭造りをしておられるのですから、年を取った時に自分が植えた三本の松の木を見られて市民に誇れるようにしておくことが大事です、と言うと、植木屋さんは喜ばれました。私は自分の町でない庭造りに毎日朝食も食べずに朝早くから協力させて頂いているのです、と言いました。

それから庭造りも終わって、彫刻の設置も無事に終えました。今は市役所になっていますが、以前は市民会館でしたので、会館の新築祝いに私の家に市役所の方から電話で、会館の中に私の彫刻を貸してほしいと仰ったので、私は少女の像を寄付させて頂きます、と言って、台座も付けてあげることにしました。すると家内が、少女の像は寄付しましたが台座は寄付していませんから台座を持って帰ったら、と私に言いました、が、私は、少女の彫刻は私の子供ですから私の子供が幸せに喜んで座っている物を親が持って帰られないでしょう、と言うと、家内もその方が良いですね、と言いました。後から彫刻の制作費の半分の百万円を寄付させて頂いたことが、新聞に載っていました。何十年経っても、私の思い出の彫刻が市民の心の支えになれば幸せです。

滝に居る生命体に見せられた、真っ白になって流れ落ちた滝の水と金色の光

一九七六年に、心霊の研究をしておられるAさんに頼まれて、白い大理石で蛇神から龍神に変化した龍の彫刻を制作しました。Aさん、私、大阪から二人、の四人で新潟県の柏崎に出向き、八石山に高さ二十メートルくらいの滝へ行きました。その滝で不思議な体験をさせて頂いたのです。滝の右の方に古墳があります。その滝に着いた時、Aさんが、「この滝の水が真っ白になって流れ落ちるのを見た人には良い事があります。しかし今までに真っ白になって流れ落ちる滝の水を見せて頂いた人は一人もおられません」と仰いました。その時の私は本当かなと思っていました。それから四人が滝に向かって、私も目をつぶっている時でした。この滝の水は上の右の方から左の方向に落ちているのに、私に見えた滝の水は左から右の方向に流れ落ち、私の体に真っ白い水となって降ってきました。この白い水のことをAさんが仰ったのだと思いました、この滝におられる白龍の生命体が私だけに白い水に見せてくださったのです。その後、目を閉じていると、滝の中腹に左から右に横幅十センチほどの金色の光が三回真横に飛んだのも私だけに見せて頂きました。Aさんに後からそのことを話すと、「後から良い事がある」と仰いました。

以前から滝の左側に初代横綱柏戸が納められた不動明王が祀られていました。滝の右側に唐津で作られた蛇神がその時まで祠に祀ってありましたが、いつの間にか爆発したように割れて、かけらが祠の天井に飛び散って沢山ついていていました。本当は唐津の蛇神が汚れて赤くなっているのに、私一人の目に見えた姿は蛇神から龍神に変化する姿で、白い龍神のしっぽが七つに分かれて見えました。他の人には汚れた姿の蛇神にしか見えなくて、私にこういう龍神を作ってくれ、と制作する前に私だけに滝の生命体が龍の姿で見せられたのです。唐津の蛇神の頭が割れて取れていたので、Aさんが頭を持って私が撮った写真を現像すると、Aさんの縞のシャツの袖が龍の鱗になって写っていました。今でもその写真を持っています。このことは、私に人間の命に死はないことを教えてくれました。その後、アトリエで白い大理石の白龍が完成した時、写真を撮ってみると、私が制作した大理石の龍の頭から真っ白い龍が八の字に飛び回っている姿が写っていました。先ほどの柏崎の八石山の滝に祀られている生命体が喜んでいる姿を写真に写って見せてくださったのです。

昔、日本に有名な左甚五郎という彫刻家がおられ、その方が彫った龍が暴れると聞いたことがあります。そういう事が本当にあるのかとそれまで私は不思議に思っていました。が、私が制作させて頂いた柏崎の滝に納める蛇神から白い龍神に変化する彫刻に魂が入って、白い龍神の姿になって飛び回る姿が写真に写ったのを見た時に、まさにこのことかと体験を通して解明できました。すなわち大理石の彫刻の白い龍神が暴れるのではなく、彫刻の龍に魂が入って、光で龍の姿を作って行動することがその時にわかったのです。その後すぐに、私のアトリエの壁を写した写真に、柏崎の八石山にある滝の祠の三メートル上の岩壁にある木が写りました。さらに大理石の龍神の彫刻を納める時、アトリエで一人で持ち上げられなくてトラックの運転手さんと二人で積み込みました。琵琶湖を通って運んでいる時、私が作った白龍の彫刻から魂が白い龍神の姿で飛び回る写真も持っています。さらに道路のガードレールから空に白い龍神が飛んで行く姿も写っていました。その時、白い龍神の彫刻から魂が抜けて先に柏崎の八石山の滝に行ってしまったのです。滝に着いてトラックから降ろす時には、白い龍神の彫刻から魂が抜けていて、大理石の白龍が軽くなっていたので、運転手さんが一人で軽く持ち上げて降ろすことができました。それから祠までの五十メートルを、運転手さんが一人で運んでくださって、私は一人残り、滝にある祠の蛇神の魂抜きをされるAさんが遅くなりました。このままでは大理石の白龍を祠に納めるのが遅くなると思い、私が祠に祀ってある唐津の蛇神を除けるため両手で持った瞬間、両手の指にビリビリと強く蛇神の生命エネルギーが伝わり、私に魂が入っていることを教えられたと思いました。それから私は小さな祠をノミで削って大きくして、一人で白い龍神に変化した大理石の彫刻を祠に納め終わった時、Aさんが来られて、もう終わったのですか、と仰いました。その後、二人で柏崎の駅前の、昔明治天皇が泊まられた旅館の部屋に泊まって、食事を済ませ、二十三時に寝ました。私が目を閉じた時、白い大理石の白龍を納めた滝壺から金色の光が三回上の方に稲妻のように光り輝いて上りました。これは白い龍神の生命体が喜びと感謝の気持ちを最後に私に伝えられて見せられたと思いました。私はこの体験で、生命の死はなく永遠に生きて輪廻することを、体感し悟らせて頂きました。すなわち武士の生命体が蛇神から白い龍神に成長されたことになります。

滝の生命体を助け終わった瞬間に
滝の水が真っ赤になって流れ落ちた奇跡

一九九〇年三月十八日に、側で見ないと絶対に信じられない体験をさせて頂きました。柏崎の駅から車で約二十分ほど離れた所に、八石山があります。そこに高い滝があり、私とAさんと二人で行きました。この滝に白い大理石の白い龍神の彫刻を私が制作して納めてから、十六年ぶりでした。今でも祀ってあります。不動様の生命体と、白龍の生命体と、滝に助けを求める生命体が、沢山根源の光と私を待ちかねておられました。

雪がまだ六十センチ程積もっていて、滝まで歩いて着くのが大変でしたが、私は足が軽くて早く歩くことができました。が、Aさんは私から遅れて来られました。私は早速滝全体の生命体をお助けさせて頂きました。天気も良く滝壺の水が余りにも綺麗だったので、Aさんが滝壺に近づいてしゃがんで両手で水をすくって飲もうとした時でした。私が滝の生命体を全て助け終わった時に、「浄まりました」と言った瞬間、急に滝の水が上から真っ赤になって流れ落ちてきて、Aさんはびっくりされて、後ろに倒れるように下がりました。私とAさんは肉眼で真っ赤になった滝の水が見えて、Aさんは結局美しい冷たい滝の水を一口も飲めませんでした。Aさんは、「全く信じられない、こんな偉大な奇跡は生まれて初めて見せて頂いた。生涯見ることのできない、素晴らしい体験をさせてもらった」と仰って喜んでおられました。私はAさんに、真っ赤になって流れ落ちる滝の前で写真を写してあげると言うと、「恐いから止めときます」と仰いました。私は後で、真っ赤になった滝の水を写しておけばよかったと思いました。赤くなった滝の水を三十分見ていましたが、その後いつ元の水に戻ったか確認していません。

滝におられた生命体をお助けした瞬間に水が真っ赤になって流れ落ちたのは、武士の生命体で、戦いで切られて血を流して亡くなられた方々が滝の水を真っ赤にして私に見せられて、感謝の気持ちを表した喜びの血であった、と私は理解しています。こういった現象は、宗教では神の奇跡と言われています。モーゼも海を真っ赤にしたと言う説がありますが、実際にあったかどうかはわかりませんが、本当にそういった事が起こっても不思議ではありません。柏崎の八石山の滝の水が真っ赤になった現象と同じだと思います。今まで神がなされたと言われていますが、生命の根源がなされた奇跡とは違います。

戦争で亡くなられた方々の生命の幸せを願う平和の像

一九七六年に、レイテ島のタクロバン市の戦場跡に平和の像を制作設置するため、私のアトリエに、平和の像の発起人の代表の方といっしょに、戦没者の生命体が沢山来られました。私の前で初めに代表の方に乗り移って名乗られた方は、フィリピンのレイテ島で戦死された日本兵の生命体で、次のように私に頼まれました。「この平和の像をレイテ島ではなく日本に先に建ててほしい」。私はその戦没者の生命体の言い分を聞いた後、「レイテ島に建てるのが先決です。レイテ島に戦没者の生命体が数多く苦しんでおられますので、レイテ島に先に建てさせて頂いてから、その後で日本に建てさせて頂きます」と約束し

完成した平和の像。

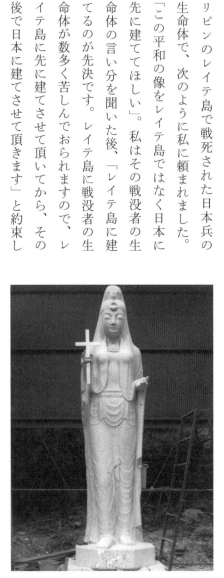

ますと、戦没者の生命体は私に敬礼されて、お礼の言葉を述べられて去って行かれました。それからは名乗り出られることはありませんでした。

その後で、五ヵ国の死者の生命体が、日本の女性に乗り移ってその人の口を通して順番に出て来られて、お礼の言葉を話されました。インドの生命体はインドの言葉で、中国の生命体は中国語で、韓国の生命体は韓国語で、アメリカの生命体は英語で、フィリピンの生命体はフィリピン語で話されました。その女性自身はインド語も中国語も韓国語も英語もフィリピン語も全く話せないし書くこともできません。その時、話された内容は各国の生命体の言葉であったことは間違いありませんでした。後で、五ヵ国のそれぞれの国の生命体の方がどんなことを話されたのかを尋ねてみると、「各国の生命体が世界の平和のため、また戦没者の生命体の幸せを願う平和の像をフィリピンのレイテ島のタクロバンの戦場跡に建てて頂くことに心から感謝しています。どうか戦争で亡くなられた方々の幸せを願うためによろしくお願いします」と平和の像の制作についてのお礼を、五ヵ国の生命体の方が制作者の私に伝えたくて出て来られたのです。

第二次世界大戦で中国、台湾、韓国、北朝鮮、フィリピンの少女たちも日本兵士によって強姦され銃殺されたことを元日本の兵士の方から聞いたことがあります。そのような少女たちも、戦争の犠牲者であります。しかし、日本の兵士だけがこんなことをされたのではなく、日本の少女たちも外国の兵士に強姦されたり殺された方もおられます。戦争が続く限り、苦しみと悲しみが伴うものです。戦争は殺し合いですから、日本人だけを恨むこともできない場合もあります。また日本人も他の国の人を恨むこともできません。ただ言えることは、どんな事があったとしても、今までの戦争の犠牲になられた数多くの方の死を無駄にしないために、差別なく平等に皆に幸せを願ってあげることが大事です。これから生まれてくる人間の幸せと世界平和のために二度とこんな悲劇が起こらないように、過去の反省と共にみんなで協力し、世界の国々も戦争で亡くなられた全ての人々の生命の幸せを願って生きることが大事なことだと思います。私は世界平和の像を必ず完成させて、レイテ島のタクロバンの戦場跡に建てる決意をしました。

それから、私はその日二十時三十分に京都と名古屋の戦友の人と平和の像に協力される方に電話をさせて頂いて申し上げました。「この世界平和の像は、日本の戦没者の生命体の幸せのためだけではなく、世界の戦争の犠牲者の幸せを願って制作して建てさせて頂きます。どんなことがあっても、世界の平和と、これから生まれてくる人間の幸福のために二度とこんな悲惨な事が起こらないように、人間も戦争の犠牲者の生命体も過ぎたことは早く和解されて、今から幸せになれる生き方をしていくことの方が大事なことです」と言って、さらに「戦争の犠牲になられた少女たちの生命体も幸せになって頂くためにも、世界平和の像を何としても完成させなければならない」と申し上げて、二十三時に電話を切って、それから私はすぐお風呂に入りました。浴槽から上がって洗い場で自分の体を洗おうと思って、右の手首を見た時、右の手首から真っ赤なきれいな血が流れていました。一瞬、これは少女の純粋な血だと思いました。私はこんな体験をさせて頂いたことは初めてでしたので、びっくりして、鼻血が出たのではないか、体のどこか切れたのではないかと体全体を見てみましたが、血は出ていませんでした。手首から血が流れていたので、その血の流れている元を拭いても、傷跡は全然ありません。傷があれば手首が水で濡れているので血がにじむはずですが、全然血が出てきません。どこからこの純粋な血が出たのだろうと思いました。

これは、私が先ほど電話で話をしていたことを戦争の犠牲になられた少女たちの生命体が聞いて、自分たちの幸せも願っていることが嬉しくて、少女たちの感激を私に知ってほしくて、私の手首から血を流して感謝なされたのだ、と思ったその時、沢山の少女たちが涙を流して喜んでいる姿が見えました。その時、「ああ、どんな遠い所にいても、私の言っていることも行動も、戦争の犠牲者の生命体も全て聞いて見ておられるのだ」と思いました。夜の二十三時に風呂場で貴重な体験をさせて頂きました。少女の生命体の気持ちを教えられて、信じることができました。それから、戦争の犠牲になって亡くなった少女たちの純粋な血の流れと喜びの涙を絶対に無駄にしてはならないと、いつまでも忘れてはならないと思いました。それから私は美しい心で全ての欲を捨てて、平和の像を制作させて頂いて、自分の手でフィリピンのレイテ島タクロバン市の戦場跡に建てさせて頂くことを、戦争で亡くなられた方々の生命体に誓いました。

平和の像の素材となる石を探す

世界平和の像を制作するにあたり、平和と、戦争で亡くなられた方の生命体のために、心を込めてやり遂げなければいけないと思って、どこの石を使わせて頂こうかと考え、全国にいろいろな石がありますが、平和の像に相応しい良い石を使って制作したいと思いました。予算がないからと言って安くて悪い石を使うと、戦争で亡くなられた生命体から喜んで頂けないと思って、良い石を求めて、日本の各地に行きました。ある日、東京の方で世界平和の会の理事長をしておられる方が、私の家まで来られて、「福島県の郡山に取れる石を使って頂きたい」と仰って、石のサンプルを持って来られました。私はすぐにその方と現地まで行って石山にある石を見せて頂きました。ところが、私に見せて頂いた良いサンプルの小さな石はありましたが、平和の像を制作できる大きさの良い石はなくて、悪い石であれば私の目の前にありました。良い石でないので私ががっかりしていると、その山の石を世話してくださった方が「あなたがこの石を平和の像に使って頂いたら、今、成田空港に計画している高さ八メートルの彫刻をあなたに制作してもらおう。ただし、うちの石を使うことが条件だ」と仰いました。成田の彫刻の予算は沢山ありますが、平和の像の予算が少なくて、私の生活費もありません。今私の目の前にある悪い石を使えば、成田空港の素晴らしい八メートルもの彫刻を制作させて頂けるので、どうしようか、と一瞬ですが迷いました。しかし思い直して、やはり成田の彫刻を諦め、この悪い石を断って、平和の像は良い石を使わなければいけないと思いました。自分が悪いと思っている石を使えば戦争で亡くなられた数多くの生命体に喜んで頂けない、と思い直したのです。

成田空港の彫刻は、フィリピンのレイテ島に設置する平和の像と違ってお金の心配は要らないということでした。その方は世界平和の会の理事長をしておられる方で、「彫刻家の北村西望先生も団体の会員なので北村先生にお願いすることになっていますが、あなたがこの山の石を平和の像に使って頂けたら、成田の作品はあなたが言われるだけ沢山お金を支払う契約させて頂きます」と仰いました。私は、そんなに大金は要りませんと伝えると、「いや、あなたが沢山要らないと言われても私は奥さんに払う」と仰いました。結構な金額で、成田空港の彫刻を制作させて頂いたら、その当時のお金で何千万円もの利益になるはずでした。が、結局、私は沢山儲かる成田空港の彫刻をその場で断りました。そして、募金が集まらなくて予算は少なくて、本当に出来るのか出来ないのかわからない状態でしたが、世界の平和と戦争の犠牲になられて亡くなられた数多くの不幸な生命体の幸せの方が

戦没者の生命体は人間の行為を見ている。

大事だと思って、平和の像を制作することを決心しました。

ここまでに、他にも本に書けない困難な出来事が次々と起こりました。が、どんな事が起こっても私が世界の平和と、戦争で亡くなられた方々の生命体と、血と涙を流して私に感謝と喜びを伝えられた少女たちの生命体のために、幸せを願う平和の像を真心で無欲で制作する気が本当にあるのかどうか、私の本心が試されていると思いました。戦争で国や島々で亡くなられた全ての方々と、フィリピンとレイテ島で祖国のために命懸けで戦って血を流して亡くなられた数多くの兵士たちと、現地の数多くの人々が戦争で亡くなられた方の生命体の幸せを願って、世界の平和の像をレイテ島のタクロバンの戦場跡に設置するまでは、自分の全てを懸けて必ずやり遂げるのだ、と今まで以上に強く決意し、絶対に後へは引けないと思って、良い石を探すために何カ所も石山を見に行きました。

私の行動を、宇宙から生命の根源も、戦争で亡くなられた数多くの生命体も見て聞いておられる

いろんな所で石を探した結果、最後に愛媛県に探しに行くことになりました。愛媛県の今治から船で渡ると大島があります。大島に平和の像に相応しい良い石が見つかりました。ところが、いよいよ大島へ石を採りに行く間際になって思わぬ難題が持ち上がりました。制作を依頼された方の使いの方が私の家に来られて、平和の像の制作を「二百万円でやってくれないか」と仰いました。石の代金は百万円支払いますので、運送費その他の経費を含めると、その当時で二百万円かかり、それでは一年間の制作費は残りません。その時は三メートル三十センチの一本の御影石から平和の像を完成させることはできませんでした。これは、戦争で亡くなられた数多くの生命体が、レイテ島のタクロバンの戦場跡に、最後まで皆の心の支えとなる平和の像を無欲で私が制作し無事に設置できるのか、念には念をと私の意志が本物か、人を使って様々な事をされて試されているのだと思いました。それから誰も私の気持ちをわかってくれなくてもいい、戦争の犠牲になられた数多くの生命体の方々が私の本当の気持ちを知って見て聞いておられると思って、どんな事が起こっても私は決意を曲げませんでした。それからもどんな事が起こっても、欲を考えずに綺麗な気持ちでこの平和の像をやり遂げること

だけを考えて、私の有り金を使い果たしてでも、平和の像を絶対に完成させてレイテ島に建てることが、全てを愛し救う使命だと思いました。制作者が真心で作らないと戦争で亡くなられた数多くの生命体の方々が救われ喜んでくださることはないと思って、二百万円で制作してほしいと言われた発起人の使いの方に、「わかりました。二百万円で必ずやり遂げます」とはっきり伝え約束しました。平和の像の契約書はなく、自分の心が約束書でありました。この時、「私が制作しなければ誰がやるのだ。この平和の像は絶対に他の人に任すわけにはいかない」と心に強く思って引き受けました。平和の像の発起人の使い人は、まさか二百万円で引き受けてくれるとは思ってもいなかったものですから、飛び上がるように喜んで帰られました。

実はその時、ある石屋さんに同じ大きさの平和の像の制作を私に内緒で、五百万円で依頼されていたのです。その後、依頼人と石屋さんと一緒にフィリピンのレイテ島の現地に行かれたことを、後に他の人から聞きました。そんなこともあって、私の制作の約束を断るために、二百万円と言えば私が絶対に断ると思って来られたことが後でわかりました。もし五百万円で石屋さんに依頼しておられたら、依頼された方はお金がありませんので、募金が集まったら、後で石屋さんに五百万円を払うつもりでいましたが、募金が集まらなくて、後で三百万円以上のお金が足りなくて、依頼された方が大変困ることになって、依頼人が後で三百万円以上のお金を石屋さんに支払うことになるところでした。が、私は平和の像の制作費二百万円を頂けなかったのです。私はその時はお金のことは考えずに、私のお金を使い果たしても、無事に成功させることだけを考えていましたから制作もできてレイテ島に設置もできたのです。

平和のため、戦争で亡くなられた数多くの生命体のために、無欲で平和の像を完成させることができるかどうかを、生命の根源の世界を私に見せ、光を降ろし与える前に、私の気持ちを試されたと思いました。もうこれ以上、私を追い詰めたら全て水の泡になってしまうという、際どい状態まで追い込んで試されて、窮地に立たされてから奇跡が起こることになりました。「一瞬にして病気を治す力」が宇宙の生命の根源から与えられたのです。黄金以上に美しい光を私に見えないように与えてくださったのです。今までしてきたことが無駄ではないことを、今まで以上に理解できて信じられるようになりました。

それから愛媛県の大島の石材を取りに行くことになりました。フィリピンのレイテ島の戦場跡に、世界平和の像を制作して設置するまで、私の思ったことが叶えられて、不可能なことが可能になって次々と奇跡が起こる時は、自分のことを頼むのではなく、世界の平和を願って、戦争で亡くなられた生命体を救う時に、合掌して神仏の生命体に何度も頼まなくても、私が心に思うだけでその思いが次々と叶えられることを、私は体験させて頂いて理解しました。

それから、困った時に生命体が奇跡を起こしてくださって、助けて頂きました。生命の根源の奇跡は人間に頼まれて起こされることはありません。生命の根源が絶対に必要な時に奇跡を起こされるものです。

いよいよ愛媛県の大島に石を買い付けに行くことになりました。お金はその時に初めて当時のお金で四十万円だけ内金として頂きました。その四十万円を大島の石屋さんに渡しましたから、私自身は平和の像の原型制作の何ヶ月間の生活費を一銭も頂いていません。こんな状態で、家族は「人間は水だけでは、平和像の制作は続けられない」と言いましたが、私が「平和の像を完成させ、レイテ島に必ず設置することを絶対にやめられない」と言った翌日に、私のアトリエに展示してあった『新しい光』という白い大理石の作品を七十万円で買ってくださる方が急に現れました。これが最初の奇跡です。もしこういうことがなければ、私はおそらく家族と別れていたかもしれません。また、平和の像も完成できなかったかもしれません。波乱が次々と起きて、苦難を乗り越えていくことができるかどうかを、天から試されていました。しかし、こんな状態であっても、大島へ石材の内金を持って行きました。

苦難がありましても、次々と起きた奇跡に助けて頂いて、大島に十日間いました。私は、石が車に積まれるまで現場で作業を見守っていました。私が現場にいない時に十五メートルも深い所から平和の像の石を何回上げても、石が上まで上がりませんでした。途中でワイヤーは切れ、滑車も割れ、石に穴をあけて上げても石が欠けて飛んでしまい、どうしても上げることができません。偶然にも、私はある人の紹介で、翌日、愛媛県のある霊能者の家に行く予定がありました。私を紹介してくださった方が私より先に霊能者の家に行かれて、私が着く十五分前に、霊能者が急に仏壇の前で仰向けに倒れ、体全体が全然動けない状態になっていました。私が玄関に入った時に、私を紹介された方が「大変な事になった、霊能者の先生が急に倒れて動かれないようになった」と驚いた顔つきで玄関まで来られて私に仰いました。仏間に入ってみると、霊能者が仏壇の前で仰向けに倒れた状態で、私に「あなたに悪霊がついているから私が倒れて少しも動けなくなった。こんなことは今まで初めてだ」と仰いました。私はその時に「私に悪霊は絶対についていません。私には生命の根源の光があります」と言いますと、霊能者が「そんな生命の根源の光があなたにあるのなら私を助けてください」と言われて、私が霊能者の近くに行くと、今まで霊能者が自分の第二生命体に倒されて起きられなかったのに急にスッと起きられたのです。私はちょうどその時ポラロイドのカメラを持っていましたので、霊能者を写してそのフィルムをカメラから引き抜いて見る前に大変な光が写った、と私が感じました。パッとめくって現像できた写真を見ると、霊能者が立っている前に金色の光が写っていました。その写真は保管してあります。この光は生命の根源の光ではなく、生命体の光です。その写真を霊能者に見せると、霊能者が私に、「助けてください」と言われて、私は無意識に霊能者の後ろから、生命の根源の光を、霊能者の体についている白龍に与えました。その時は、宇宙の生命の根源から私に光が見えないように与えられていましたので、私の手が自然に動いて、霊能者の体に根源の光を与えると、霊能者の首がひどく痛くなりました。これは、霊能者の前世で関係のある生命体が白い龍の形で現れ、霊能者の体に巻きついておられたからです。白龍は神仏になって部下を沢山持つリーダーで、前世で霊能者に恨みがありますので、霊能者の体を痛くすれば、私が根源の光を与えることを止めると思って、自分の正体を霊能者に知られたくなかったのです。生命の根源の光を逆らわずに受け入れると、どんな悪魔の心でも浄まって、善になって、幸せになれます。

白龍に根源の光を当てていると、十五分くらいで霊能者がスッと楽になられて、今まで信心してきた神仏の生命体が自分の前世の因縁であったことを初めて知って落胆され、霊感の仕事に自信がなくなったようでした。霊能者も初めての経験でびっくりされていました。私にとっても初めての体験でした。私は宇宙の生命の根源から黄金以上に美しい光が降りて与えられた時に、神仏の生命体も助けることができ、病気も治せる光を与えられたことを教えられました。

その翌日、再び石山に行って、何回上げても上まで上がらない石山の現場の谷底をポラロイドカメラで撮ると、石の壁に三本の金色の光が写りました。その時、「石切りの人たちがもっときれいな気持ちで作業をしなければ、この石は絶対に上まで上がらない。作業をする人たちが生命体の存在や戦没者の生命体のことを心から信じておられないからだ」と感じ、私は石山全体の生命体をお助けしました。しかし、その頃には石を上げることを諦めた人たちはみんな先に現場から帰ってしまい、ウインチを巻く親方一人だけが残っている状態でした。それでも、もう一度石を上げてみようということになって、その時、私は戦没者の生命体に「どうか世界平和のため、全ての戦没者の生命体の幸せのために無事にこの石が上まで上がるように」と心で思って石を上げることにしました。石を上げる当時の様子をビデオカメラで撮影して残しています。石が上がりますようにと思って、私は右手にビデオカメラを持って撮影し、左手を下から上の方に少しずつ上げました。すると石の裏側に光が写りました。私はこの光は戦死者の生命体の光だと思いました。それから、今まで何回上げても全部谷底へ落ちていった石がいっぺんに上まで上がりました。これは戦没者の生命体の方々が協力してくださったのだ、と理解して、感謝しました。それから三本の石の二本を、二十メートル下から続けて途中で休まずに上まで上げることができました。最後の一本は、もう日が暮れてきたので翌日上げることにして石山を下山しました。

先に諦めて帰った人たちにこの様子を話すと、皆は「嘘だ」と信じられない顔つきをされて、「あの大きな重い石が絶対に上まで上がるわけがない。賭をしようか」と言うほどでした。戦没者の生命体に協力して頂いて石が上がったのですから、信じられなくて当然です。翌朝、石山の現場に行く時、皆は信じられない気持ちで行きました。しかし本当に石が二本上まで上がっているのを見て、皆は驚き、あれだけ何度も上げても途中まで上がってもチェーンが壊れたりワイヤーも切れて、石が下まで滑り落ちて、二センチと違わない状態で下にあった場所に入ったので、信じられない様子でした。しかし、親方はまだ戦没者の生命体の業で石が上まで無事に上がったことがどうしても信じられず、昨日自分一人の技術で石を上まで上げたことを皆に信じてもらうために、もう一本残っている石を自分一人の力で上げてみせると仰いました。前日に上がった二本の石よりも少し大きい石ですから、前日と違い、滑車を二台

奇跡で上がった平和の像の石。

に増やして無理がかからないようにして、始めに石を横に倒してから上に上げることにしました。親方が石を横に倒すのを皆がジーッと見ていましたが、何度ウインチで巻いても石を横に倒すだけなのにビクとも動きません。ウインチがだんだん熱くなって、焼けないように水を差したり油を差して、今まではこんな状態になるとワイヤーが切れました。が、今度は滑車を二台増やしましたのでまだワイヤーも切れません。親方は自分の技術を皆に見せてやろうと必死でしたが、こんなことをいつまでも続けていては危ないと思って、私はそろそろ生命体のエネルギーの力を親方と他の人にも見せてあげよう、と思って、前日上まで上げた石の裏に隠れて、現場にいる皆にわからないようにして、「生命体の業をこの人たちに見せてやってください」と心に思ったその瞬間、今まであれほど何度も引っ張っても切れなかった太いワイヤーが一瞬にプツンと切れました。生命体のエネルギーの業を皆に見せられたので、石山にいた人たちは皆驚いて、生命体のエネルギーの力を信じられるようになりました。それからも次々と奇跡が起こることになります。

次々と起こる生命体の奇跡

石山で、前日に上げた二本の石の一本をトラックに積み込む時に、私は山に行かずに石屋さんの家にいました。トラックに積むために、石を一メートル五十センチくらいの高さに吊り上げないと積み込みはできないと思って、私は石の縦と横を落として置きました。ですから二トンは軽くなっているはずなのに、石をトラックのボディーまで吊り上げ用ワイヤーで吊り上げても、私が近くにいないと再びワイヤーが切れてトラックに積めなくなります。大きいユンボ二台で石をはさんで上げることになり、トラックへの積み込みに朝から夕方までかかりました。すぐに大島から今治に船で渡ることにして、私も運転手さんと一緒にトラックに乗って港に行きました。ところが最終便に間に合わず、「明日まで待たなければならない」と運転手さんが仰いました。そこで、私は船が出てほしいなと思いました。すると沖の方から船が入って来ましたので、「船が入って来ましたよ」と私が言うと、大島のことをよく知っておられる運転手さんが、「あの船はたぶん出航しない。あの船は当てにできないんだ」と仰います。ところがその船は大島に着いてから再び出航しました。運転手さんは驚いて「これは何ということだろう。こんな時間から船が出航することはめったにないのになぜだろう」と仰いました。予定に入ってない船が出るというので、私も「よかった、よかった」と言って、その船に乗って今治まで行きました。

今治から今度は神戸へ船で行くことになっていました。ところがその運転手さんは小型の免許しか持っておられませんでした。トラックは大型の免許を持っていないと神戸に着いてから運転することができません。運転手さんは心配しながら、今治で運送会社をしておられる叔父さんの会社へ行かれても、公衆電話で大型の免許を持っている人を探しても見つかりません。神戸へ渡る船の時間がだんだん迫って来るし、大型の免許を持つ人は結局見つからなくて、私はこれは大変な事になったと思いました。運転手さんはもう駄目だと諦めて公衆電話から出て、落胆した顔つきで、大島に渡る船場の方に何となく歩いて行きました。私は座って、運転手さんの後ろ姿を見て「どうか大型免許を持っておられる人が見つかりますように」と思いました。するとふ、今治から大島へ渡る船の最終便に乗り遅れた大型の免許のある運転手さんが不思議と見つかったのです。大型の免許を持っておられた方が、船に乗ろうとしているところに、耳の遠い腰の曲がったおばあさんが急に現れたそうです。耳が聞こえにくいために大型の運転手さんがお祖母さんの耳元でいろんな話をしているうちに船が出港してしまったのです。「あーら、えらいことになった。お祖母さんに話していたら船に乗れなくなった」と思っているところへ、ちょうど小型の運転手さんが「実は私が大型の免許がなくて運転できなくて困っているので、代わりに関ヶ原まで行ってもらえないだろうか」と頼み、大型の運転手さんは、同僚の頼みを引き受けてくださいました。やれやれと言っているうちに神戸行きの船の出港時間にぎりぎりに間に合って、私は小型免許の運転手さんに「あなたはもう帰ってください。関ヶ原まで二人も運転手さんが行かなくてもいいから」と言いました。ところが、その方は関ヶ原まで私と一緒に行くと仰いました。行かなくてもよい方がなぜ行かれるのかと、私は思いましたが、本人が行くと仰るので一緒に行くことにして、三人で船に乗りました。

船の中で、私は大型のトラックの運転を引き受けて下さった運転手さんに「あなたは今日、良いことがありますよ」と言いました。すると運転手さんがどんな良いことがあるかなあと首を傾けて不思議に思っているうちに、いよいよ神戸の港に着いて、船から降りる階段の際まで来て、大型の運転手さんが急に「実は私は右の肩と肘が痛くて何年も治らなくて困っています」と仰ったので、私が「治してあげましょう」と言って右の肩と肘に根源の光を当てると、階段を降りるまでの束の間に、肩も肘も治りましたので、「もう治りましたよ。全然痛くないでしょう」と私が言うと、運転手さんが、「不思議なことだ。本当に痛くない。本当に治りました」と何度も右腕を回して見せて、私に嬉しそうな笑顔を向けて喜ばれましたので、「ほら、良いことがあったでしょう」と私は言いました。すると運転手さんは「谷井先生に会えて良かった」と仰いました。

神戸の港に船が着いてから、関ヶ原まで名神高速道路を通らなければなりません。私は生命体に、「この石は世界平和と、戦争で亡くなられた方々の幸せを願う像の石ですから、関ヶ原まで無事に行けますように」と心に思いました。その後から小型の運転手さんが、「先生、無事に行けるように頼んでください」と仰いましたので、私は、「頼みました」と言うと、「先生、もう一度頼んでください」と仰いましたので、もう一回心に無事に行けますようにと思いました。私の思いを戦没者の生命体の方々が受け入れて叶えてくださって、関ヶ原まで何も問題なく行くことができました。関ヶ原に着いた日は土曜日でした。石材会社のウインチは大きくて、これは資格を持っていないと動かせません。ところがその資格を持った人が土曜で会社におられません。翌日は日曜日ですから、この石材会社で二日待つことになります。すると、何と一緒について来られた小型の免許の運転手さんがその資格を持っておられて、それで大型のウインチを使って石を降ろすことができました。今治でその人が帰っておられたら、石を降ろすことができないことを、戦没者の生命体が知っておられたから導いてくださったのだと、有り難く思って感謝しました。関ヶ原に石を降ろした翌日、私は石材会社の方に「平和の像を作るのを急いでいます。どうか一番先にこの石を切ってください」とお願いしておきました。しかし翌日私のいない時に石を切る方がどうしても先に切らなければならない石がありましたので、先にその石を切り始めて半分切った時に、直径六センチの太さの鉄の心棒が急に曲がって途中から石を切れなくなった、と仰いました。私は石を切る方に、こんな事が今まで何度かあったのか聞いてみると、こんな事は滅多にない、と仰いました。それから他の機械で平和の像の石を切って頂きました。

平和の像の制作を八月十五日の一日だけ休み、百日以上アトリエで制作する

平和の像を制作するためのアトリエを自費で山の中に建て、関ヶ原から、石をトラックでアトリエまで運んだ時に、また不思議な事が起こりました。私の家からアトリエまで行く途中、旧道を通らないと行けない場所で、途中に川があり、橋を通って行きました。今まで一回も落ちたことはない橋が、平和の像の石を積んだ車が通って、山に建てたアトリエまで運んだ後で、落ちました。よく考えてみると、もし橋が落ちていなければ、平和の像の制作をたくさんの人たちが車で見に来られて、気が散って制作に専念できなかったと思います。私は八月十五日も休まずに制作を続けると家族に言いましたが、家族は「八月十五日は鬼でも休むのだから休まれたら」と言いましたので、休ませて頂きました。それ以外の日は休みなしで、毎日夜遅くまで制作しました。

ある日、制作中に体の悪い僧侶が来られて病気を治してほしいと仰いました。根源の光を当てると、体がガタガタガタと動き出して、僧侶はびっくりされました。これは体に付いておられる生命体が、必死に体を動かして、生命の根源の光に助けを求められたからです。お助けすると、僧侶の体の動きも収まって、それから帰られました。新しい橋が架かると、平和の像を見に、他の僧侶が信者

を連れて来られました。一緒に来られた夫人は、腕が直角に曲がり固まって、首も上を見られないほどになっていました。僧侶に夫人を治してほしいと頼まれて、私は立った状態で首を先に治しました。すると、夫人は上を見られるようになりましたので、「直角に曲がっている腕も治してあげましょうか」と言いました。夫人は今までどんな治療を受けても治らなかったので諦めて、「治りませんからよろしいです」と仰いましたが、十分くらいで腕もまっすぐに伸びて動くようになって、本人も「治った、治った」と喜んでおられました。僧侶も驚かれ、「私は糖尿病ですが、腕と首は治りましたが糖尿病は良くならないでしょう」と仰いましたが、私は「糖尿病も良くなりますよ」と言いました。

また、平和の像が出来上がる頃、NHKのテレビ局の方が平和の像の制作の取材に来られて、感動されて、ポラロイドカメラで写真を撮られた時、写真に金色の光が写ったので不思議に思っておられました。また平和の像をある人が写真を撮る時、フラッシュで何回写してもカメラのシャッターが下りません。しかし平和の像以外の物を写すとフラッシュでもシャッターは下りました。これらは生命体の業です。また後で平和の像の写真を撮った時、平和の像が台座から三十センチ上に上がっている写真が写っていました。さらに台座から吊り上げる時、戦没者の霊気が真っ白に雲のようになりました。沢山の戦没者の生命体が平和の像を迎えにフィリピンのレイテ島から来られて、写真に写ったのです。また入魂式の時にコップの中に入れてお供えしてある水が、戦没者の生命体の血で真っ赤になって写っている写真を、私は今でも持っています。コップの水が赤くなったのは、戦没者が戦場で流された血で、感謝と喜びを見せられたのです。平和の像も赤くなって写真に写っています。全ての戦没者の幸せのために協力してくださった方々に感謝されているのです。

戦没者の生命体はフィリピンにおられても、私たちの心も行動も見たり聞いたりしておられますので、私はこの文章を書いている時に両目から涙が流れました。これは、戦没者の方々の喜びの涙であります。長い年月苦しんでおられた生命体程、幸せになられた時に嬉しくて感謝の涙を流される時には、私の目から涙が流れます。

レイテ島タクロバン市の戦場跡で平和の像のミサを行う。

レイテ島のタクロバンの戦場跡に平和の像を設置する

レイテ島の死闘では、日本陸軍九千二百六十一人、海軍二千二百四十五人が戦死しています。この中には、旧日本植民地であった韓国の志願兵や台湾の志願兵もいます。また日本の陸軍看護婦を始めとする女性の死も忘れてはなりません。このように戦争で亡くなられた数多くの方々の幸せも共に願って、兵庫県西宮市の私のアトリエで平和の像が完成しました。入魂式を終えてから、平和の像を入れてレイテ島まで運ぶ鉄の板の箱を作ることになり、その費用は当時のお金で二十万円かかりました。鉄の板で作った箱がないと、平和の像をフィリピンのレイテ島まで無事に運ぶことができなかったのです。しかし、そのお金を出してくださる方は現れず、私が二十万円を寄付させて頂きました。それでやっと鉄の板で作った箱ができ、一九七七年十月四日、神戸の港からレイテ島に平和の像を発送しました。

レイテ島に着く時分、私は一足先にマニラを経由してレイテ島に行きました。平和の像が着くまで、一日おきに飛行機でマニラ、レイテ島、バギオなどに行き、現地の人の病気を治したり、日本とアメリカの戦没者の生命体と、フィリピンの方で戦争で亡くなられた生命体も毎日お助けしました。平和の像の到着を期限の間際まで毎日待って、これが最後のチャンスと考え、十二月一日にマニラからレイテ島に行きました。その日、フィリピンのマニラとレイテ島に来て十八日目に、平和の像が貨物船でセブ島の港から、レイテ島のタクロバンの港に予定日より大幅に遅れて到着しました。平和の像を神戸の港からレイテ島に発送された方が、誤ってセブ島行きに送られたため、セブ島からレイテ島に到着が遅れたことが後で調べてわかりました。翌朝から、平和の像の設置に取りかからせて頂きました。

私が日本にいる時の予定では、レイテに行って設置するだけの私の費用はないということで、設置には立ち会わず、フィリピンの現地の人に任せる予定でした。しかし、私はボランティアで行かせて頂きました。平和の像を設置する現場で、私が寄付した二十万円の鉄の箱を解体すると、すぐに現地の人々がどこかに持って行きました。私は貧しい現地の人にプレゼントすることにしました。平和の像を設置する時、現地の方が油のついたロープで白い石の平和の像を吊そうとしました。そのように油のしみたロープで吊ったら白い平和の像に油がしみ込んで取れなくなります。日本からレイテ島のタクロバンまで安全に運んできたのに、現地で油がついたり、設置に失敗して倒れて指が折れてしまったら、今までの皆の善意の苦労が水の泡になります。私はこんな事があるかと思って、鉄の箱の中に強くて太い紐を入れておきましたので、その紐で吊して無事に設置することができました。レイテ島のレッカー車は弱くてフラフラと横揺れして、私は現地の様子を見て、設置の監督に来てよかったと実感しました。多少設置に戸惑いましたが無事に設置できた時にはほっとしました。

私はフィリピンの滞在期間は二十一日間ですから、平和の像の設置はぎりぎりの状態で間に合いました。マニラで最後の日に妻は、「期間もお金も使い果たして、出来るだけの事はさせて頂いたし、平和の像が何日にレイテ島に到着するかわからないのだから、日本に一緒に帰りましょう」と私に涙ぐんで言いました。しかし、私は妻に、一人で日本に帰ってほしい、と言いました。その時に妻と一緒に日本に帰ってあげたい気持ちはありましたが、先に帰国してもらいました。私は最後のチャンスだと思って、マニラからレイテ島に行かせて頂いた当日に、レイテ島の港に平和の像が到着して感動しました。

私は平和の像がいつ到着するのかわからなかった時、期間もお金もなくなって、設置を諦めて日本に帰っていたら一生後悔することになっただろうと現地で思いました。平和の像の代表の方を始め、多くの人々の真心で協力して頂いたおかげで、一年間無事に制作させて頂き、レイテ島のタクロバンの戦場跡に、制作者の私の手で設置させて頂いたことを幸せに思っています。本当に戦争で亡くなられた数多くの方々の生命体の幸せを願って、平和の像の募金など、協力して頂いた方々に心から感謝させて頂きます。設置が終わった時は、既にフィリピンに滞在できる期限も、残りあと一日になっていましたから、すぐにこのレイテ島から離れなければなりませんでした。後ろ髪を引かれる思いで飛行場に行くと、マルコス元大統領の護衛の方と出会いました。私たちが平和の像の設置に来たことを話すと、喜んで頂きました。同じ飛行機で、レイテ島からマニラへ行きました。それからマニラで一泊して日本に無事に帰国しました。十二月七日のミサにはシンコ市長ら三百人の市民が参加された、と後で聞きました。日本の新聞にもミサの写真が載っていました。

日本に帰国した翌日、朝日新聞と毎日新聞の方が新聞に私のことを発表するために、自宅に取材に来られて、次のようなことを仰いました。「平和の像の制作費用は全部で千二百万円かかり、二百万円は石代と国内の運送料とアトリエの費用で、平和の像の制作費と鉄の箱の費用と平和の像の設置費を含めて、一千万円は制作者のあなたが世界の平和と戦争で亡くなられた方の幸せのために寄付されたことを、代表の方から聞きました。そのことを新聞に発表します。発表するのとしないのと大きな違いですよ。それにこのことを発表しなければ、あなたがされたことをだれにもわかって頂けませんよ」と仰いました。しかし、私はその時、「世界平和と戦争で亡くなられた数多くの生命体の幸せを願って、私の真心を捧げ、制作して寄付させて頂いたのですから、発表して頂かなくてもいいです」と申し上げました。すると帰られる途中で振り向かれてまた、本当に発表しなくてよいのですか、と確認されました。私はこの時に新聞に発表しなくてよかったと思っています。もしその時、私が喜んで新聞に発表していたら、生命の根源の世界を見せて頂いて、黄金以上に美しい光のスポットが私に降りることはなかった、と後で思いました。ここで、生命の根源は私を見ておられて、どうするのか私の本心を試されたのかもしれません。

世界の平和のためと戦没者のために、自分の全ての欲を考えずに見返りも考えずに制作させて頂くことで、戦争で亡くなられた方々の生命体に、私の真心が伝わって喜んで頂けるのだと思いました。生命の根源が私に光を与えるため、フィリピンのレイテ島のタクロバンの戦場跡に平和の像を制作設置するよう仕向けられたのだと後で気づきました。その理由は、一九七七年十二月に平和の像をレイテ島タクロバンの戦場跡に設置させて頂いてから、一九七八年一月六日に七色のスポットの出る世界を見せて頂きました。それから一九七八年十月十三日に、宇宙の生命の根源から、今まで誰も見られたことのない黄金以上に美しく輝く世界を見せて頂いて、純金以上に美しいスポットを降ろして与えられました。これは、生命の根源から定められた使命として初めから私に仕向けられた宿命だと思いました。

レイテ島、タクロバン市のスミアシス研究所で、私は医院の院長先生の体の診察と治療の依頼を受ける

タクロバン市のスミアシス研究所で、院長先生の身体の悪い場所が私の診察でわかると、「治してください」と頼まれました。根源の光の治療で体が治ると「素晴らしい力ですね」と仰いました。次に、左足首が痛くて三年間入院しておられる男の方が「医師の治療で治らないので治してください」と仰いました。院長先生から頼まれて、根源の光を足首に当てると、十五分程でその患者の足の痛みは治りました。側で見ておられた院長先生が、「本当ですか」と仰ると、その患者は痛かった足を何回も地面に力強く足踏みして見せて、「この通り治りました」と仰いました。院長先生は不思議そうに首をかしげておられました。

その後、シスト寄生虫による病気で苦しむ少年の治療を頼まれて、根源の光を腹に当て、十分ほどで腹部の痛みは消えました。シスト寄生虫は皮膚より侵入し、血液の中に入って、肝臓を中心に、時には頭に入ることもあり、腹が出て気力がなくなり、目が潤むなどの症状が出ます。「シスト寄生虫はアルコールに漬けても死にません」と院長先生は仰いました。ドイツの薬を私に見せてくださって、この薬でも寄生虫の病人は治らないと仰いました。フィリピンで日本の兵士がアメリカ兵と戦った時、

河を渡る際に寄生虫が皮膚から体の中に入って亡くなられた日本兵もおられたと聞きました。

アメリカ、フィリピンの医師は、疑う前にまず自分が体験される行為は素晴らしいと思いました。

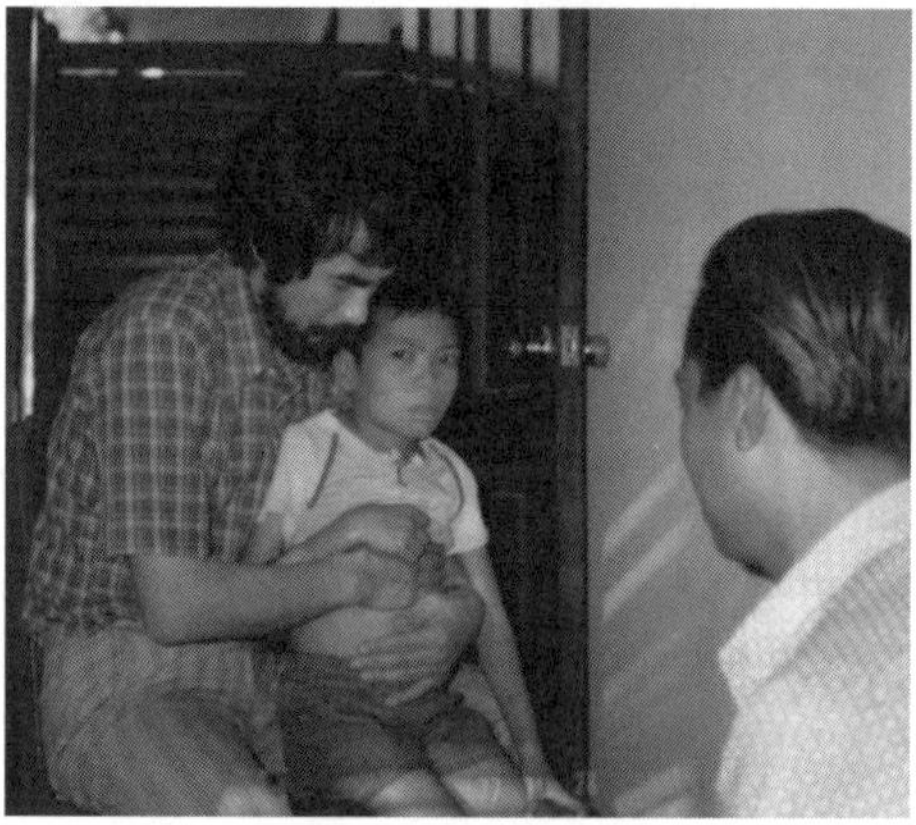

フィリピン・レイテ島タクロバン市、スミアシス研究所で、寄生虫が体内に入って病気になった少年を治療する。右は医院長先生。

フィリピンのマニラへ心霊手術が本物か偽物か調べに行く

私はレイテ島からマニラへ飛行機で、心霊手術を調べるために行きました。治療室にはキリストの像が祀られて、その側で手術を受ける人々が順番待ちしておられました。病気を治すために集まって来られた人々を、私は根源の光で治しました。その後、心霊手術者の夫人の治療をリーダーから頼まれて、根源の光を当てると、亡くなっておられる夫人の母の生命体が急に娘に乗り移って、娘の口を通して話されました。「娘の体を悪くして助けを求めていた」と仰いました。リーダーの夫人は左の胸と腹の左が今までずっと痛く、ご主人の心霊手術を受けられても治らなかったのです。夫人の母は死んでも胸の苦しみと腹の痛みに耐えることができなくて、生命の根源の光に、必死に

フィリピンのマニラで心霊術者の夫人の死んだ母の生命体が娘に乗り移って助けを求める。

助けを求めたと仰いました。「私はこの娘の死んだ母で、死んでから毎日胸が苦しく腹も痛いことを、娘の体を苦しめて知らせていました。娘には本当に今まで申し訳なかったと思っています。今、日本から来られた方の、神の生命の根源の光を受けて助けて頂いて、初めて幸せになれてこんなに嬉しいことはありません。夢のようです。これで娘の体から離れて天国へ行きます。日本のこの方は、宇宙に存在する神の生命の源から光を降ろされて受けられた人です」と話されました。リーダーの夫人の胸の苦しみと腹の痛みもすぐに治りました。

どこの国に行きましても真実は一つであることを知りました。心霊手術を受けられる病気の人々を根源の光で治させて頂いて、心霊手術者のリーダーが私に会えたことを喜んでくださり、感謝の気持ちで握手を求めてくださいました。後から、リーダーは私に、「貧しい人々のためにお金を寄付してください」と仰いました。ボランティアで病気を治してあげて、その当時のお金で日本円で一万円を寄付させて頂きました。フィリピンは貧しい人が多いので、日本に帰る時にはお金はなくなってしまいます。

フィリピンの心霊手術の神は本物ではなく、本人の第二生命体のエネルギーでお祓いを行うという治療法でした。リーダーの神の生命体は、夫人の母の生命体をお祓いできなかったので、病気を治せなかったのです。夫人の母は亡くなられてから初めて真実がわかったので、私から受けた光は本当の神の根源の光である、と皆に仰いました。フィリピンの病人は五分か六分で頭痛や腹痛でも治ります。これは、人間も死んだ方の生命も考え方が違うからです。過ぎた事よりも今から先の幸せの方が大事だと心の切り替えが早いから、生命体が早く幸せになって病気も早く治るのです。執念深い恨みの強い生命体に取りつかれている人の病気の治りは時間がかかる人が多いのです。神仏の生命も初めて誕生したのは宇宙の生命の根源であることをご理解してください。

フィリピンのマニラと、レイテ島、セブ島、バギオにて、戦争で亡くなられた人々の生命体を助け、現地民の病気を治す

世界の国々で、戦争で亡くなられた数多くの人々の生命体を幸せにしてあげると、世界の平和と人間も救われることになります。しかし、亡くなられた方々の生命体はお金を持っていません。ですから、ボランティアで世界の国々に出向いてお助けさせて頂くことは、救いたい真心がないと何十年も続けられません。

私はフィリピンに行かせて頂いた時、無償だからできるのですが、戦争で亡くなられた生命体もお助けして、貧しい人々も皆平等にお助けするために、先に来られた人から順番に並んで頂いて病気を治しました。日本、アメリカ、フィリピンの数多くの人々が戦争の犠牲になられた様々な生命体もお助けさせて頂きました。貧しい人の中には、毎

フィリピンのレイテ島の人々から、病気を治したことへの感謝のサインをいただく。

日食べる物も少ししか食べられない人々が沢山います。また貧しい子供達は学校に行けないから港で仕事をしている子供や、毎日遊んでいる子供達がたくさんいます。そんな人々の病気を治してあげることは、とても気持ちのいいものです。フィリピンの人々は本当に嬉しそうな顔をされて自分の順番を朝から何時間も待って、昼ご飯も家に食べに行かずに並んでいる所に、金持ちの方が後から来て貧しい人の先に並ぶと、先に並んで居る人の後に並びなさいと注意されて、不満な顔つきで一番後に並びました。

薬も買えない人々の中に貧しくても財布の乏しいお金を治療費として少しでも払おうとする様子に私は心を打たれました。そんな人の姿を見て、私は子供達に食べ物を与えてあげて、治療費は要らないのですよ、と言って一人でも多くの人々の病気を平等に治してあげる事ができて、最高に幸せを感じました。治療費の代わりにお礼の言葉をノートに書いてくださいました。

フィリピンでは体の悪い方が沢山おられますから、全ての人々をお助けすることは不可能ですが、私のできることをさせて頂きました。現地では、戦争で亡くなられた方々の生命体は、私がどこに行きましても必死で助けを求めて集まって来られましたので、お助けしながら現地の人々の病気も治させて頂きました。

お金を頂くと差別ができて、貧しい人々は治療ができなくなります。貧しい人々は薬を買うお金はないから医師にも診てもらえない、お金がある人は医師に病気を治して頂ける、人間世界には不公平な厳しい現実があります。私の治療を受けたレイテ島の人々は、神様が私たちを助けるために、日本の谷井さんを導いてくださいましたと仰いました。レイテの住民が亡くなると、教会で神父さんにお参りして頂かないと、遺体を墓に埋葬できないと決まっています。貧しい人でも教会にお金を納めないと、お参りして頂けないから、神父さんは商売人だと仰る方もおられました。そんなことで、月曜日から五日間は、教会にお参りされる人が少ないと住民から聞きました。

帰国する間際まで、現地の人々の病気を治してあげました。また私が宿泊しているホテルの部屋とベッドに生命体が毎晩助けを求めて集まって来られて、助けないと、私の足や体にチクチク針で刺すように、周囲から「早く助けて、早く助けて」と催促されるので、目も痛くなりました。生命体が救われるとすっきりしました。こんな状態で戦争で亡くなられた方々の前世の因果関係の生命体も含めると、時には何百兆以上の生命体が助けを求めて集まって来られました。私は夜遅くまで生命体をお助けしても、真夜中に起きてお助けしないと寝かせて頂けなくて、毎晩お助けしながら朝まで寝ることもありました。レイテ島のタクロバンの地元の人の家に泊めて頂いても、私の行く場所と、泊まる家にも苦しむ生命体が助けを求めて集まって来られました。私の行く所を先に感知できる生命体は、先に来て私を待っておられました。

レイテ島の戦場で亡くなられた沢山の兵士の生命体は戦場跡にも沢山さまよっておられました。アメリカのマッカーサー司令官が上陸された浜辺の戦場跡にレストランがあり、食事をしている途中、私の周りに沢山の生命体が助けを求めて集まって来られて、私は食事をゆっくりできない状態で、片手で食べて、片手で足元まで来られて催促される生命体をお助けしながら食事をする状態でした。

その戦場跡のレストランで、レイテの女性から戦没者の生命体を呼び出すと、その女性に乗り移って、日本、アメリカ、フィリピンの生命体が順番に名乗られて、助けを求められる姿が、その女性にカラーで見えて、私が順番にお助けして、最後に海の底におられる生命体をお助けしている時に、私の両方の目から涙がポロポロ流れて止まりませんでした。この方々はどこの国の生命体か、カラーで見えたフィリピンの女性に後で聞きますと、それは日本の沢山の戦没者の生命体の方が、涙を流して喜んでおられる姿がまたカラーで見えた、と仰いました。お助けする前は、戦争で戦って血まみれになって苦しんでおられる姿が、無数にその女性に見えました。私がお助けしてから、お呼びして確かめてみると、数多くの戦没者の生命体は、生命の根源の光を受けられてからは、皆が幸せになられて喜んでおられる綺麗な姿が見えると仰いました。また他のフィリピンの人からも、戦没者の生命体を呼んで調べることもしました。全く真実はどこの国でも一つですから、どこの世界へ行きましても、真実として正しく結果が出ます。見えない世界でも真実がありますから、正しく、人を通して教え見せて頂いて体験することもできます。

日本の戦没者の生命体の供養のため、日本の各地から戦友や遺族の方々が毎年お参りに行かれます。お参りされる人たちの中には、戦没者で、自分の部隊の生命体だけに供養して帰られる人と、自分の父、夫、息子が戦没された生命体の幸せを願って供養に来られる方もおられる、と現地の人から聞きました。その方々のお気持ちはよくわかりますが、戦争で亡くなられた全ての人々の生命に幸せを願ってお参りされることが一番正しいと思います。

一九七七年十二月二日に私はレイテ島のタクロバンの市役所での市長さんと対談で、「この平和の像は、日本の戦没者の生命体の幸せのためだけに製作設置させて頂いたのではありません。戦争で亡くなられた全ての人々の生命の幸せを願って、平和の像をレイテ島のタクロバンの戦場跡に設置させて頂いたことをご理解してください。この平和の像を、全ての人々が、戦争で犠牲になられた全ての方の生命の幸せを願ってお参りして頂けたら、戦争で亡くなられた全ての方々の生命は心から喜ばれ、またお互いに早く和解ができて、皆が幸せになれた時に本当の平和が訪れるのではないでしょうか」と市長さんに話しました。市長さんは私の思いを早く理解して頂いて大変喜んでくださって、「素晴らしいことです。全くその通りです。この皆の平和の像はタクロバンの私たち市民がいつまでも大事に見守ります」と仰ってくださいました。

今まで日本の戦没者の生命だけの幸せのために日本人によって建てられた慰霊碑を、フィリピンのレイテ島の現地の人に壊された物もあります。それは戦争で亡くなられた全ての生命の幸せを願う慰霊碑ではなかったからです。日本の戦没者の生命の幸せだけを考えるのではなく、戦争が終わって皆が和解されて平和を願うものであれば、戦争で亡くなられた全ての生命に、国に関係なく本当の幸福を願ってお参りされることが本当の平和と幸せを願う供養になります。それが日本の戦没者の生命も幸せに導かれるものと考えます。これからはお参りに行かれた時には、戦争で亡くなられた人々の全ての方の生命の幸せを願ってお参りして頂けたら、全ての生命体から喜んで頂けると思います。日本の戦没者の生命体の中には、戦争が終わって日本に帰らずに、フィリピンの島々に生存される生命体も沢山おられます。

またレイテのある所に、日本の戦没者の遺体を沢山埋めた場所があります。終戦後、その上に学校が建ち、お骨を焼いて埋葬してあげることが許されなくて、遺体は学校の床下の土に埋めてあることを現地の人から聞きました。生徒たちが、何度も日本の戦没者の幽霊を見たと言っていました。そのことを現地の人々はよく知っておられました。私はその話を聞いて、何時間も日本の戦没者の遺体を埋めた場所を浄めさせて頂きました。戦没者の生命体が幸せになれた場合は、二度と日本の兵隊さんの姿で子供たちに姿を見せることはありません。お骨をそのままにしておくよりも、供養してあげて焼いてあげた方がよいことですが、それだけでは幸せになれて天国に行けません。遺体から離れた生命は、お互いに殺した者と殺された者の生命体同士が戦って苦しんでおられます。また各自の兵士の前世からの因果関係の生命体もありますので、今までの地獄からすぐに天国に行けないのです。しかし、戦没者の生命体は根源の光で救われることを知っておられるから、私の側に助けを求めて必死に数多くの方々が集まってこられ、私は毎日お助けしながら行動させて頂きました。

生命体とお骨は別々である場合もあり、一緒におられる場合もありますが、骨が上にあれば、その周囲に前世と今世の因果関係の生命体がおられます。その真下の何百メートル下の方に、戦没者の生命体が苦しんでおられる方もいます。ですから骨を焼いて供養すれば、その場所の生命体が幸せになって天国に行けるのではありません。一番肝心なことは、生命体はどこにおられるか、幸せなのか苦しんでおられるのか正確に調べ、苦しんでおられたら、その苦しみを幸せに導いてあげることです。しかし、数多くの因果関係の生命体を先にお助けする力のない方は、戦没者の生命体一人をお助けすることは不可能に近いことです。その理由は、今世と前世の因果関係の数多くの生命体が和解することは年月がかかります。

戦争が終わって七十年以上経っても、幸せになれなくて苦しんでおられますから戦争は絶対にしてはならないのです。今生きている私たちは、戦没者の生命体に、心から感謝と幸せを願って、二度と戦争をしないように生きて、全ての国の平和を願って助け合って仲良くしていくことが、戦争で亡くなられた方への本当の供養ではないかと思います。フィリピンで、私はマニラからレイテ、バギオ、セブ島で、戦争で亡くなられた方々の生命体をお助けさせて頂きましたことを心から感謝させて頂きます。戦争で亡くなられた人々の生命の生存が、信じられなくても体験、体感されると、信じられない方でも信じられるように必ずなります。私はフィリピンの貧しい人々の病気を治させて頂きましたことも、日本人として小さな償いをさせて頂いたことを喜んでいます。

宇宙に黄金に輝く月の大きさの球体から七色の光りのスポットが出る世界を発見

今まで宇宙科学者も発見されていない世界が宇宙に存在します。私は昭和五十三年（一九七八年）の一月六日午後八時二十分に、宇宙に月の大きさで、外側の球体は薄茶色で、その中に黄金の球体を見ました。その中の黄金の球体から、一瞬のうちに、七色の光のスポットが、右の方から左の方に斜めにサーッと長く出ました。さらに、中の黄金の球体から外側の薄茶色の球体を通して、金色の光が周りから夜空に、花火のように飛び散っていました。この光の光景は一回見せて頂かないと絶対に信じられない不思議な世界です。七色のスポットは鮮やかで、人間では描くことも作ることも出来ない、人間に想像の出来ないほど美しい世界を私に五分ほど見せてくださいました。一回見せて頂くと生涯忘れません。この不思議な七色の光のスポットの出る大きな黄金の球体の世界は、現れて消えていく順番があります。全体が一瞬に見えて、一瞬に消えるのではありません。順番に現れて順番に消えていきました。この世界は一回だけ見せて頂いて、それからは一回も見せて頂いたことはありません。一度で忘れないように見せて頂いたと私は思っています。

世界の科学者が一回見せて頂けたら、絶対に信じて頂ける素晴らしい世界が宇宙に存在します。

宇宙に黄金以上に美しく輝く生命の根源から、光のスポットが私に降りる

アメリカの科学者のアンフィンゼン博士（Dr. C. B. Anfinsen　一九七二年ノーベル化学賞受賞）は、「今日までの宗教上の神とは全く違うが、宇宙を含め自然を創造し支配し動かす偉大な法則真理が存在する。その存在を神と呼ぶ。人間という動物に一番欠けているものは、自分の持っている物に満足し、争ったり奪ったりすることをやめて生きる能力だ」と述べておられます。博士の仰る本当の神とは、人間が今まで信じて、地球に祀られている生命の神とは全く違う、懸け離れた、人間には想像できない、全ての生命の根源の世界のことだと私は思います。今日まで世界で発見された記録は残されていません。

昭和五十三年（一九七八年）十月十三日の金曜日午後七時二十分頃に、私は夕食を頂いて、数人の人に説法をしている時に、急に宇宙の生命の根源から知らせがあって、上を見ると、太陽以上に大きく見えて、地球から遠く離れた宇宙に、黄金以上に美しく輝く生命の根源の世界を見せて頂きました。

私は二〇一四年まで世界の五十ヵ国に行かせて頂いて、聞いたことも見たこともありません。宇宙に輝く生命の根源から、黄金以上に美しく輝く光りのスポットが私に向かって斜めに一瞬に降りて、

私はその中にすっぽり入っていました。最高の純金を使って磨いても黄金以上に美しく輝く物は絶対に人間の業で表すことは不可能です。地球に純金以上に美しく輝く物はありませんから、描けるものでも作れるものでもありません。生命の根源から地球まで黄金以上に美しく輝くスポットの中に光の線がぐるりにあって、その光の線と線の間に、黄金以上に美しく輝く小さな球体の生命が、生命の根源から地球までのスポットの中全体に、一つ、一つがはっきり見えて、少しの透き間もない状態できれいに並んで見えました。

人間が作った物は百メートル離れると、小さな球体は肉眼で絶対に見えなくなります。スポットの中から外は全然見えません。スポットの中で実際に見せて頂かないと絶対に信じられない世界です。私は黄金以上に美しく輝くスポットの中に入って感動している途中で、スポットの中の何百メートル上の方にもう一人の私が現れて、上の方から下に座っている私がはっきり見えました。それから下に座っている私が、上の方に現れた私を見ていました。光のスポットの中に、私一人が入って光を受けている姿を、上にいる私に見せて頂きました。他の人にはその光も見えませんし、光のスポットの中に入れてもらえませんでした。周囲におられる人は、私に何が見えるのかなと思って、ただ不思議に私を見ておられたと思います。時間で申しますと、四分から五分程でした。

この生命の根源も、現れる順番と、また消えて行く順番があります。スーッと現れ、スーッと、瞬に全てが消えるのではありません。この順番がわからないと、生命の根源の世界を見せて頂いたことになりません。スポットの光の中で、焦点を見せて頂いて、美しさに感動している時に、宇宙の生命の根源から私に、スーッとはっきりわかるように教えられました。それは、全ての生命の誕生の世界であると教えられて、「昼も夜も全てを通して見ている、聞いている。しっかり頼む。みんなを救ってくれよ」と声で聞こえるのではなく、スーッと焦点から私の頭にはっきりと教えられて頼まれました。

生命の根源から私に教えられた、「昼も夜も全てを通して見ている、聞いている」と教えられたことを信じられない方は、誰も聞いていない、見ていないと思った時に、盗み、ごまかし、悪口、いじめをしても自分を反省できなくて後で後悔されて苦しまれる、可哀想な人です。

全ての人間だれもが一度見せて頂いたら必ず皆が信じることができる世界で、見せて頂かないと信じられない方もおられると思います。それだけ信じられないほど美しい世界です。信じられる人は幸せな人です。今まで人間は自分の命はどんなもので、どこで創られ、どんな世界なのか知らずに生きてきました。

地球には全ての生命の根源は存在しません。私は、全ての生命の根源は宇宙に存在することを見せて頂いて発見できました。すなわち、地球に存在する神仏の生命は、宇宙の生命の根源ではありません。始まりは生命の根源で誕生して、数多く輪廻した生命が神仏の生命であることが解明できました。私が体験させて頂いたことを、そのまま書かせて頂きましたが、信じられない方もおられると思います。

今は、宇宙科学者、生命科学者も生命の根源が自分に見えたら認められますが、見えませんから了解して頂くことは難しいと思います。

世界の人々が、誰も信じられなくても、宇宙に黄金以上に美しく輝く生命の根源で、全ての生き物の生命が不公平なく平等に、最高に美しい生命の心、意識を与えられていることを、私たち人間は常に感謝して、戦争と悪事を止めて、過ぎたことは全て許して、仲良く助け合って生きることが生命の根源の愛と教えです。

生命の根源から生命が宇宙に飛んで行く状態を見る

一九七九年三月八日と、六月十日と、十月十二日と三回、宇宙に黄金以上に美しく輝く生命の根源の周囲から、小さな美しく輝く球体の生命が、宇宙に飛んで行く状態を見せて頂きました。

私は、人間と全ての生物の生命が宇宙の生命の根源で誕生したことを見せて頂いて、教えられました。

生命は宇宙の生命の根源で誕生して、空を飛んで地球に来て、生き物を誕生させた

二〇一一年八月十四日付の日本の新聞に、アメリカのワシントンの米航空宇宙局（ＮＡＳＡ）のゴダード宇宙センターの研究チームによる研究が、米科学アカデミー紀要（電子版）に発表されました。地球上の生命は、宇宙から飛来した物質が元になって誕生したのではとも考えられる説です。生命の起源は、宇宙から隕石と一緒に飛来したのではないかと思われるようになってきました。「隕石からＤＮＡ（デオキシリボ核酸）を構成する分子が見つかったことは過去にもありましたが、宇宙で形成されたものかははっきりしませんでした。

今回発見された分子は、南極の土壌や水には含まれていないものもあり、その割合も高いことから、隕石が地球に飛来した後に、地球上の生物などから混入したものとは考えにくいという。研究グループは今回見つかった分子は、小惑星で化学反応によってできた可能性があると指摘している。このＮＡＳＡのチームは「南極で見つかった隕石から、生物のＤＮＡを構成する分子を発見した」と発表しています。

私は二〇〇五年に南極のプションョン島、クーバーヴィル島、ハーフムーン島の三つの島で、数多くの

石の中と外に生命が苦しんで生存していることを発見しました。宇宙全体に飛んでいる生命を発見できないため、生命は隕石と一緒に宇宙から飛来してきたのではないかと考える科学者もいます。しかし生命は石の中にも生存できますので、宇宙から飛来した隕石の中に生存していた生命が、一緒に地球に飛来して生存したとしても不思議ではありません。生命は隕石と一緒に飛来して、地球に生存する生命もあっても不思議ではないと私は思っています。しかし、生命は宇宙全体に自由に飛んでいますから、隕石と一緒に飛来しなくても、宇宙から地球にいつでも自由に飛んで来ることが可能です。惑星から地球に、また地球から惑星に宇宙を自由に生命は飛び回って行動できることを私は解明できました。地球に生存して苦しんでいる生命は、空を飛べる生命と飛べない生命も数多くいます。

全ての生命は、宇宙の生命の根源で誕生して、地球が誕生した時から、生命は地球に初めから生存していたのか、または地球に生き物が誕生できるようになってから、宇宙空間に飛んでいる生命が地球に飛んで来て、数多くの生き物を誕生させたのか、調べる方法があります。それは、真っ赤に燃えているマグマと溶岩の中に生命が生存しているか、生存していないか、です。私が調べると一分間でわかります。地球が誕生して、燃えている地球に、初めから生命が生存していたのか、生存していなかったのかは大変重要な問題です。私が調べると必ずわかりますから、この問題を早く解明してはっきりさせたいと思っています。もしも真っ赤に燃えているマグマや溶岩に生命が生存していたら、太陽にも生命が生存していることになります。生命は燃えるマグマと溶岩の中でも死ぬことなく生きられるのか、生きられないのか。私が生命の根源の光で、マグマの中に生命の存在を発見できたら大発見になります。

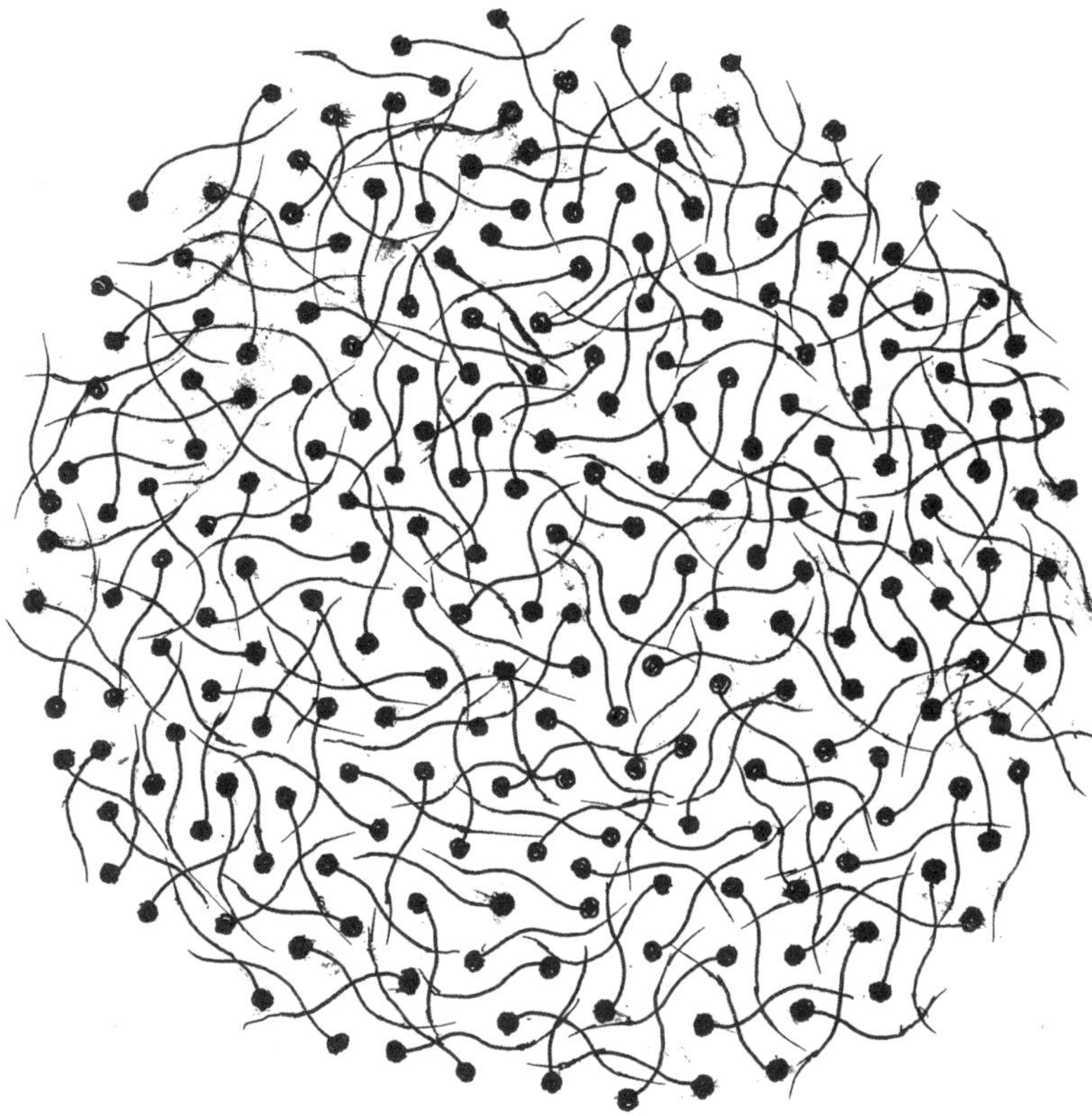

空に飛んでいる生命。

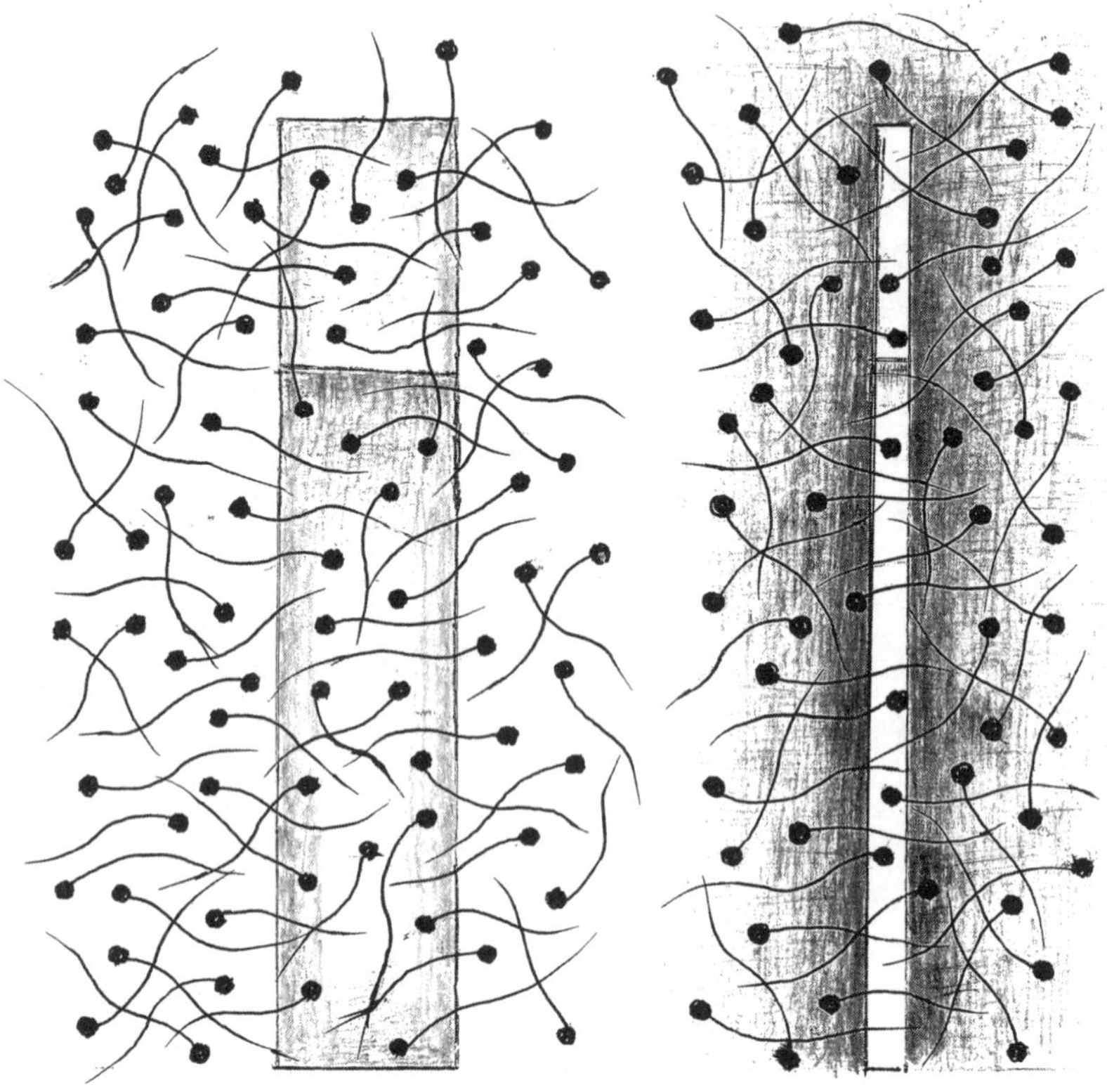

石・ガラスを通り抜けて行動する生命。

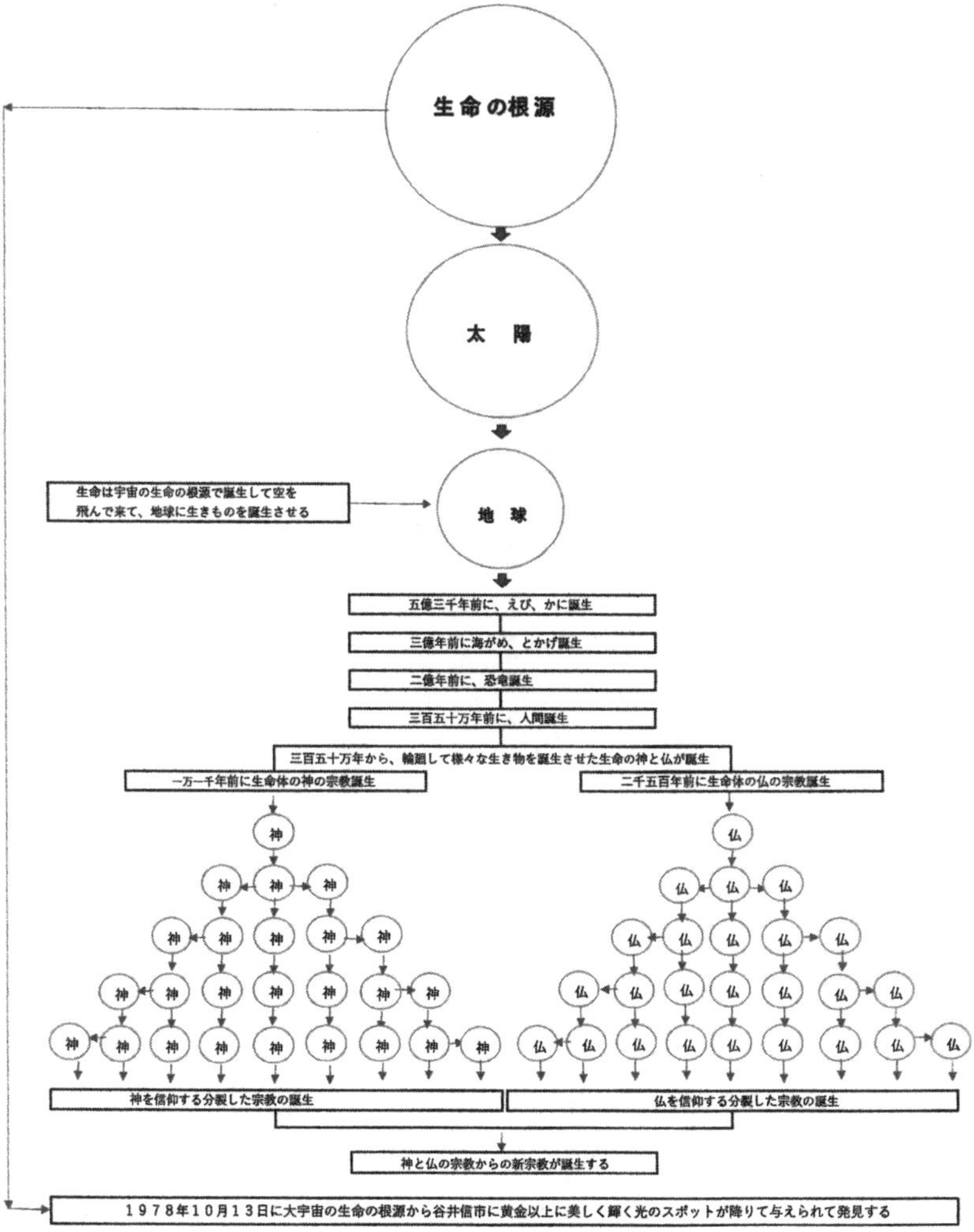

宇宙の生命の根源で、神仏の生命も誕生して数多く輪廻した生命。

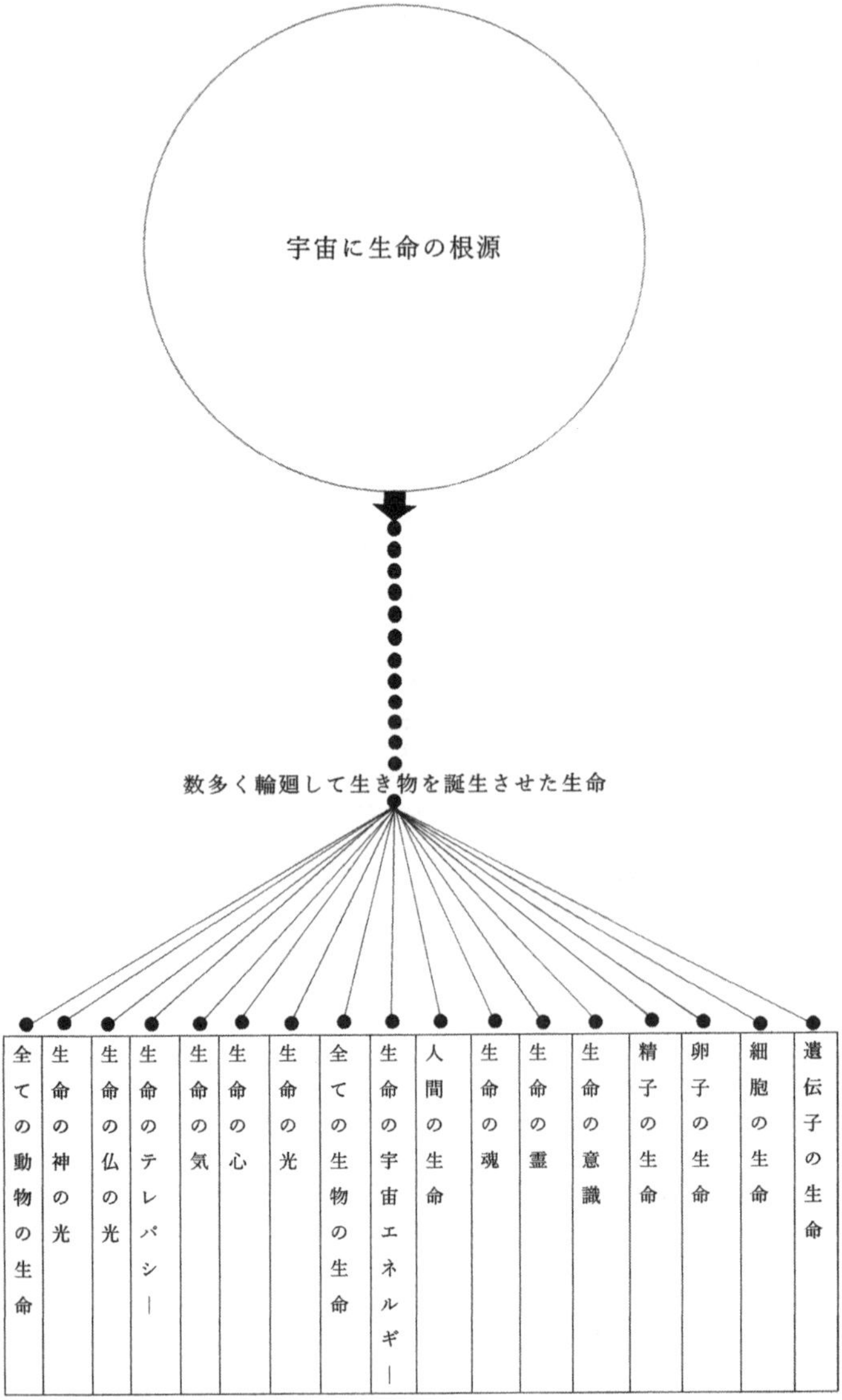

宇宙の生命の根源で、全てのいきものの生命は誕生して始まる。

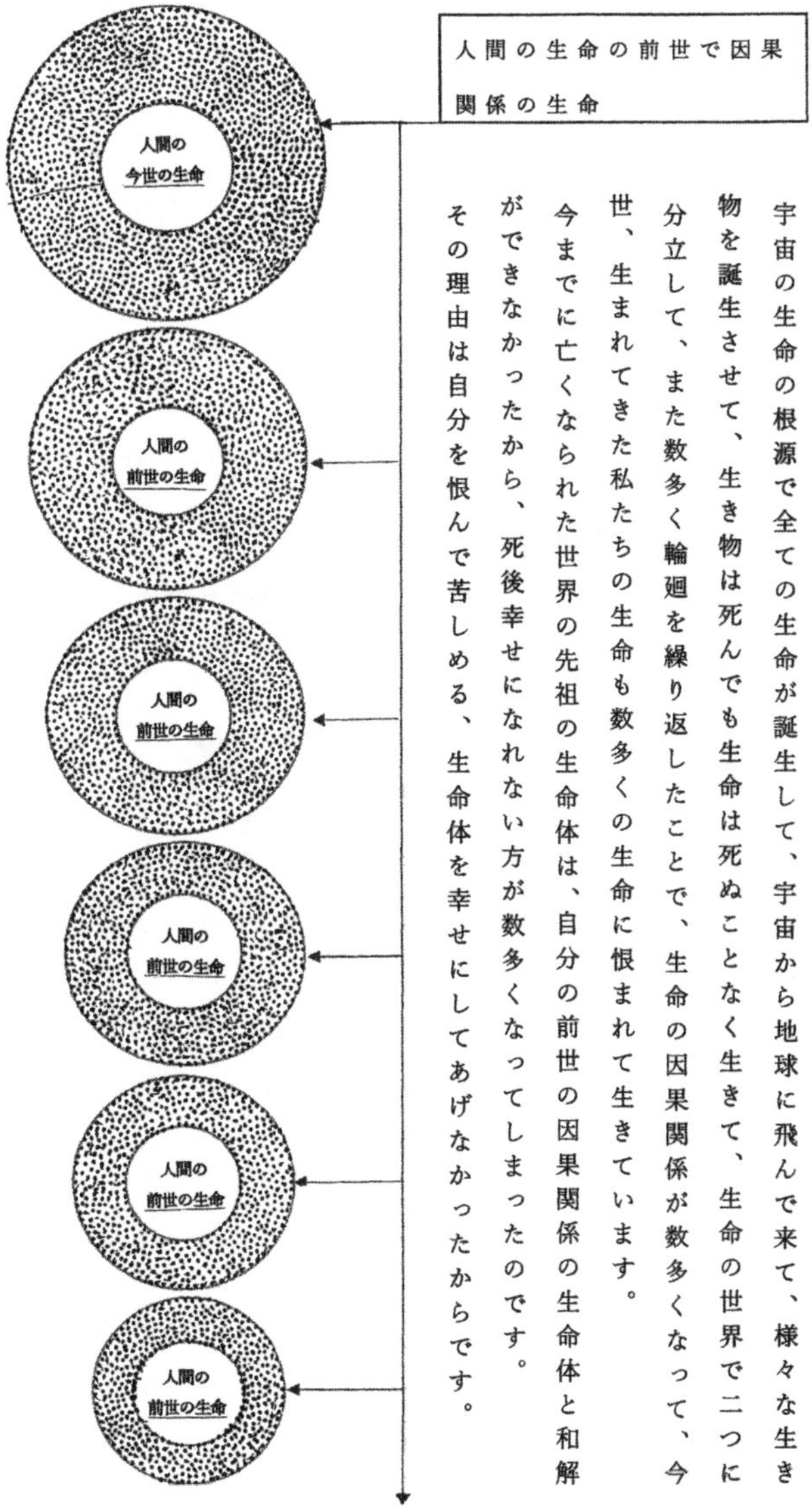

宇宙の生命の根源で全ての生命が誕生して、宇宙から地球に飛んで来て、様々な生き物を誕生させて、生き物は死んでも生命は死ぬことなく生きて、生命の世界で二つに分立して、また数多く輪廻を繰り返したことで、生命の因果関係が数多くなって、今世、生まれてきた私たちの生命も数多くの生命に恨まれて生きています。

今までに亡くなられた世界の先祖の生命体は、自分の前世の因果関係の生命体と和解ができなかったから、死後幸せになれない方が数多くなってしまったのです。

その理由は自分を恨んで苦しめる、生命体を幸せにしてあげなかったからです。

人間の生命も、前世の因果関係の生命に恨まれながら生まれてくる。

宇宙の生命の根源の光で私が治した病気

●医師から助からないと言われたガン患者を助ける　●糖尿病　●心臓発作　●胃腸病　●肝臓病　●頭痛　●肩凝り　●手と足が痺れる病気　●膀胱の病気　●腰の痛い人　●急に目が見えなくなった人　●声が出なかった人　●足が曲がって伸びなかった人　●腕が直角に曲がって伸びなかった人　●精神病院で治らなかった患者　●生命体に倒される人　●肛門から失血して治らなかった人　●夜眠れない人　●手足が動いて止まらない人　●体が冷える人　●鍍金工場で足を滑らして九十度の劇薬の中に足の膝まで火傷された人　●生後、手の平が一回も開かなかった赤ちゃんの手の平が自分で開く　●体全身が硬くなって顔が真っ青になった人　●歯の痛みが治らなかった人　●急に熱が四十度上がって下がらなかった人　●朝起こしても絶対に起きて学校に行かない高校生と社会人　●夜寝ている時に、体全身が、上に飛びあがる人　●金縛りになる人　●亡霊に魘されて毎晩苦しんでおられた人をお助けしました。また、僧侶・医師・看護師・鍼師の病気を治すこともあります。

病気は生命体の業で発生することが多いから、生命体を助けると治る病気が多いのです。

私の思いが次々と叶えられた奇跡

私は神仏の生命体に頼まなくても、不可能なことが可能に、私の思いが次々と叶えられたことがあります。私は自分自身のことを頼んだことは一回もありません。

私は二〇一五年まで世界の五十ヵ国の生命体をお助けに行かせて頂いて、一度も雨が降って濡れたことはありません。また、二十八年間、毎月三十日前に飛行機のチケットを買って乗って、毎月二回か三回飛行機に乗りましたが、一回も乗れなかったことはありません。また、台風が発生して接近している時に、飛行機が欠航して、搭乗口で待っていると、時間の間際に欠航が解除されて飛行機に乗れたこともあります。

また、綺麗な滝の水が真っ白になって流れ落ちた体験をしました。

同じ滝で、二十五メートル上から流れ落ちる綺麗な水が、滝の生命体を助け終わって、私が「浄まりました」と言った瞬間に、真っ赤になって流れ落ちた奇跡を体験しました。

同じ滝で、滝壺から金色に輝く光が、稲妻のように立ち上がる奇跡を体験しました。

また、墓の生命体を助けている時に、私の真上の空に、丸い円の七色の光りが現れました。

また、空に飛んでいる生命体が金色になったり、銀色になったり、青色になって、その姿を見せてくださることもあります。

また、私が墓の生命体を助ける時に、空全体が雨雲で小雨が降ってきたので、真上の空を見て、天気になってほしいなと思いながら生命体を助けていると、私の真上の雲が満月のように円になって消えて、そこだけが青空になりました。それから空全体の雲が消えてよい天気になった奇跡を体験しました。

また、私が墓の生命体を助けている時に、空の前方から真っ黒の雲が次から次と私の上の近くまで来ると消えました。墓の生命体が助け終わって、私が車に乗った時、黒い雲が押し寄せて来て雪が降って来ました。

また、空全体が雨雲で雨が降りそうになっていても、私が生命体を助け終わるまでは雨が降りませんが、生命体を助け終わるとすぐに大雨が降ることもあります。

また、私が消えてほしいと思った雲から、順番に消えたこともあります。

また、病院で医師の治療を受けても治らなかったガンや難病の患者さんが、十人以上良くなった奇跡もあります。

また、私が生命体に頼んで、大きな板戸を動かして頂いたことも十回以上あります。

私が体験してきた数多くの奇跡をそのまま書かせて頂きました。私の本に書いてあることは実話ですから、信じて読まれないと本当のことが書いてありましても理解ができません。人間は今から死後の世界と、生命の業を正確に知ることが大事です。

生命の根源の原理

幸せになるためと不幸にならないための教え

●今世に生まれたことと、自分の体に生存する何十兆の細胞の生命に感謝すること。
●全ての人々と死後の生命体と仲良く生きることが平和、健康、幸福の原理。
●自分の親を選んで生まれたのは自分自身の生命だから、親に感謝しても恨んではならない。
●前世と今世で不幸にした生き物と生命に謝って、反省して今から償いすること。
●人間も生命体も過ぎた悪い事は全て許し全てを愛することで、過去の苦しみが消えて幸せになれる。
●毎日感謝して生きて、人を幸せにしても不幸にしないように生きること。
●戦争も人を殺すことも差別することも騙すことも、自分と皆を不幸にする。
●今日から自分を反省し自身の心を浄め、人も生命体も幸せにできる生き方をすること。
●今以上の幸せを求め、五欲で許して頂けないことをすると、後で自分が仕返しを受けて不幸になる。
●自分を苦しめる生命体をお祓いされると、お祓いされた人も頼まれた人も後でもっと不幸になる。

●前世と今世の因果関係を早く和解しておかないと、死後は必ず苦しむことになる。

●悪人も悪い生命体も許して悟らせて救わないと、悪が増えて今以上に今世と来世が地獄になる。

●全ての生きる物の幸せを考えて生きることが、最大の自分の幸せであることを理解すること。

●全ての人は一秒一秒死に向かって生きていることを常に忘れずに、貴重な時間を無駄にしないように生きることが大事。

●愛とは犠牲ではなく、全てを許して全てを幸せにするために生きることで、犠牲を越えた生命の根源の教えである。

●人が不幸になる行為をすると、後で自分が仕返しを受けて苦しむことになる。すなわち山びこである。

●自分自身のものは、永遠に小さな針先ほどの生命だけであり、死ぬことなく、殺されたり奪われない宝物である。

●人の悪口を言う前に自分自身を正しく見つめることが大事で、人を見上げても見下げてはいけない。

●死後の自分の苦しみは神仏の生命が助けてくださるのではなく、生命の根源の教えを学び実行して、自分で自身を救う教えである。

●名誉、地位、財産、お金で死後は幸せになれるのではなく、幸福も地獄も、地球に生きる人間と死後の生命体の行為で作る。
●自分のしたことは早いか遅いか自分に必ず返るので、今日から自分を反省し何事にも程々にして生きることが大事。
●今幸せと思えば心は幸せになり、今不幸と思えば心は不幸になり、自分の心で幸せも苦しみも作る。
●人の目に見えるものは全て生きるための借り物であり、自分のものは持って生まれた小さな針先ほどの生命だけで、人は死んで大地に還り、生命だけが永遠に輪廻して様々な生き物を誕生させて生き続ける。
●前世と今世の自分の因果関係を死ぬまでに和解できた人は、死後自分の生命は幸せになれて天国に行ける。
●自分の幸せを一番に考えて傲慢に生きる人は妬まれ嫌われ恨まれて、後で自分を不幸にする。
●人からも死んだ人の生命からも喜ばれる行為をされて、恨まれない行為をされる方は、未来の自分の生命を幸せにできる。
●宇宙から生命の根源は、全ての生き物が生まれて死ぬまでと、死んでから生まれるまでの行為を、全てを通して昼も夜も全てを見て聞いて、全ての生きものと生命の幸せを思われて、宇宙から透視しておられることを、人間は常に忘れてはならない。

●人を神の生け贄にする儀式は人間の間違った行為で、生命の根源の教えではない。
●人間は死後の地獄がわかった時に初めて戦争も悪事も止め、何事にも程々にして生きるようになる。
●生命の根源は、全ての生きるものに自分のしたことは後で必ず自分に返ることを、人間と死んだ人の生命に教えておられる。
●生命の根源は頼まれた側だけをお助けされる不公平な愛ではなく、皆が平等に幸せになれる教えを実行すれば救われるが、できなければ救われない教えである。
●全ての生命の根源の教えは、永遠に変わらない、人間の世界も死後の世界も平等に救われる教えである。

この生命の根源の原理を、今から人間と生命体が実行することで、全てが平等に救われて、神仏の生命に頼まなくても幸福になれて病気も消えていきます。この生命の根源の教えを信じて実行できる方は私の本を全部読まれなくても自分を救う生き方ができます。信じられない方、早く忘れる方、実行する気持ちのない方も、この本を何回も読まれたら信じられるようになって、自分を救える生き方ができるようになります。自分の死後、年月はかかりますが、努力されたら自分自身の生命を幸せにできます。

この教えを信じて実行できたら一冊の本も読まれることは不要になります。しかし、私自身が数多くの体験、体感を通して研究解明、発見させて頂いた実話を信じて頂くために、私の本を読んで頂かないと皆を救うことはできません。ですから私の本に書かせて頂いた教えを信じることも信じないことも自由ですが、真実は信じて実行して頂かないと、人間も死んでからの自分の生命を救うことは難しくなります。皆が実行できたら人間も生命体も救われる、自身に厳しい教えです。

生命の根源は宇宙に存在し、人間の間違った生き方に警告されている

宇宙の生命の根源で、初めは宗教上の神仏の生命も誕生して、全ての生命が輪廻することで、因果関係ができて、神仏の生命に仕える方は神仏の生命と前世で因果関係がある方もおられます。神仏の生命も、前世で因果関係がありますので、苦しんでいる方も沢山おられますから、世界の先祖の生命を助けることはされません。ですから一日も早く世界の神仏の生命も幸せになって頂きたいと思います。私は今まで有名な館の神仏の生命をお助けすることもあります。世界の有名な神殿、教会、お寺、神社の神仏の生命は毎日人々の願い事を叶えるために、人間を苦しめる生命体と戦って人々をお助けしておられます。本当は早くお祓いを止めて幸せを求めておられますので、人間は早く自分で自身を救える行為をしなければなりません。

日本のある信仰をされている方が私に、先生の神殿はどこにあるのですか、と聞かれましたので、生命の根源は地球よりも大きく宇宙に存在します、と教えてあげると、その方は不思議な顔をされました。それでは先生の会員はどれくらいおられるのですか、と聞かれましたので、私は、全ての人間と全ての生き物と全ての生命が私の会員です、と教えてあげると、その方はまた不思議そうにされま

した。全ての生命の根源は宇宙に存在しますから、地球に神殿がなくても皆が平等に幸せになれる生命の根源の教えを学び、皆が実行できたら平等に幸せになれます。むしろ神殿がない方が会員からお金や財産を寄付して頂かなくてもいいし、会員が館までお金を持ってお参りに来られなくてもよいし、地球のどこにいても、ご迷惑をかけた人にも生命体にも謝ることも感謝もできますから、お金も一銭も要らない素晴らしい世界です。宗教に入会しないと幸せになれない世界とは違います。お金がなくても自分の心で、どこにおられてもできる教えですから、組織がなくても信者にならなくても、皆が幸せになれる教えです。生命の根源の原理は皆が自分で学んで、自分でできて簡単でいつもすぐにできます。

これまでの神仏の生命体に頼んで助けてもらう教えは、人間の都合の良いように考え作られた教えで、その中に正しい事と間違っていた事とわからなかった事もありましたので、それが汚れてしまった原因にもなっています。私はある僧侶に言われたことがあります。今まで「自分たちの教えの中に間違った教えと行為があるとすれば、それは初めに教えられた方が悪いので責任があります。自分たちは教えられて学んだ事をそのまま人々に教えているだけです」と仰いました。この問題は宗教全てが今から先、正しい事と間違っていた事を正確に見直して、正しく理解できた事を教えていくことが大事です。が、宗教の今までの教えにこだわりと執着が強いと、間違いと正しい事を理解できるまでに時間がかかります。しかしこのままでは今まで以上に大変なことになります。

人間は苦しい時に神仏の生命体に頼むことがありますが、自分が恨まれて苦しむような行為をしてきたことの反省が少ないと、苦しみが増す原因になります。どこの国でも、神仏の生命体にお願いする場所がありますが、神仏の生命体に自分の犯した罪に対し、謝ることと反省されてお参りされる人々は少ないように思います。神仏の生命体に自分の幸せを頼っておられますと、今世と来世の自分の体と生命を幸せにすることは生半可なことではできません。しかし、どこのお参りする所に行きましても、お金を納めてお参りされる人々が多いのが現実で、果たして神仏の生命体は人間からお供え物やお金を納めないと助けてくださらないのでしょうか。人間にはお金がありますが、動物や他の生き物はお参りもしないしお金もなくお供えもできません。神仏の生命体はそんな生き物が苦しんでいてもお助けされないのでしょうか。根源の教えは、頼むのではなく、自分で自身を救う教えですから、人間も生命体も平等に救われる教えです。お供えしたり、お金を納めなければ救われないとは教えておられません。神仏の生命体に助けを求めたりする行為は、今までの人々によって考えられて行われている世界です。

生命の根源から直接使命を受けることは、皆を救うためで、自分のためではない

私は、生命の根源から皆を救ってほしいと使命を受け、一九八〇年に死後の世界が地獄になっていることがわかった時から、世界の人々に本当のことを教えるか、教えないか考えてきました。その訳は、世界の先祖の生命体が苦しんでおられる方が多いことがわかると、人々は死ぬことが恐ろしくなるからです。それと、神仏の生命と世界の宗教で、先祖の生命体が幸せになれない方が沢山おられることがわかった時に、私を悪く思われたり恨まれる方もおられるかもわかりません。しかし、皆を救うために本当のことは了解して頂くことが大事です。

先祖の供養をされておられます方々に、ご迷惑をお懸けしないように思っていましても、現実はご迷惑をお掛けせずに本当のことを人々に教えて救うことは不可能ですから、世界の人々と先祖の生命体を救うために、真実を了解して頂くしかありません。私の立場から考えますと、人様に言えないほどの辛い気持ちもあります。しかし止めることは一番楽なことですし、自分と家族のことを思って過ごせばよいことで、人、皆から何も言われずに済みますし、お金を使わなくて済みます。それでは世界の人々と、死後の世界で苦しまれる先祖の生命体と、前世の因果関係の生命体も見捨てることにな

りますから、世界の人々に本当のことは了解して頂いて、皆に協力して頂かないと、人間の世界と死後の世界を今から救うことは出来なくなります。過ぎたことよりも、今から先の苦しみを救う方が大事です。すなわち、全てを許して、全てを愛することは理想であって現実は不可能なことだと思われる方が多いかもわかりません。しかし、少しでも実行していかないと現在の状態では皆を救うことは至難の業です。

今から人間と死後の世界で生きる生命の意識を変えるしか、救われる方法は永遠にありません。生命の根源の教えを、私たちは今まで実行を疎かにして、苦しい時に神仏に頼って助けを求めて生きてきた結果が、現在の苦しみの原因であることを了解して頂くことが大事です。今から世界の平和と幸せを思って生きることが、自分の国と、自分の幸せです。

私も自分にできることで、皆が少しでも救われていくことを、実行していきたいと思っています。

死後の真実を知っておかないと死んでから後悔する

人は、生きているうちに死後の世界を理解して生きることができたら、死後少しでも幸せになれます。何事にも許して頂けるほどに生きることと、自分を恨む生命体の幸せを願うことが大事です。すなわち汝の敵を愛することは自分の敵を救うことで、殺したり祓い除けることではありません。しかし、人間をいじめることしか考えていない恨みの強い生命体は、自分たちの業を人間に知られると都合が悪いから、人間に知らせるなと、私に警告する生命体もいます。そんな生命体のことを知らずに、人間は今以上に地獄になることを続けています。人間は自分の先祖の生命体が苦しんでおられる現実を知らないと、悪事を止めることはできません。年月はかかりますが、自分が死んでから家族に助けを求めなくても、自分で自身の生命を救う方法があります。それが出来れば、死んだ人の生命を救うためのお参りは無用になります。病気の発生も次第に少なくなっていきます。私の研究解明、発見は、世界の人々の幸せだけでなく、世界の先祖の生命体と因果関係の生命体も共に幸せになって頂くための教えです。

世界の先祖の生命体も、自分が苦しくても自分の子供や子孫を見守られる方もおられますが、死後の世界が大変な地獄になっていることを、自分の家族に知ってほしいと思って、いろんな方法で必死で家族に知らせているのに、家族は見えないから気づかずに過ごしておられます。私が解明できた事を世界に広げると、今まで間違った事をされたり教えたり信じておられた方々にとって、都合の悪い真実も出てきます。また正しい事、正しくない事もはっきりすることになります。自分の父母が亡くなられてから、生命体はどこにおられるのか、幸せなのか苦しんでおられるのか、本当の事がわかっておられないのに、自分の想像で違った事を信じたり、他の方から嘘を教えられても本当の事を知らない方は、今まで教えられたことを信じ込んでおられます。そんな方に正しい本当の事を教えてあげても、真実かどうか早く理解できない方もおられます。今までは人間の想像で判断して決められたことも沢山あります。

しかし、死後の世界の真実がわかると、目に見えなくても今から嘘も悪事もできなくなりますし、何千年も長く教えられ信じてきた事でも、正しい事、間違っている事、想像してきた事をはっきり区別できる時代が来たのです。二十一世紀はこの問題がはっきりする時代になります。そうならないと人間の世界も死後の世界も救うことは絶対に不可能になります。教える人、学ぶ人もこれからの自分たちの幸福のためには、正しくなかった事は認め、正しい事も認め信じて実行することが一番大事です。先祖の生命体が苦しんでおられるのに、「幸せになられました」と仰る人が多いです。人々は死後の世界が見えないと思われて、嘘を仰ることで、人間は誤魔化せても、死人の生命は全て聞いて見ておられますから、恨まれて不幸になります。今生きておられる人間も亡くなられて生命界に行かれた時、必ず真実はわかります。亡くなられた方の生命体は毎日苦しいために恨んではならないと思っても、嘘を教えられた人を恨んでしまいますから、葬儀の時と供養される時にお言葉を慎まれた方がよいと思います。

今からは、死んでから生きる生命体の世界を知らない人々に信じて頂けなくても、本当の事を教えてあげたら、死んでから喜ばれることになります。真実を知らない人、信じることのできない人は、死んでから必ず後悔されることになりますので、信じられなくても本当の事を学んでおかれると、死んでから必ず自分を助ける時に役に立ちます。真実は必ず認められる時代が来ます。生命の根源の光を使わないと絶対に解明できない事もあります。

亡くなられた方を供養される職業の方で、人が死んでも生命体は遺体から離れて生きていくことを信じられない方も沢山おられます。これは一番大事な問題です。私がある僧侶から直接に聞いた話です。ある日、寺の本堂で僧侶がお経を上げている時に、自分の横を幽霊が横切るのを見えた、と他の僧侶たちに教えてあげると、僧侶たちは「人は死んだらお仕舞いで、霊なんか存在しない」と言われ笑われました、と仰いました。また他の寺町の僧侶から私が聞きました。この辺の寺の僧侶たちは、人は死んだらお仕舞いで、霊は存在しないと言っています、と仰いました。そんな僧侶たちも、死後の地獄がわかると恐怖を感じることになります。こんな僧侶たちに私の本を読んで頂きたいと思います。死後の生命体を信じられない僧侶たちに、今まで先祖の生命体の幸せをお任せしてきたのです。先祖の生命体を幸せにできるできないは別にしても、人が死んでも生命体は生きていること、そして苦しんでおられる先祖の生命体が多い現実を信じる方が多くなってほしいと思います。神仏の生命体に仕えて厳しい修行をされた有名な僧侶の方でも、亡くなられてから沢山苦しんでおられます。私がそんな方の墓や館に根源の光を通して調べると、救われていないことがすぐにわかります。生命の根源の光に誤魔化しは絶対にできません。厳しい修行をされた人でも、自分の先祖の生命体を一人助けるだけでも一生掛けても助けることは難しいことが現実です。自分が生まれて死ぬまでどんな聖人でありましても、周囲からいじめられると苦しむことになります。今世で聖人の方でも神仏の生命体は助けてくださらないから、死後、幸せに天国に行くことは至難の業です。

亡くなられた人の生命体のおられる場所に行くと、どれだけの生命体に恨まれて生きておられたのか、はっきりわかります。世界の国々の墓を調べてみると、前世からの因果関係の生命体が蜜蜂の巣のように、亡くなられた方の墓に集まっておられる状態を直接調べさせて頂いてわかりました。生まれてから死ぬまでに、前世からの因果関係の生命体と和解できずに亡くなられたから苦しんでおられるのです。先祖の生命体だけのお参りをされている方は、慰めることはできますが、何百メートル下の地獄から先祖の生命体を助け上げることは絶対にできません。自分の先祖の生命体と自分の幸せだけを考えて信仰されましても、先祖の生命と、自分の前世で因果関係が必ずありますから、亡くなられてから幸せになることは並大抵ではありません。

私たちは、死んでから幸せになることは大変厳しい条件に置かれていることを、どなたもこの本を読まれるだけで済ませる問題ではありません。皆自分の今から先のことですから真実を正しく知って、今からは本当に救われる行為をしていかなければなりません。人が亡くなられますと、「天国に行かれました」「また、お墓で安らかに眠ってください」と仰います。しかし、現実は人が死ぬ前から、何億、何十兆の因果間係の恨みの強い生命体が遺体の周囲に集まって、死人の生命体が遺体から離れた時に、他に逃げられないように監視されていますから、死人の生命体は幸せに天国に行けない方が殆どです。

自分の前世からの恨みのある生命体と、和解することも助けることも生半可では死ぬまでにできません。人間は今まで何回生まれても、自分が前世でご迷惑をかけた生命体を悪魔と考えて、お祓いを繰り返したために、どんな職業で地位や名誉のある方でも、死後幸せになることは至難の業です。このことを世界の有名人の墓を調べさせて頂いてわかりました。私が調べさせて頂いた墓におられる先祖の生命体は幸せな方は一人もおられません。

東京のテレビプロデューサーと対談する

私の知り合いの紹介で、東京のあるテレビ局でプロデューサーと対談させて頂きました。その時プロデューサーが、以前にテレビに出ておられた夫人が、死んだ人の姿が見えましたと仰って感心しておられましたので、私は「死んだ人の姿が見える人は何千年前から沢山おられますから、科学が進歩した今の時代に不思議な事ではありません」と言いました。するとプロデューサーは、「今後は今までを超えたことをテレビでやらなければならない」と仰いました。

後でプロデューサーは、今後は霊能者の番組はテレビで行わないことにしています、と仰いました。プロデューサーが感心された夫人は、七十三歳でガンで亡くなられました。夫人の第二生命体が夫人にお祓いさせて、早く殺すためにガン細胞を発生させて、七十三歳で夫人の第二生命体が仕掛けた罠に嵌められて殺されたことになります。すなわちガン細胞の生命は、夫人を強く恨む生命体ですから、亡くなってから幸せになることは至難の業です。これは、前世と今世で恨まれる行為をされた結果ですと、プロデューサーに教えてあげました。テレビに出られた霊能者は一回頼まれると百万円から二百万円を、依頼された方から頂く方もおられますので、後で依頼された方が良い結果が出ないと仰ってテレビ局に苦情の電話があります、とプロデューサーが仰いました。私はプロデューサーに、苦情の問題は、能力が乏しい方で今まで安く依頼を受けておられた方がテレビに出られて有名になられると、お金だけが高くなりますからテレビ局に苦情が来るのです。テレビ局の方が霊能者の能力を見極めることができないから、依頼された方にご迷惑を掛けることになります。霊能者の方も自分の能力に合わせてお金を頂かれたら、依頼された方から苦情を受けることが少なくて済みます。

それからプロデューサーが「来日された中国人の超能力者の方が、足や腕の曲がって固まって伸びない人を超能力で伸ばしましたが、また後で曲がって治らなかった」と仰いました。そこで、私はその訳を説明しました。その中国人の超能力者のエネルギーは、その人の第二生命体のエネルギーで、足を悪くしている生命体をお祓いされて、曲がっていた足と腕が伸びてもまた曲がるのです。その理由は、生命体をお助けされずにお祓いされたからです。生命体が一時逃げた時に、腕と足が伸びて治ったと思われても、伸びた腕や足が曲がってしまうのです。私の場合は生命の根源の光で腕や足を伸びないようにしている生命体をお助けして治しますので、一回伸びた腕と足がまた曲がった人でも二回伸ばせば治ります。お祓いされて治された体はまた後で再発することと同じです。生命体をお助けせずに、祓い除ける治療法ですから、今まで以上に治す方も治して頂く方も恨まれて、生命体の数を今まで以上に仲間を増やして仕返しされることになります。このようにプロデューサーに説明させて頂いた後で、プロデューサーは、私が今まで生命の発見と研究解明させて頂いた話を二時間聞かれて、「あなたほどそれだけの生命体を発見し、生存と行動を研究解明された人は今までテレビに一人も出られた人はおられません。私にも生命体が見えたら協力させて頂きたいですね」と仰いました。

このプロデューサーの方が生命体が見えなくても、他のプロデューサーの方に生命体を教えてあげれば、今まで生命体が見えない方でも見えるようになる方もおられますから必ず証明できます。最後にプロデューサーが私に、「あなたが空に飛んでいる生命体を写すことができて証明できたら世界の神様になれますよ」と仰いました。

私の光でも、力でもありません。宇宙に存在する生命の根源の、黄金以上に美しく輝く最高の光ですから、どんな神仏の生命でも調べてお助けすることも出来ますと言いました。

東京の他のテレビ局の理事の方と対談する

ある人の紹介で、テレビ局の理事の方と対談の時、私が生命体の発見と研究解明の話をさせて頂くと、理事の方が「あなたの番組はコマーシャル抜きでないと駄目なのでしょう。テレビ局は商売ですから視聴率が上がる番組でないと出来ないし、他の役員の方も了解して頂かないと駄目だからコマーシャル抜きではできません。コマーシャルを入れる番組でしたら、出てもらいたいのですが」と仰いました。

私は初めからテレビに出るためにテレビ局に出向いたのではありません。私の知り合いの方がテレビ局の理事の方を知っているので、一度会ってみませんか、と勧められて対談させて頂いたのです。

もし私が生命の発見と研究解明させて頂いたことを、テレビで報道し証明すれば視聴率は上がることになります。それは、今世界の数多くの人々が求めておられる一番大事なことで、幸せになれる方法、不幸にならないための方法、病気の発生源と病気が少なくなる方法、正しく病気を治す方法、死んでからの世界がわかり、今世も、死んでからも自分で自身を幸せにできる方法です。

全ての人々が、世界の平和と、死んでから幸せになるために一人残らず絶対に知らなければならないことです。またテレビやラジオを通して、世界の人々が自分を病気にしている生命体が幸せになれる会話をされると、生命体の気持ちが変わると、自分で自身の病気を治せるようになります。また死んでから苦しんでおられる先祖の生命体も自分で自身を救う方法です。お金のない方でも先祖の生命体に会話で幸せになれる方法を教えてあげて、後は先祖の生命体に実行して頂いて幸せになって頂く方法ですから、貧しい方でも皆、平等に救うことができます。今から人間の世界と死後の地獄を救う方法は、人間と死んだ人の生命の気持ちを皆が幸せになれるように変えるしか正しく救われる方法はありません。後は人間と先祖の生命体に実行して頂くしか救われる方法はありません。このように話しました。

テレビ局の理事の方が私の説明を聞かれて、生命の根源の教えが世界に広がって世界が平和になり皆が幸せになってほしいですね、と仰いました。私はこの時にテレビに出なくて良かったと思います。それは世界全体の問題ですから、発表する時機がありますから早すぎても遅すぎてもいけません。

生命の根源の光は神仏の生命体も救うことができる

生命の根源の光を使えば生命の生存行動と業が解明できて、神仏の生命も悪魔の生命も救えることを、根源から光を受けた時に教えられました。また死後の世界が地獄になった原因と、救われる方法も解明できて、本物と偽物を見極めることができると教えられました。人間の想像と、真実と、間違っている事を正しく解き明かすために、生命の根源の世界を見せて頂いて光を直接に与えられたのです。すなわち、本物とは、宇宙に一つしか存在しない、太陽より大きく見えて感じる球体の世界で、黄金以上に美しく輝く、かけ離れた別世界です。

地球に存在する今までの数多くの神仏の生命は、ある時は人間の命として生まれ、またある時は様々な生き物の生命として生まれています。生き物が死んで遺体から離れた生命が、地球に人間が作った神仏の館に生存して神仏の像に宿っておられます。私は世界の神仏の生命をお助けさせて頂くこともあります。地球に人間の作られた世界遺産の神仏の館には、本物の生命の根源は存在しません。根源とは、地球のような小さな世界ではありません。宗教上の神仏の生命は、人を苦しめる生命体をお祓いするために戦われますから、両方とも勝っても負けても苦しまれることになって幸せになれないのです。

「神々」と仰る宗教大学の教授の方もおられますが、これは神様が沢山存在されるという意味です。本当の神は生命の根源とするならば宇宙に神は一つしか存在しないことになります。今まで人間は本物の生命の根源を発見できなかったから、地球に存在する様々な生命の神仏を信仰するようになったのです。生命の根源は頼めば助けてくださる世界ではありません。一人一人の人間と生命体が自分の心を正しく変えることで幸せに救われることを教えておられます。頼んで助けて頂く他力の方法ではありません。

トルコの国で一万一千年前から、神の生命体に頼む他力信仰が広がって、人は自力で自分を救うよりも、神の生命体に頼む方が楽だから、お参りが盛んになって、館に様々な生命の神が生存されるようになって、お祓いされるようになって、ますます死後の世界が地獄になっていったのです。すなわち神の生命体は、祓った生命体と自分の前世に恨みのある生命体に苦しめられて幸せになれない方が沢山おられます。神の生命体と、因果関係の生命体を生命の根源の光で助けてあげた時に初めて、神の生命体はお祓いを止めることができて、幸せに美しい本来の生命の原点の姿、心になられて天国に行かれます。

生命の根源の光は、人間から与えることはできない

ある教祖が神からお告げを受けて、神から光を与えられます。教祖は神の光を信者に与え、信者達は、お互いに神の光で病気を治し合い、実際に病気を治せるようになった信者はお祓いしていることを知らずに、神の光で浄め助けて病気が治ったと信じています。神の光を受けた人は、力の強い人もあれば弱い人もあり、病気を治せる人と治せない人がおられます。

宇宙に存在する生命の根源の光は、強い光、弱い光を区別して人に与えることはされません。根源の光は全て同じですから、荒行を積んだ人間が求めても与えられるものではありません。生命の根源から直接にその人に与えられるものであって、どんな人でも根源の光はお金で買うことも、望んで与えられることもありません。

人間から受ける光は、自分の第二生命体の光で、お祓いできたら病気が治る人もおられますから、人助けは良いことだと思って信じてしまう人が多いのです。昔のように専門家だけがお祓いされるのであれば、まだお祓いされる生命体も少なくて済みます。しかし家族みんなが光を受けて病気を治す方法は、病気を治す人の第二生命体と、病気を治して頂く人の第二生命体とを戦わせる方法で、戦争

と同じことになります。死後の世界が今まで以上に地獄になりますから、今から死ぬ人の生命も死後の世界で苦しむことになります。

自分の幸せのためと、皆の幸せのために、今から先で幸せになれる業なのか、不幸になる行為なのか、正しく理解されて行うことが大事です。お祓いして病人だけを助ける方法は沢山の生命体に恨まれることになります。指導者の方は数多くの人の幸せと、自分自身の生命の未来を幸福にするために、本当に自分たちの業が正しいのか間違っているのか、勇気を出して真剣に考え直さなければなりません。組織の事を考えると、今から本当の事を信者に教えることも、自分が辞めることもできない、と仰る幹部の方もおられます。中には、幹部の方で組織を辞める勇気もなく道場に行かれても、人の病気を治すことを止めて、ただ皆の業を見ておられる方もおられます。信者を沢山導かれた人は、自分に責任を感じ、本当の事を教えたくても言えない方もおられます。自分も人も不幸にすることがわかったからです。

今までのことよりも今から先、勇気を出して自分が導いた信者に本当の事を教えて皆を救うことの方が大事なことです。しかし、愛と勇気のない人はできません。今世だけのことを考えておられるとできません。死後の世界は地球全体が本当に苦しい地獄になっていることが本当にわかった時に、恐怖を感じて死ぬことが怖くなります。私といっしょに体験されたら必ずこの真実を信じられるようになります。

宗教は死後の世界を正しく教えないと、信者とその先祖の生命体を救えない

人間が死んで、生命が生きる本当の世界を正しく人々に教えてあげないと、人間と先祖の生命体を救うことはできません。先祖の生命体は昼も夜も見たり聞いたりしておられます。ですから人を騙して悪事をされると先祖の生命体が心配されて、幸せになれません。

どこの宗教、宗派の方も自分の所の信者を他に取られることが一番心配なのです。それは毎日の生活がかかっているからです。ですから信者の方から先祖の生命体を助ける依頼を受けて、私がお助けさせて頂く時に、宗教側の方から、「どこの宗教の方ですか」と聞かれます。私は「宗教ではありません」と言いますと、「ああそうですか。それならどうぞ、どうぞ」と仰います。信者を取られないことがわかると安心されるのです。宗教にとっては信者を取られることが一番心配になることです。その気持ちは私にもよくわかります。古い宗派の信者を新しい宗教に取られると、恨んだり恨まれたりして、時には争うこともありますから自分を不幸にします。どこの宗教の宗派も結果は一緒ですから迷うことは要りません。強制に信者を増やされた宗教集団は本物ではありません。集団にすると全体を救うことは難しくなりますから、私は宗教にして信者を数多く増やして救うことはしません。

本当の事と間違っていた事と、幸せになる方法と不幸になる方法と、わからなかった事を解明して、世界の人々と死後救われない生命体に教えてあげることが大事です。信者からお金や財産を寄付させなくても救われる方法です。貧しい人でも皆自分で自身を幸せにできる、全ての生命の根源の教えを学び、実行することで、幸せになれる方法です。宗教集団を大きくするために、信者を数多く増やして信者の財産、お金を沢山寄付させるほど、信者の先祖の生命体は苦しんでおられる方が多くおられますので、恨まれる方もいます。地球に生存する人間と死後の世界で苦しんでおられる生命体が救われる方法を教えてあげて、後は実行して頂くしか幸せになれる方法は永遠にありません。

神仏の生命と宗教に幸せを求めなくても、自分自身の心の使い方を理解されることが大事です。

モーゼの『十戒』のこと

映画でモーゼの物語『十戒』があります。この映画は聖書から取り入れたと言われています。とても感動ある場面の多い映画です。最後の場面で、ラメス二世と部下に追われ、モーゼは海を二つに分けます。王の部下が二つに分けられた海に攻めて来て、モーゼの方にたどり着こうとする時、モーゼは神の生命体の奇跡で二つに分けた海を元に戻します。モーゼを追う兵士たちと馬も海に飲まれ殺され死んでいきますが、この行為は間違っています。モーゼと共に行動された人々はモーゼに救われるのですが、後でモーゼと共に行動された人々の中に悪人もいて、神の生命体はモーゼを使って、神の光で書き彫られた石版で、悪人たちを殺してしまう、この行為も間違っています。

正しい行為は敵を殺すことではなく、救うことが正しいのです。敵を殺したために、死後の世界に恨みを持つ生命体が誕生することになって、自分たちを殺した者を恨みいじめる因果関係の生命体が、次第に増えて、死後の世界が地獄になったのです。生まれ変わりの人間も恨まれて生きることで、病気が発生して、不幸になられる方も増えていく原因になっています。敵を殺す行為が地獄を作り出した始まりなのです。このモーゼの取られた行為が正しいと考えることはできません。生命の根源の原理に基づく正しい行為は、悪人や敵を殺すことはされません。むしろ、いかにしてその敵を救うかに必死に心を向けられることが正しい行為です。どうすれば敵も味方も殺さずに救うことができるか。生命の根源の正しい原理に基づいて行動するならば、モーゼと共にされた人々を、海を二つに分けて無事に渡し、モーゼ一人が敵側に残って王と部下が攻めて来る側に待ち受け、王に話し合いを求めます。モーゼ側に攻めて来た王も部下も、モーゼと共にされた人々も全てを殺さず、救って幸せにするための話し合いを王にします。

その方法はどうすれば可能になるのか。「モーゼ側の人々も全て幸せにしてほしい。王も王の部下も殺して不幸にしたくない。みんなを幸せにするために、モーゼ一人が殺されることで、王が全てを幸せにすること」を条件に、モーゼを殺してくれるように王に頼みます。モーゼを攻めてきた王もさすがに、王と部下も全て救うためにモーゼが命を絶って全てを救う愛には、いかなる王もモーゼを殺せなくなって、モーゼの愛を受け入れることになります。王と皆の幸せのために、命を捨てると言われると、王はモーゼを殺したくても殺せなくなります。たとえ殺されたとしても皆が幸せになり、モーゼの死は無駄になりませんし、モーゼが自分の命を捨て敵も全てを救う、モーゼの偉大な愛と正しい行為が人々に後々まで教え伝えられ、受け継がれていつまでも戦争ができなくなって人々を救うことになります。すなわちイエスキリストが仰ったと伝えられる「汝の敵を愛せよ」という教えは根源の原理です。モーゼが生命の根源の原理を悟っておられたら、敵を殺されなかったと思います。たとえ王に殺されて亡くなられても、モーゼの生命体は悪魔に絶対になられませんし、愛があればモーゼを殺した王を恨んで仕返しを絶対にされませんので、死後の世界に悪魔は誕生しないことになって、正しい教えと行為を残されたことになります。皆を救う真の愛がなければできません。

イエスキリストは最後に自分の全ての弟子に見放されて、無抵抗で捕まえられて殺されても、敵を一人も殺されなかったという説もありますが、これが真実であれば、この考えも行為も正しい天の愛です。自分を殺した人の幸せを望まれたと伝えられています。これが真実であれば、真の愛がないとできる行為ではありません。汝の敵を愛せよ、という言葉に当てはまる行為です。生命の根源はどんな悪魔でも悪人でも、全ての幸せを願っても、不幸を願うことはされません。悪人を殺したり、悪魔祓いをし、今以上に不幸にする行為は教えておられません。この教えこそ全てを愛し許す、大宇宙の平和の原理であることに間違いありません。悪人や敵を殺すことで、殺した生命体から恨まれて、仕返しを受け、生き残った人たちも、後で不幸になることもあります。また悪人を殺した人が死んでから不幸になることもあります。これが今、私たちの苦しみと、死後の世界が地獄になっている原因であることを理解して頂いて、今まで以上に人間の行為を正しくしなければなりません。もしこの原理が間違いならば、たとえて言わせて頂くと、自分に子供が五人生まれたとします。五人の中に悪人になった子供がいるとします。苦労して生み育てた自分の可愛い我が子が悪人になったからといって親が殺せるでしょうか。早く目覚めて良い子になってほしいと。普通の親であれば考え望まれるはずです。私たち人間でさえも、悪い子になった我が子を殺すことはできません。全ての生命を創られた根源は、悪人を殺されたり、悪魔になった生命体をお祓いされてもっと不幸にする行為は絶対にされません。いつも全てに差別なく幸せを願って、宇宙から昼も夜も見て聞いておられます。そして地球も人間の心も美しい原点に還ることを望まれていることを、一人一人に教えておられます。

ある有名の教祖の方が、神が存在するならば戦争は起こらないと仰っています。全ての生命の根源は戦争をして人間を殺すことを教えておられません。今までの間違った人間の行為の生き方は、根源の原理がわからなかったことと、死んで生きる生命体の世界が次第に地獄になっていく状態が見えなかったことが大きな原因です。今からは、人間も死んだ人の生命体も過ぎた事で誰を恨むことも責めることもできません。人間の生命は前世で良いことも悪いこともしておられますので、今から先は恨みがなくなる生き方と、仲良くして生きることしかありません。これ以外に皆が救われる方法は永遠にありません。モーゼも亡くなられて、敵を殺された行為が間違っていたことを、死後の世界で知って後悔しておられると思います。

有名人と対談する

私は今まで日本と外国の大学の学長、教授、博士、宗教大学の教授、お寺の館長、病院の医院長の方と対談させて頂いたことがあります。今まで生命科学者、宇宙科学者、医学者、宗教者が発見できなかった生命は、小さな針の先ほどの透明の球体で空全体に飛んでいるのを発見して、今まで発見、研究解明できたことについて、ある大学の学長さんは「あなたは宇宙空間、地球に生存する生命を発見されて、生命の生存行動と、宇宙の生命の根源から直接に黄金以上に美しく輝く光のスポットが降りて与えられたから、その光に世界の生命体が助けを求めて集まってこられるのです。私は学者だから学んだ事を教えているだけで、人間の死後の事は学者には見えないからわかりません」と仰いました。

ある有名なお寺の館長さんは「あなたは宇宙から黄金以上に美しい光が与えられたのです。今から何千年も前に、世界のどこかの国の方が、黄金以上に美しい光を見られた時の事を書いてある古い本を外国で読んだ事があります。それ以来どこの国にも、宇宙に黄金以上に美しく輝く光を今まで見せて頂いた人の記録はありません。それだけの光が与えられたら、生命体の世界がわかって当然、生命体を助ける事ができて当然です。早く世界の有名な生命科学者、宇宙科学者、医学者、宗教者と対談してください。必ず認められますから」と仰いました。また、あるお寺の僧侶は、「自分たちの教えに間違いがあるとすれば、それは初めに教えられた人に責任があり、自分たちは学んだことを教え行なっているだけです。仏教を学んでも死後の世界が見えるわけではありませんから」と仰いました。

学問では生命も死後の世界も見えないから、僧侶の仰ることは理解できます。が、真実がわかった時に正しい事を受け入れて、間違っていた事は改め、本当の事を教える大きい心と、勇気と皆を救う愛がないとできません。今から先の世界の一番大事な難しい問題ですから世界の人々にご理解して頂けるまで年月がかかると思います。

ある病院の院長先生は、「あなたは宇宙の生命の根源を見せられて、黄金以上に美しい光を直接に受けられたから本物と偽物を見極めることができて、人間の病気の発生源と生命の業を解明できたのです。生命を発見できたことは素晴らしいことです。あなたの診察、治療法は我々医師にはできない業です。病気を発生させる生命の生存行動が見えて、悪性細胞の生命も幸せにして病気を治すことは素晴らしいことで、自分たち医師に協力して頂いたら助かります。根源の光を自分に借りられるものなら貸して頂きたいですね」と仰いました。生命の根源の光は、今までの神仏の世界の光とは違い、懸け離れた世界が存在することを院長先生は早く理解されました。「生命の根源の光は悪の生命体も助けて善にして病気を治す方法ですから、全てを許して平等に救う愛がないとできませんね」と仰いました。

皆で地獄にしたことは、皆で地獄をなくすことが正しい生命の法則です。

汚れて行く流れを美しくなる流れに逆流させるのは、一人一人の人間と生命体の行為で、美しくするしか方法はありません。約一万一千年前から、神の生命に世界の人々が助けを求めてきましたが、死後の世界が地獄になっています。この現実を信じられない方は、自分の生命の未来を幸せにすることは至難の業です。

山びこは自分の気持ちを正確に教えてくれる

山に向かって言葉を発すると、自分の言ったことが山びことなって自分に返ってきて、自分の行為が正しいのか、間違っているのか理解できます。また山びこが戻ってくるのが早くても遅くても、自分自身が受けた時に自分の気持ちが正確にわかって反省もできます。話をされる時には常に冷静に話されることが大事です。我々人間同士、心が一つになって物事がうまく運ぶ場合もあります。しかしどうしても自分の気持ちが相手と合わないこともあります。そんな時、どこが正しくてどこが間違っているのかわからなくなることがあります。山びこのように自分の行為が正確に早く自分に返ってわかれば、自分自身の行為を正しく考え、行動ができるのですが、人間は考え方も性格も違いますので、一番正しいことでも受け入れて頂けないこともあります。

人との会話の中で、お互いに相手の仰ったことを間違っていると考え、自分の思いを無理に押しつけたり、押しつけられて気持ちが苛立って、恨んだり怒ったりして感情的になって話もうまくまとまらないこともあります。誰でも自分が正しいと思っておられるために、自身を冷静に正しく見つめることができなくなって、自分本位に考えがちになります。また、今まで兄弟以上に仲良く付き合っておられた友だちに裏切られると、絶対に許せなくなって一生付き合わない方もおられます。他の人が自分に合わせてくださる時は、相手を良い人だと思います。ところが自分に合わせて頂けなくなった時、今まで良い人だと思っていた人が悪い人に見えて、相手のことを思うだけで腹立ちして、悪者扱いして、恨みを持った行動になることもあります。

このような心のすれ違いから、人と人の中に恨みが生まれて、お互いの気持ちが高ぶって、自分の気持ちを抑えきれなくなって、時には相手をいじめたり、いじめられたりして除け者にされた方は、絶対に許せなくなった時に相手を殺すこともあります。また、相手側と話がまとまらないと、時には戦争になって、沢山の人々が最悪の結果になって犠牲になることもあります。お互いに自分の考え、仰った事が常に一番正しくあってほしいと思います。そして山びこのように自分の行為が間違っているのか正しいのか、自分が考え言ったことが自分に早く返って来て正しく理解できたら、すぐにお互いに反省できて、人を陥し入れたり、奪い取ったり、差別したり、傲慢になったりいじめたり、戦争もできなくなります。何事も穏やかに解決できて皆が仲良くできるようになれば、お互いに幸福になって何事も丸く収まるようになります。

全ての生命の根源の原理は、どんな人が考えられても一番正しくて皆が不公平にならないように幸せになれる行為の生き方です。すなわち全てを許し全てを愛することで、人を幸せにしてあげても不幸にしないように、何事にも許して頂けるほどにされて生きることです。すなわち殺さず殺されず恨まず恨まれず許して許されて助けて助けられて愛し愛されることです。

山びこのように、自分の言葉が跳ね返って自分に戻って来たこだまを、正しくお互いに受け入れることができたら、人と人とが争わずして温かい心で接することができるようになります。またお互いが共存共栄という形で助け合って仲良くし、いつも仲の良い家族になり、仲の良い友になり、許し合える人間として生きることができるようになります。全ての人間の生命も針の先くらいの小さな丸い透明です。そんな小さな生命こそ、大金を積んでも絶対に買えない自分自身の永遠の宝であり、奪われることも殺されることもない、自分の一番大事なものであることを、私たちは常に忘れてはならないのです。

●自分だけの幸せを考えて行動すれば、必ずいつかは自分が不幸になります。

●生まれて死ぬまで、死んでから生まれるまで、みんなの幸せを考えて生きていけば必ずいつか自分を幸せにできます。

●皆が不幸になれば必ず自分も不幸になります。人間が悪い行為をすれば、死後の世界が必ず地獄になって、人間の生きる世界も地獄になります。

生きている時も死んでからも、生命の根源の原理を忘れずに実行しなければ幸せに生きることはできない生命の仕組みになっています。すなわち人間の世界も死後の世界も仲良くできれば、地獄が消滅して、世界も国も職場も家族も自分も先祖の生命体も因果関係の生命体も必ず救われて幸福になれます。

生命の根源の愛と光を求めていたドラキュラ

ルーマニアのブラショヴの街にあるブラン城の王様の死後の生命体は、カーサドラキュラと言われています。ある日、テレビでドラキュラの映画を、最後の部分しか見られませんでしたが、その映画の中でドラキュラが話した言葉がとても意味深く感じました。全ての生命の根源の愛と光をドラキュラが最後まで考え、心の中で求めていたことが、ドラキュラの最後の言葉によく表れていました。私は、その言葉が正しいと思いました。それは「神が私を裏切った」という言葉でした。またドラキュラが最後に十字架の神の光で攻め殺されるシーンでは、ドラキュラが「本当の神はどこにも存在しなかった」と言いながら、殺されて死んでいきます。ドラキュラの物語の原作者が創作なされた、このドラキュラの言葉に私は正しさを感じました。この言葉は生命の根源の原理に当てはまります。十字架の光で悪を殺すことは、イエスキリストの真理に当てはまらないことになります。その理由は、イエスキリストが言い残された「汝の敵を愛せよ」という教えに反する行為だからです。

今までの宗教上の神を信仰される人にとっては、理解に因るかもしれません。今までの宗教における行為は、悪魔を許し悟らせて救ってあげなかったことです。この肝心なことが生命の根源の原理とは違っていると考えます。ドラキュラは、本当の神の根源は自分が犯した罪を許してくださって、殺さずに助けてくださる、と言いたかったと思います。また最後にドラキュラが言い残した「本当の神はどこにも存在しなかった」という言葉は、ドラキュラが、生命の根源の原理と愛と光を、心のどこかで信じ、その存在を殺されるまで求め、最後まで出会えなかったから、殺される時に出た言葉ではないかと思われます。神によって許され救われなかったことが、裏切られたという言葉になったのです。十字架の神の光によって殺されて死んでいくことになって、十字架の神の生命体の行為は、親が自分の悪い子供を殺したことと同じことに当てはまります。全ての生命は、生命の根源の子でありますから、ドラキュラはこの世に本当に全てを愛し、全てを許し、救ってくださる本当の愛のある神と光を求めていたのです。そのような神であれば、悪魔であろうと悪人であろうと、今日から本当の幸せを求めて心から願う者に、今までの罪を許してくださり、悪い行為をして罪を作った者に、今までの悪事の償いをさせてあげて救ってくださる。そんな愛のある本当の神と光をドラキュラは殺されるまで求めていたのです。が、そんな神はどこにも存在しなかったことを、映画のドラキュラは最後に伝えたかったのではないかと思いました。

以前に他のドラキュラの映画を見たことがあります。が、このようなドラキュラの言葉を私は聞いたことがありませんでした。しかし、この映画のドラキュラが言われた言葉は、大変意味深く、一番大事で肝心な言葉のように思います。それは、悪人、悪魔をやっつけ、お助けしなかった今までの人間の考え、行為に対するものが、この言葉の中に込められているからです。私たちはこのような言葉を真剣に考えなければならないと思います。悪人も悪魔の生命体も全て、初めは生命の根源で平等に美しい生命が創られて始まっています。ドラキュラも同じ美しい生命の兄弟として始まっていますが、長い年月の生命の輪廻の中で、いろんな不幸な事もあり殺し、騙し、裏切り、差別、いじめ、悪魔祓いなど様々な事をされて、神も人も信じられなくなって、だんだん罪を犯し、悪い姿、悪い行為をするドラキュラになってしまったのです。最初から悪魔のドラキュラが誕生していません。聖書の中に悪魔は神の子ではないという説もありますが、もし本当ならばこの教えは間違っています。

今まで宗教上の映画もいろいろとありますが、悪魔を助けて幸せにしてあげる映画を私は今まで見たことはありません。悪人も悪魔もドラキュラも、今までの終わってしまったことを全て許してあげて、今日から美しい心にしてあげて、今までの償いをさせてあげることが、正しい愛の原理でありません。

どのような生き物も、早く殺されて死ぬことを求める生き物はいないと思います。ですから自分を不幸にして苦しめた人や生命体に対しても、いじめたり恨んだり攻撃したり殺したりしますが、一方で、自分を幸せにしてくださる方には、どんな悪魔も悪人も、恨んだり攻撃したり殺したりはできません。むしろ、自分を幸せにしてくださる方の仰ることを聞くようになります。そうなれば、間違いを犯した悪魔や悪人を、幸せに導くことができます。すなわち宇宙の生命の根源の原理に基づく行為です。人間の世界も死後の世界も今まで生きてきた歴史を正しく考えてみると、人間の考え、行為が地獄になるような生き方をしてきた結果が現実となって後で現れています。

今までにどんな人間も、死んでから生きる生命体も、前世、今世で悪い行為をしていない者は誰一人いません。全てが良い事をされたこともあり、また悪い事をされたこともあり、時には人や生き物を殺したこともありますから、今までの過ぎた事は全て許して綺麗にして、今から先に悪い事を繰り返さないように生きることが一番大事なことです。ですから悪魔も悪人も許して善にすることが平等の原理です。今までの行為を続けていくと、今まで以上に皆が不幸になって、死後も必ず今以上に皆が苦しむことになります。今から死後の世界を救うことは不可能ではないかと思うほどに、地球全体が地獄になっていますから、世界の先祖の生命体も苦しんでおられることを知ってください。なぜ幸せになれないのか、なぜ苦しまなければならないのか理由があることを知って、助けられる方法があることを理解して頂いて実行してください。

イタリアで悪魔祓いをされる神父と弟子たち

テレビで見た番組です。イタリアで悪魔が取り付いている女性の悪魔祓いを行っていました。神父さんは十字架で、若い二人の女性の方は聖書で、悪魔が取り付いている女性の眉間に十字架と聖書を当てて、三人で悪魔祓いをされて、「悪魔よ、この人の体から出て地獄に行け。私には神がついているからお前なんかには絶対に負けない」と仰いました。悪魔祓いが自分を不幸にすることを知らない二人の若い女性が、「自分たちも早く悪魔祓いをできるようになりたい」と仰いました。可哀相な人たちです。

悪魔にとっては、十字架と聖書で祓われる時が一番地獄です。悪魔は自分のことを許して救わずに祓う三人を悪人だと思っています。今までの罪を許して、悪魔の心を浄めてあげて救ってあげる行為こそ、本当の愛と言えます。イエスキリストが言い残されたと伝えられている「汝の敵を愛する行為」が正しいのです。またキリストは自分を殺した人の幸せを考えられたからキリスト教が広がった、という説もあります。もしこの教えが真実であれば、今までの悪を祓って助けなかった行為は間違っていたことを認めることが大事だと思います。

悪魔を祓って、その時人を救うことができても、後からまた祓って頂いた人も、お祓いされた人も悪魔に恨まれて苦しめられることに必ずなります。悪を祓えば祓うほど、後で自分たちがどうなるのかを考えることの方が大事です。どんな生きものも、やられて恨みを持っても喜ぶ者は一人もおられません。なぜ人に取り付いて苦しめるのか、その理由を聞いてあげて、人間も悪魔も両方を幸せにしてあげる行為が正しく、皆が幸せになって喜ばれる、生命の根源の愛であります。

生命の根源の正しい原理は、人も生命体も幸せにしても不幸にしてはならない、助けても殺してはならない、人を許しても恨んではならない、幸せを喜んでも妬まないことが、自分も幸せになれて相手も幸せにする方法です。すなわち生命の根源の教えを私たちは今から少しずつでも実行しなければ、来世の幸せは難しくなっているのが現実です。

ある大学の研究発表で講演する

私は大学の研究発表会で講演を頼まれた時、宇宙に生命の根源は存在し、太陽以上に大きく見えて、黄金以上に美しく輝く世界が存在し、その世界から光のスポットが私に直接降りて与えられたことを話しました。その時皆の顔を見ると、信じられないといった表情されました。それから私は、モーゼが敵と悪人を殺された行為は間違っていると話しました。愛とは敵を許して救うことで、殺したり今以上に不幸にすることではないと話しました。それから世界の有名な神仏の館に幸せになれない生命体が沢山生存しておられましたと話しました。さらに戦争をされた宗教は本物でないと話した時、皆の顔を見ると、私の話を皆が筆記しておられました。私の講演が終わってから、あるキリスト教の大学の教授の方から三つの質問を受けて、一つは、人間は死んでも生命の死はないのかという質問で、私は生命の死はありませんと答えました。次に、生命の生まれ変わりはあるのかという質問で、私は生まれ変わりはあると答えました。さらに、生命が生まれる時にいくつにも分裂して生まれるかどうかの質問で、私は二つに分裂して一つの生命が生まれ変わると答えました。さすがに教授は肝心な難しい質問をされました。どんな生命であっても、生まれ変わる時に、死後の世界で生命は二つに分裂して生まれますので、生命界で二つに分裂した、もう一つの自分自身の生命が生存していることになります。その生命のことを前身と言います。

今まで地位のある方にわからなかった事を教えてあげても、今まで自分が学んだ教えが一番正しいと信じてきた事に間違っている事があると、正しい事を教えられた時に心が複雑になられるのか喜ばれない方もおられます。日本の宗教人の方は、二度目に会うことを避ける方が多くおられます。外国の方は冷静に判断され、正しいことは受け入れられて、私に「講演される時に連絡してください」と仰います。自分のプライドを考えず、今までの宗教の教えにこだわらず、今から真実を知ることの方が大事です。人間と生命体を救う立場の方は、新しい発見と解明されたことは早く了解されて知らない人々に教えてあげることが大事です。私の存在は永遠に小さな針先ほどの大きさに過ぎません。そんな小さな私が今世で自分にできることで、いつも人間の世界と死後の地獄が救われるようにしたいと思って、世界の生命体をお助けさせて頂いて、四十年以上研究解明、発見させて頂きました。それは、死後の世界が地獄になっている現実を知ったから、皆を救うためにどうしても途中で辞めることができませんでした。

今から世界の人々に本当の事を教えてあげて、皆に協力して頂かないと地球全体に苦しむ生命体を救うことは不可能になります。私には日曜も祝日もありません。それは、残された自分の体の死ぬまでの少ない人生の時間で、人々が幸せになれる生命の根源の原理を世界の人々に教え広げることと、病気の発生を少なくするためと、世界の先祖の生命体も救われる方法を世界の人々に教えてあげたいと思っているからです。

どんな有名人でも、自分が今まで知らなかった事を教えて頂くことは有り難いことですから、教えて頂く自分の立場と、教えてくださる方の立場をよく考えられて冷静に質問された方がよいと思います。感情的になられますと自分が愚かな人間に思われますので、相手の方に言葉遣いを気遣いされることが大事と思います。悟り得た人は、常に傲慢にならず、頭が下がる人で、過ぎた事は早く許すことができて、今までの自分たちの教えに拘らず、世界の人々と生命体を差別なく、皆を救うために生きる人だと思います。

首吊り自殺されたお祖母さんの生命体をお助けする

福井県の方の依頼で、お祖母さんが家の階段の上の方から紐を下げて、首吊り自殺をして死んでいますので、谷井先生に調べて頂いて、お祖母さんの生命体を助けてもらいたいと、この家の夫人から依頼を受けて、私は早速調べることにしました。お祖母さんが自殺をされた場所を夫人に教えて頂いて、私が調べてみると、階段の下にお祖母さんの生命体はおられませんでした。自殺された方の生命体は殆ど、亡くなられた場所の何百メートル下の方で苦しんでおられます。

私は不思議に思って階段の左の方を調べてみると、数多い生命体が巣になっていました。私は夫人に「お祖母さんが自殺された場所はこの場所です」と言うと、夫人は思い出されて「以前の階段はその場所にあったのですが、お祖母さんが亡くなられてから今の場所に移動させたのです」と仰いました。「自分の家のことでも忘れているのに谷井先生はよくわかりましたね」と仰いました。

「生命の根源の光で調べると、正確に先祖の生命体がおられる場所はわかります」と言いました。それから上の方におられるお祖母さんの前世の因果関係の生命体を先にお助けさせて頂いてから、何百メートル下で苦しんでおられたお祖母さんの生命体を助け終わるまで、午前八時から午後六時までかかりました。全てお助けできて、夫人の家族から喜んで頂きました。

四十年法華経を唱えても死んだ母の生命体を救えなかった霊能者

あるお寺の娘として生まれ、結婚されてから大きな宗教団体の支部長をしておられた霊能者の方の話です。Aさんと呼ばせて頂きます。Aさんは自分が入会した宗派は先祖の生命体を幸せにできると教えられて、沢山の信者を支部長宅へ集め修行させ、霊感を与えることもされて、四十年間その信仰をされ、数多くの人々を導きされました。

ある日、私はAさんにお会いすることになって、「あなたの母が亡くなられて、本当に法華経を上げられて幸せになっておられるのか、一度母の生命体をあなたからお呼びしてみましょう。死後の世界で幸せになっておられたら、あなたの口を通して幸せになっていることを教えてくださいます」と申し上げました。Aさんは今まで母は幸福に天国に行っておられると四十年間信じてこられましたが、私がAさんから母の生命体を呼び出してみると、思っていた通り、Aさんの母の生命体は墓の何百メートル下の方で大変苦しんでおられました。この状態を初めて知ったAさんのショックは大変大きいものでした。自分の母の生命体が墓の下の方で今まで何十年も苦しんでおられることさえも、自分の霊感で今までわからなかったのです。

私はAさんの母の墓に行き、Aさんを通して名乗られた生命体が、本当にAさんの母の生命体で墓におられるかどうか再確認しました。やはり自分の娘に教えられた生命体は今度こそ本当の母であることが確認できました。Aさんの母の生命体がおられる墓に生命の根源の光を通して調べますと、母の生命体は墓の六百メートルほど下から強い反応が私の手の平に感じました。Aさんの母の生命体が前世の因果関係の生命体に、墓の下の方に閉じ込められて大変苦しんでおられました。Aさんは、母の因果関係の約何百兆の生命体を救えなかったから、自分の母の生命体をお助けすることができなかったのです。またAさんの母の生命体も、今まで自分を苦しめる生命体から許して頂いて和解ができなかったから幸せになれなかったのです。

Aさんの母の生命体が墓におられることを証明できる理由は、普通の火葬なら先祖代々の墓に埋葬されてありますが、この墓は母一人の土葬の墓ですから、Aさんの母一人の遺体しか埋葬されていません。ですから墓に生命体がおられるということは、Aさんの母の生命体と、母の前世の因果関係の生命体が沢山おられましたので先にお助けしました。それからAさんの母の生命体も根源の光を受けられて初めて六百メートル下の方から救われて天国に行かれたことを、後でAさんを通して教えられたのです。このようなことを初めて体験されたAさんにとっては、四十年という長い年月法華経を真心で唱えてこられましたが、自分の母一人を助けることもできなかったことに、これまでの苦労を思い出して大変悩んでおられました。しかし今、六百メートル下から母の生命体が天国へ行かれた喜びと感謝で目から嬉し涙が流れていました。自分の母の生命体を長い間助けられなかっただけに、生命の根源の光で今幸せにお助けできたことの喜びの方が大きかったようでした。そして、尊い生命の根源の光に導かれたことが夢のようです、と仰いました。日本の源平の武士の生命体は八百年以上経っても幸せになれないのですから、まして亡くなられて何十年で自分の因果関係の生命体に和解して頂いて幸せになれて天国に行くことは至難の業です。

日蓮正宗は頭の優れた立派な人でしたが、釈尊の仏教を悟られても死後の世界の生命体の生存行動が見えなかったために、法華経を唱えても死んだ人の生命体が救われるのか、救われないのか本当のことはわからなかったのです。日蓮さんも、亡くなられて初めて死後の真実を知って、お経で死んだ人の生命を幸せにする事は並大抵のことではないとわかっておられると思います。

亡くなられる前に悪魔に苦しめられた聖人マザー・テレサの謎を解明する

一九七九年にノーベル平和賞を受けられ、世界の母と言われたマザー・テレサさんも亡くなられる前に原因不明の体の痛みに耐えられなかったと言われています。自分の一生を通して貧しい人々を救い、神に仕え、信心されて偉大な聖人として沢山の人々をお助けされました。

私もマザー・テレサさんを聖人として立派な人と思っています。しかし、神、キリスト、マリアの生命体が死後の世界に存在されるならば、全て知っておられるのに、マザー・テレサさんが亡くなられる前に、夜も寝られないほど苦しんでおられても、なぜ救われなかったのか。ここが一番大事で肝心な事です。マザー・テレサさんのような聖人の方でも助けて頂けなかったのですから、まして他の人々は助けて頂くことは難しくなります。マザー・テレサさんほど貧しい方々に自分の一生を捧げられる方は少ないと思います。マザー・テレサさんはなぜ神父さんに悪魔祓いをして頂くまで苦しまれたのか。その訳は、マザー・テレサさんが前世の因果関係の生命体と早く和解されて、お助けされなかったことと、マザー・テレサさんが貧しい人々の病気を治すことに協力されて、病人の前世で恨みのある生命体をお助けされずに、病人だけをお助けされたことも原因です。それとマザー・テレサさんの第二生命体がお祓いをしておられたとすれば、祓われた生命体にも苦しめられたことも考えられます。また、マザー・テレサさんの体を痛くされた生命体に、本人自身が謝って許して頂けたら体の痛みは必ず消えた、と私は今までの経験から思います。

マザー・テレサさんは原因不明の痛みに耐えることができずに神に頼まれたと思われますが、苦しみは治まらず、死を間近にした当時八十七歳のマザー・テレサさんの痛みは、医学的に説明のできない、悪魔に苦しめられた状態になりました。体の痛みで眠れなくなり、神父さんに悪魔祓いの儀式を行なって頂いて体の痛みが消えて安らかになられ、その後亡くなられたと言われています。今世でどんな聖人の方でも自分を苦しめる生命体を幸せにしてあげないと、死後は幸せになれないという厳しい現実があります。マザー・テレサさんは亡くなられる前に体の痛みに耐えられなくなって、自分を苦しめる生命体のお祓いに同意されたことで、イエスキリストの教えにある「汝の敵を愛せよ」という教えを最後に実行できなかったことになります。亡くなられる前に、自分の苦しみに負けて、自分を苦しめる生命体をお祓いされた行為は、亡くなられる目前に愛をなくされたことになって、汝の敵を祓い除けて自身を一時救われたことになります。毎日我慢できないほど強い生命体に体を痛くされると、我慢強い人でも生半可では耐えられません。

マザー・テレサさんが来日された時、報道人が愛とは何ですかと質問された時に、愛とは犠牲であり犠牲のない愛はないと仰いました。生きる者は自分を苦しめる者を許し愛し救うことは、至難の業で、生半可の気持ちで凡人ではできませんが、それができれば本当の聖人です。悪魔を祓って頂いて、亡くなられる前に体の痛みが消えても、亡くなられてから、死ぬ前に祓い除けられた生命体にまた苦しめられることになります。なぜなら、マザー・テレサさんを苦しめられた悪魔をお助けせずに、神父さんにお祓いして頂いて痛みが消えても、悪魔が再び死後の世界でマザー・テレサさんの生命体を苦しめることになるからです。お祓いとは一時救われる方法で、後から悪循環になって、今まで以上に苦しまれることになります。今世どんな聖人で人々から尊敬された人でありましても、前世からの因果関係の生命体と和解されて綺麗にされないと、死後も生命の輪廻の未来の自分を絶対に幸せにできないことになります。

これは人ごとではなく、どなたも自分自身の今から先のことですから、生命の根源の光で私が説かせて頂いたことが本当に正しい原理かどうかを考えて理解してください。どんな宗教であっても、どんな聖人の方であっても、全ての今生きる人々に私の説かせて頂いた原理と、全ての生き物と生命の仕組みと行為を、今から自分が幸福になるためと不幸にならないために信じて実行してください。真実を正しく知ることで、救われる方法、今までわからなかった事、想像していた事、間違っていた事、正しい事が迷うことなく、他の本を読まれても話を聞かれても正しく区別できるようになります。ですから今からは無駄なことに貴重な時間とお金を使わなくて済みます。マザー・テレサさんが聖人として一生生きて、亡くなられる前に耐えられないほど苦しんでおられても、神様がお助けされなかったのです。

生命の根源の教えは、自分を救うのは自身であることを教えておられます。自分の心をいかに考え遣うかで、幸せになることも、不幸になることも教えておられます。神仏を信心していたら、必ず神仏の生命体が助けてくださると信じる前に、死後の現実を知ることが大事です。真実を知らずに自分が今信じているものだけに盲信になってはいけません。今まで死後の世界の生命体の生存行動を正確に知って、地球全体が地獄になっていることを理解できておられる方は少ないと思います。そして自分自身も死んでから地獄で苦しむことを、本当に覚悟して生きておられる人は少ないと思います。マザー・テレサさんはインドのカルカッタのご自分の墓から幸せに天国に行かれることは至難の業と思われます。

生きておられる時に耐えきれないほどに苦しまれても、世界の神仏の生命が助けてくださらなかったのに、亡くなられてから助けてくださることは難しいと思われます。これが現実ですから、どんな人でも亡くなられる時の苦しみは死後も必ず続くことになります。その訳は私の本を読まれたらわかって頂けると思います。

世界の人々と、死んで苦しんでおられる生命体を救うために、真実を解明し、人々がご理解して頂かないと皆を救うことは不可能になります。絶対に宗教を悪く申し上げていることではありませんから誤解されないようにしてください。皆が幸せになって頂くために真実を知って頂きたいのです。

死後の地獄が見えない人々は戦争と悪事をする

人間は長い年月の中で、平和と幸福と健康を願って生きているはずなのに、美しい地球も人間の心も汚れ、死後の生命体の世界も地獄になっています。ですから世界の殆どの先祖の生命体が幸せになれず苦しんでおられることを、知らずに生きる世界の人々もまた可哀相です。人間は常に今以上の幸せを求めて生きるために、対立や戦争が起こります。こんな行為を繰り返して生きてきた結果が行き詰まって苦しんでいる原因です。

人間の歴史は戦いの積み重ねであって、国を統一させれば戦いがなくなると考え、昔は同じ国の人間同士の戦いが世界の国々で行われて続いてきました。時代が変わると、外国の国と戦争を起こすようになり、どこの国の人間も今世の幸せだけを考えて、戦争を起こして敵を殺して勝てば平和と幸せになれると思って、死後の世界が地獄になっていることを知らずに生きる愚かな人間の行為です。その結果戦って死んでから、恨み続けて苦しみながら、生命体同士の戦いが何百年、何千年も続いています。その恨みが生まれ変わりの人間に、様々な形で現れていても、前世の因果関係の生命体に苦しめられていることを知らずに、生きている人々も沢山おられます。

世界の人々は死後の地獄が見えないために、目に見える物で貧弱な建物よりも大きく立派で輝かしい場所に人の心は魅かれ幸せを感じますから、昔から建物に大金が使われ作られています。数多くの人々に一時の気休めと感動を与えることができますが、神仏が祀られてある世界遺産の輝く教会や寺院の外にも中にも、現実は沢山の生命体は幸せになれずに苦しんでおられることが、世界の国々を調べさせて頂いてわかりました。その理由を知っておくことが大事です。人は死んでから、生命体の生存する世界に皆が必ず行くことになりますから、自分の想像ではなくて本当の事を知ってください。世界の立派な神仏の館で立派な葬儀を行って立派な墓に埋葬されても、先祖の生命体が幸せになれなくて助けを求めておられる結果は、世界のどこの国でも宗教でも共通しています。立派な葬儀や墓をされた方だけが幸せになれる不公平は現実はありません。

死後の世界が地獄になっていることを信じられない人も、本当の事は認められて、今から幸せになれる行為に人間と死んだ人の生命の気持ちを切り替えないと、今までの状態では病人が増えて、死後の世界も今以上に地獄になります。信仰される方は、神仏の生命体が助けてくださる、お経を上げて立派な葬儀や墓にすれば先祖の生命体は必ず幸せになれる、立派な教会、神殿、寺の神仏の生命体が幸せにしてくださると信じておられる方もおられますが、それは大変な間違いです。自分の想像で信じて盲信になっておられる人ほど、亡くなられて真実を知った時に必ず後悔されます。人々が生活する地球全体に救われない生命体が無数に苦しんで、幸せを求めて生存している世界を見えないからといって無視するわけにはいきません。人ごとではなく私たち自身のことですから真剣に考えて頂きたいと思います。

山口県の壇ノ浦で源平の武士の生命体が次々と私の思いを叶えてくださる

ある時、山口県の壇ノ浦にAさんと源平の武士の生命体を助けに行って、最初に源平の合戦で亡くなった戦場の生命体をお助けして、それから、源平の最後の天下分け目の壇ノ浦の戦いで沢山亡くなられた源氏と平家の武士の生命体をお助けしました。お助けさせて頂くのは今回で四度目になります。Aさんがホテルの予約に行かれる時、私は心に壇ノ浦の海際のホテルであればよいのになと思っていました。後で、Aさんが海際のホテルを予約できましたと仰って、私の思った通りになりました。また「私の部屋が海の見える側であれば、海の底で苦しんでおられる源平の武士の生命体を部屋からお助けさせて頂ける」と思っていると、Aさんは後から「ちょうど海側の部屋が一つだけ空いていて予約できました。自分たち夫婦は海の見えない山側の部屋です」と仰いました。その日は、偶然に花火の上がる日でしたから、ホテルが満席だった原因がわかりました。私の願いを源平の武士たちの生命体が叶えてくださったと思って感謝しました。

源平の武士の生命体の思いに応えるため、部屋の窓、ベランダから海の底におられる生命体をお助けしていると、部屋から色鮮やかな花火が夜空にドンドンパチパチと音を立て上がって美しく見えました。武士たちが花火のある日に助けて頂くように気遣いされて、私を歓迎してくださった気持ちを無駄にしないように思ってお助けしました。源平の武士の生命体は海だけでなく、ホテルの窓際、部屋、私の周囲に次々と幸せを求めて集まってこられ、そんな生命体をお助けしていると、私の目から涙が流れました。それは数多くの源平の武士の生命体が感謝されて喜んでおられるのです。私がボランティアで沢山の生命体をお助けする時は、よく涙が出ます。そんな時は最高に気持ちの良いものです。源平の武士の生命体はお金は一銭もありませんから、お金を払って頼むことはできません。その気持ちを理解してあげて二〇時から翌朝の二時までお助けさせて頂いて、それから休ませて頂きました。

このように私は至る所で日本でも外国でも、合掌して生命の根源に頼まなくても、私の思いが叶えて頂ける体験を数多くしてきました。自分個人の願い事は一度も頼んだことはありません。世界の平和のためと生命体を幸せに救う時に、次々と不可能が可能になることがよくあります。常に生命体が不公平なく幸せになれるように、心がけてホテルの窓やいろんな場所で、助けを求められる生命体を世界の各地でお助けさせて頂いています。世界の生命体を差別なく救う時には、おのずと自分の思いが可能になります。

今まで二〇一四年二月まで五十ヵ国の国々に行かせて頂いて、一回も雨が降って濡れたことがありません。私は二〇一四年まで毎月二回か三回飛行機に乗り、チケットは毎月一ヵ月前に買っていても、台風が日本に接近していても、飛行機に二十八年間毎月一度も乗れなかったことはありません。

富山県で数多くの家の戸が動いた現象を解明する

一九七八年十月十三日、私に生命の根源から光が降りた後、一九七九年頃から富山県全体で家の戸が動くようになり、二十年ほどで一番多く動きました。富山県のテレビ局が一九七八年に、家の戸が動く現象を二回調べましたが、原因は解明できませんでした。また二〇〇〇年にインターネットで、富山県の家の戸が動く現象はいまだに解明されていないと伝えられた方がおられます。富山県だけでなく他の県でも戸が動くことがあり、今まで地球全体に苦しんでおられる生命体が生命の根源の光を受けると幸せになれることを知って、助けを求めて戸を動かして、必死に人々に知らせていることがわかりました。よく家の戸を動かす生命体に、私はお願いして戸を動かしてもらったことが何回もあります。

ある家で毎日戸を動かす生命体を根源の光で私がお助けしてから、家の戸は一回も動かなくなりました。一九七九年四月六日に私の本家で、午前十一時三十分、生命体が大きな四枚の板戸を大きくガタガタ、ガタガタと五回動かしました。その時県の職員三人が昼食に来ておられたので、私は、これは霊が戸を動かしている、と言うと、職員三人は怖いと仰ってすぐに逃げるように帰られました。その翌日午後三時に、私の実家まで私を迎えに来られた方と母と私と三人いる時、前日に戸を動かした生命体に私が「戸を動かしてください」と、五回頼んで、五回とも戸を動かして頂いたこともあります。私が生命体をお助けしてからは戸は動かなくなりました。他の家でも、助けを求めて戸を動かすその家の先祖の生命体をお助けしてから戸が動かなくなりました。私が生命体に頼んで戸を動かした時のことはテープレコーダーに録音して残してあります。他の家で、お祖母さんと私が仏間に居る時に急に戸が動きました。後から夫人が来られましたので、生命体が戸を動かしたことを言っても、夫人は信じられないと仰ったので、私が生命体に三回頼んで三回戸を動かして頂き、この時もテープレコーダーに録音して残してあります。人間は本当の事でも自分が体験、体感されないと信じることができない人が殆どです。どこの先祖の生命体も戸を動かして家族に助けを求めて必死に知らせても、わかって頂けないと思って、現在は諦めて、戸の動きは少なくなっています。

富山県だけでなく、世界の多くの生命体が幸せを求めておられますから、戸が動く現象は、生命体の存在と、必死に助けを求める行動を示すものです。私は富山県全体の生命体を山頂から何回もお助けさせて頂きましたが、それだけでは富山県の生命体が助かるものではありません。どこの先祖の生命体も前世からの因果関係の生命体に何百メートルの地下に封じ込められて、上も下もアリの巣のようになっている状態なので、墓で苦しまれる一軒の先祖の生命体と、因果関係の生命体をお助けするのに八時間から十六時間以上かかることもあります。もし因果関係の生命体が早く助けてほしい気持ちに心が変わった時には、生命の根源の光であれば早く全てをお助けすることは可能になります。また先祖の生命体の因果関係のリーダーを呼び出して、全てを幸せにすることを条件に、許して頂いてお助けすると先祖の生命体を早く救うことができます。

因果関係の生命体の数が多くて、特別に恨みの強い集団が幾つもある時には、全ての集団のリーダーの心を早く変えることが大変難しい時もありますから何日もかかることもあります。その理由は、先祖の因果関係の生命体が、長い年月苦しんでこられたから過去の事を早く許すことは難しいからです。どこの国の先祖の生命体も一日も早く幸せになりたくて、戸を動かして人々に必死で知らせる業です。富山県以外の県でも、家の戸を動かす先祖の生命体をお助けすると、必ずそれからは戸が動かなくなった家があります。これは今から世界全体の大問題ですから、無視のできないことで、自分に関係のない方は一人もありませんから、真実かどうかを見極めて頂いてから本当か嘘かを判断されてください。

阪神・淡路大震災で亡くなられた方の生命をお助けして、感謝の気持ちを見せられる

平成七年一月十七日、阪神・淡路大震災が起こり、沢山の方が亡くなられました。心からお悔やみ申し上げます。その日、私は長崎に来た翌日でした。運良く私の家の被害は少なくて済みましたが、多くの家が壊れたり、家と一緒に焼けて亡くなられた人もおられます。私のできることで少しでもお役に立ちたいと思い、神戸の街が見える山の上から根源の光で浄めさせて頂いている時に体験させて頂いた実話です。

私は、車で案内してくださったAさんと二人で山の上へ行きました。その日は今にも雨が降りそうで、空全体が雨雲で真っ黒になっていました。どうか雨が降らないようにと思って五時間ほど浄めた時、空全体の真っ黒の雨雲が先に消えてなくなり、神戸の街の空に真っ黒の雲が如来様が真横になられた姿で残って、天の方を向かれて、その姿以外の空全体の黒い雲が全て消えました。雲で出来た如来様の姿は合掌されて、頭の方に太陽が偶然にあって、その光が後光のように輝いて見えました。大きさは何十メートルで、その如来様のお姿を、写真に撮って残しています。今回地震で沢山の人々が亡くなられた生命体が如来の姿になられ合掌されて、喜びと感謝の気持ちを私に見せてくださったと

思います。

私と一緒に行かれたAさんが、こんな素晴らしい体験を初めてされて感動しておられました。自分の欲を考えず、美しい心でボランティアとして私と行動された方は、生命体の奇跡を見せて頂けることがあります。生命の根源も生命体も、人間一人一人の心と行為を全て見て聞いておられることがわかると、悪事はできなくなります。

今まで絶対に奇跡は信じられなかった人でも体験されて初めて、奇跡は本当に起こるものですね、と仰います。体験された方でないと、いくら文章を読まれて話を聞かれてもなかなか信じられないと思います。私は、今まで様々な奇跡を体験させて頂きましたが、生命の根源の奇跡は人間から頼まれて起こされるものではありません。生命体が様々な奇跡を起こして見せられることが多いのです。

東日本大震災で津波に流され亡くなられた気仙沼、大船渡の生命体をお浄めする

二〇一一年三月十一日午後二時四十六分に発生した、東日本の地震で亡くなられた方の生命体をお浄めに、二〇一一年十二月十二日に現地へ行きました。東北本線の松島駅へ行き、旅館に二泊して、二十三日の朝八時三十分からタクシーを一日貸し切りで、津波に流されて亡くなられた方の生命体をお浄めさせて頂くことにして、初めに石巻海岸の堤防に立ってお参りさせて頂き、港から三キロ〜四キロ離れた、津波に遺体が流されて、海底に生命体が多く集まっておられる場所に根源の光を与えてお浄めしました。それから海全体を浄めていると、海底から波打ち際に数多くの生命体が、私の足際まで助けを求めて来られる姿が私の肉眼で見えました。一番先に来られた生命体が、私の足

石巻湾で生命体をお助けする。

にチクチクと「早く助けて」と催促される、生命体をお助けしていると、また海底から必死で助けを求めて集まって来られた方々も、順番に幸せになれた生命体から天国に行かれました。一時間お助けさせて頂きました。

それから気仙沼に行って、津波に流されて亡くなられた方々の生命体をお助けさせて頂くために、港から山の上の方に行きました。ここでも港から三キロ〜四キロの海の底に生命体が一番数多く集まっておられる、反応の強い場所に一時間根源の光を与えてお助けしました。それから大船渡で津波に流されて亡くなられた生命体を一時間お助けしていると正午になりました。タクシーの運転手さんは弁当を車の中で食べられましたが、私はその日は一人でも数多くの生命体をお助けさせて頂きたいと思って、午前八時三十分から休み抜きで飲まず食わずで続けてお助けさせて頂きました。大震災で助かった方々も大変ですが、亡くなられた方々は本当にお気の毒です。

現場で見させて頂かないと、テレビでも見られない所もあります。現地で見せて頂くと、地震で家を壊されたり、津波で家を流されて家族を亡くされた数多くの方々が、苦しさも辛さも乗り越えなければならない厳しい現実に立ち向かって生きておられます。その被災地の方々のお姿を見て、様々な事を心に深く感じて早く幸せになって頂きたいと思いました。

人間は悪い事、苦しい事、辛い事、悲しいことを体験、体感されて初めて、人の辛さ、苦しさ、悲しさが本当にわかった時に、不幸で苦しまれる人を救える行為ができる人間になれるのです。日本人にも助け合う素晴らしい心があり備わっています。阪神・淡路大震災と東日本大震災の体験をされて、自分が生きる人生で助け合って生きることは一番大事であることがわかります。

私も今からも自分に今できることで、生きる人々の幸せを願って少しでも協力させて頂きたいと思っています。

東日本大震災で津波に流され亡くなられた福島県の生命体を助けに行く

二〇一二年十月二十六日に、福島県の久ノ浜の港から相馬周辺の、津波に流されて亡くなられた人々の生命体をお助けさせて頂くために行きました。大きな津波を受けられた場所は、家は流され、松の木も根元から倒れていました。途中で折れた松の木を側で見て、津波の恐ろしさを感じ教えられました。相馬で津波に流されて亡くなられた方々の生命体をお浄めしていると、家族の方を亡くされた女性の方が、海に向かってお参りされておられました。港全体に生命体が助けを求めて集まっておられましたので早速お助けしていると、次から次と浜辺に集まって来られる生命体をお浄めさせて頂きました。それから海の底におられる生命体に根源の光を与え、お浄めさせて頂きました。ボランティアで不幸な生命体をお助けさせて頂く時は、今までは雨が一度も降ったことはありません。今回も相馬の港で生命体をお助けしている時に、私の真上の空の雲だけが消えて青空になりました。私の横で見ておられた方が、空の雲が消えた現象を見られて「不思議なものですね」と仰いました。これは、助けてほしい沢山の生命体が、雨が降らないようにしてくださったのです。沢山の生命体が人間の毎日の行動を見たり聞いたりしておられますので、私が頼まなくても協力してくださるのです。津波で亡くなられた方をお助けさせて頂いた二十六日と二十七日の二日間だけが良い天気で、翌日の二十八日は朝から雨になりました。

原発の事故で危険区域の住民の方には、自分の家に住めなくなって、農作物も作れないし、お気の毒な人々が数多くおられます。

人間は今まで以上の幸福を求めた結果、原発の事故が起きて、原発の怖さを体験されて、人間の行ったことで人々が不幸になって初めて反省される人々が多いのが現実です。先の見えない愚かな人間の行為の結果です。早く原発をなくしても生きていけるようにしなければなりません。実際に被害者でないと、受けられた苦しみと辛さと悲しみはわかるものではありません。

私は相馬の港で生命体をお浄めさせて頂いた後、相馬から電車は動いていませんでしたので、バスで仙台駅まで行き、それから駅前で仙台の街の生命体をできるだけお助けさせて頂いてから帰りました。

またご縁がありました時に幸せになれない生命体を、お助けさせて頂きたいと思っています。

久ノ浜と相馬で生命体をお助けする。

殆どの人間は死後の地獄を知らずに生きて、死んで行く

人間は死ぬ時に病気で苦しくても、死んだら楽になれると思って死んでいきます。が、現実は前世の因果関係の生命体が病気を発生させて、殺されて死ぬ方が大半です。ですから今を大事に、恨まれないように恨まれないように、仲良くして楽しく幸せに生きることが大事で、戦争をして人を殺したり、相手を恨んで喧嘩している場合ではありません。自分の体は死んだら二度と生まれることはできません。これは人ごとではありません。

人間の体は遅かれ早かれ死んで消滅します。しかし生命は二十四時間内に遺体から離れて、土葬でも火葬でも、死人の遺体かお骨を墓に埋葬された何百メートル下の方か、または自分が亡くなるまで住んでいた屋敷に封じ込められて、周囲からいじめられて苦しんでおられる方が多いのです。このことがわかった時に一日生きられる体の尊さがわかって、一日の時間を大事に、現世、来世に幸せになれる生き方をすることが大事です。このことを信じられない人は死んでから必ず後悔されることになります。

私は今まで五十ヵ国以上の様々な国でいろんな人々を根源の光を通して調べてみると、生まれたば

かりの赤ちゃんを恨んでいる生命体が、様々な形を作って体についています。ですから、数多くの生命体に恨まれている状態で生まれたことになります。

また人の体に霊が取り付いていると言われる占い師は偽者だ、と仰る方もおられます。しかし本当はどんな人にも一人や二人ではなく、人間の体に出たり入ったりする生命体と、体の周囲に飛びながら一緒に付きまとう生命体など、たくさんの生命体が光エネルギーでいろんな姿を作って取り付いています。たとえば人間の姿、ヘビ、動物、大蛇、龍の姿で体に取り付いています。また両親が亡くなられて、自分の子供や孫の背中に幽霊になっておんぶされている姿が、肉眼で見えることもあります。しかし偽者で「人の体に悪霊がついている」と言って大金を騙し取る人もおられますから、気をつけてください。

私の知る方で、心霊写真を写す人がおられて、人の体に幽霊とか、龍、大蛇、ヘビが巻き付いている写真を私の側で写されました。このような写真を沢山写して持っておられました。前世にご迷惑をかけた生命体が体に取り付いている方が沢山おられます。見えないから信じられないのです。生命体は離れた所にいても、光エネルギーで様々な姿を作って人の体に取り付くこともできます。例えば、先祖の生命体が墓におられても、子や孫の体に付いている先祖の姿が写真に写ったり、また恨みのある生命体が先祖の姿になって体に取りついていることもあります。様々な生命が幽霊の姿でついておられても、幸せな方はおられません。私の本を読まれた方は恐い事が書いてあると思う方もおられると思いますが、見えなくてもこれが真実です。人の体に幽霊や大きな龍や大蛇が巻きついている姿が見えたら、恐ろしくて恐怖を感じて近付けないと思います。私は根源の光で調べるとどんな人でもすぐわかります。霊能者の方は人の体に取り付いている幽霊が見えても、自分の体に取り付いているものは見えない方が多いのです。それは霊能者の第二生命体が自分の姿を見せたくないからです。霊能者の体に、前世で因果関係の生命体が神仏の姿、人の姿、龍や大蛇の姿で付いて居る方もあります。霊能力のある生命体はその時その時に様々な色の姿形に変化して行動しています。

ガン細胞の生命は医師の行為を全て知っている

人間の肉体には、細胞を支配する生命だけが存在するのではありません。小さな生命は人間の体以外にも沢山生存して、体に入ったり出たりしてアリや蜜蜂のように行動しています。また、生命は光エネルギーでいろんな姿を作って、人の体に付いていても人間は見えないから恐くありません。もし見えたら恐くてお互いに近づけません。

人は死ぬと体と菌も細胞も死んで消滅します。しかしそれらの生命は死なずに永遠に生き続けて、生命界で再び二つに分裂して、一つの生命が生命界から人間の体に入って、人間を誕生させて死ぬまで、人間を支配して行動させていた生命は、体が死んでしまうと二十四時間以内に生命は遺体から離れます。殆どの生命は自分が住んでいた家か墓で苦しんでいても、また生まれ変わるチャンスを待ち、男性の生命も女性の生命も二つに分裂して、男性と女性の体内に入って新しい人間を誕生させます。また生命界で二つに分裂しても、生まれずに生命界に残る一つの生命を自分の前身と言います。生命は地球のどこにでも、どんな生き物にでも生まれ変わることのできる素晴らしい特徴が備わっています。針の先ほどの小さい丸い生命は、どんな生き物に生まれても生きていける知恵が備わっています。人間には想像できないほど偉大なもので、生命の生きる世界と行動と業を正しく早く知ることのできた人は、今から新しい進歩になって、考え方も生き方も良くなるように変わって悪事はできなくなります。私は飛行機の窓から雲の上を眺めると、生命が無限に空を飛んでいるのが、はっきりといつも肉眼で見えます。上空だけではなく、私たちが生活している何十、何百メートル下の深い土の中にも生命が沢山存在しています。このような生命を機械でとらえることができなくても、生命を今まで肉眼で見えなかった人でも、教えてあげると空間に飛んでいる生命がすぐに見えるようになる人も沢山おられます。

生命体が人間の体に悪くエネルギーを使い分けて送ることで、肩や首が凝ったり、手足、腰が痛くなったり、お腹が痛くなったり、下痢になったり、心臓が苦しくなったり、目眩がしたり、熱にうなされたり、血圧が上がったり、手足が痺れたりする、こんな病人を生命体を助けるだけで病気が治る方もおられます。私は、生命の根源から光を受けてから、自分の体をいつも自分で診察して、健康であるかどうかをチェックして、悪くなっている時には、今までは自分で治してきました。が、私の診察が正しいか、二年に一度は医師の診察を受けて結果を見極めることもあります。私はどこのホテルで宿泊させて頂いても、部屋やベッドに数多く幸せを求めて集まって来られる生命体を早くお助けしないと寝ることができないほど、体にテレパシーを送って助けを求められます。こうした生命体を細かく調べてお助けすると、病気になりません。

生命体も因果関係がありますので、苦しいから助けを求めて部屋に入って来られた生命体をすぐにお助けすると、早く幸せにできます。が、時間が経つと、また生命体は喧嘩を始めますので、お助けするのに時間がかかります。「一回でもいじめないと気が済まない」と言って、喧嘩しながら生命の根源の光を受けて幸せになって天国に行きます。ですから気が短い人にはできませんし、全てを許す気持ちと愛がないと三百六十五日毎日お助けすることはできません。人間として生きておられた時にはお金や財産があっても、死んで生命体になるとお金はありませんから、世界を救うために私のできることで毎日ボランティアでお助けさせて頂いています。

イギリスのライアル・ワトソン博士は、「未来の一番正しい治療法はまだわかっていないが、病気の発生が少なくなって消えてゆく治療法であるが、それがわかるまで年月がかかる」と仰いました。

私は生命の存在なしでは、人間も数多く生き物は存在しません。

人間の細胞の生命は、顕微鏡で発見できません。ですから医師は抗ガン剤でガン細胞を殺せば、ガンが消滅したと思っておられます。しかし、ガン細胞の生命は死なずに生きていて、医師の様子を見たり、聞いたりしています。ですから医師がガン患者に抗がん剤治療を行うと仰ると、すぐにガン細胞のリーダーが仲間を守るために、ガン細胞の数を殖やして抗ガン剤と医師に対抗することを、医師はまだ解明できない理由は、ガン細胞の生命は医師の行動を感知していることがわかっていないからです。

私が発見した小さい球体の生命に、心、意識がありますから、医師の行為を全て知っています。それを知らないのは医師です。

ガン細胞のリーダーは仲間と連絡を取りあってガン患者を攻め殺す

ガン細胞を発生させる生命は、数多くの仲間で分担して、ガン患者の体内から攻撃する生命と、外側から攻撃する生命がいて、患者の寝ている頭から腰にかけての場所の畳の中、ベッドや寝室に生存します。その人を攻め殺す時機が来ると、ガン細胞の生命のリーダーは初めから計算尽くで、仲間と連絡を取りながら団結して、何年も前から、また何ヵ月前から人間の体の目的の場所にガン細胞を作ります。リーダーの合図を受けて、患者の体内と体外にいる生命体も連絡を取り合って協力し合って、ガン患者の体内と体外の生命体が、患者を攻め殺す時機が来ると総攻撃して攻め殺します。また、医学治療で、抗ガン剤やコバルト治療でガン細胞を殺せても、ガン細胞の生命を殺すことは絶対に不可能です。初めのガン細胞が抗ガン剤で殺されても、後からガン細胞の生命のリーダーがもっと強い生命を使って、ガン細胞を作って、目的の場所に送り込んで再発させます。また、強い生命を目的の場所に数多く集めて、ガン細胞を作って再発させて、ガン患者の体内と体外からエネルギーを送ってガン患者を殺します。

すなわち、体の中でガン細胞を作って攻撃する生命体と、体の外からエネルギーをガン患者の体に送って攻撃する生命体とに手分けして、ガン患者は攻め殺されて死んでいきます。このことを知らない人は、ガンの病で死んだと思って、死んだら楽になって幸せに天国に行けると思われて死んでいくガン患者が大方です。しかし、現実は人間の想像と正反対で、亡くなられてからも必ずガン細胞の生命に苦しめられることになります。もしご主人がガンになっていると、ご主人の寝ておられる場所に因果関係の生命体が沢山集まっています。横に夫人が寝ておられる場所には生命体はいません。しかし、夫人がガンになっている場合には、夫人が寝ておられる場所に、前世の因果関係の強い生命体がアリの巣のように沢山集まっています。横に寝ておられるご主人の場所には生命体はいません。これは世界の国々の寝室を調べてわかった結果です。難病だけではありませんが、難病は特に前世で迷惑をかけた強い因果関係の生命体のエネルギーを体に受けて病気が発生することを、生命の根源の光で解明できました。ですから恨んでいる生命体に殺されて、死んでも攻撃されて、苦しみは続くことになりますから、自分を病気にしている生命体と早く死ぬまでに和解しないと、死後は幸せになることは大変難しいのが現実です。

体が痛くなるガンと痛くならないガンもあります。痛くなるガンは特別に恨みの強い生命体が痛くしています。その生命体を助けると痛みは消えます。患者の体が痛い時には必ず生命体が患者の体に沢山集まってエネルギーを送って攻撃している時です。そんな時に私が生命の根源の光を患者に与えると、患者の体の痛みは消えます。医師が抗ガン剤とコバルト治療法でガン細胞を殺すか、ガン患者が生命体に殺されるか、医師とガン細胞の生命の戦いそのものです。ですから医師はガン患者の生命に殺されて早く死ぬ方も少なくありません。最後に必ず勝つのはガン細胞の生命です。

現代医学がどんな強い薬物を使ってガン細胞を殺すことができても、ガンの生命を殺して勝つことは絶対に不可能ですから、ガン細胞の生命を殺す方法ではなく、ガン細胞の生命の意識を善意に変えて幸せにしてあげて救う方法が、ガンに勝つ一番正しい方法で、ガン患者を少なくする未来の正しい治療法です。医師は悪性細胞を殺して病気を治す治療に力を入れておられます。が、悪性細胞を殺しても、その細胞を作り出す肝心な生命と、生命の業を理解して頂いて医師の方も、病気が少なくなっていく正しい治療法を受け入れることが大事です。今までの治療法では、人間も生命も今以上に苦しむことになります。今からの治療は、悪性細胞を生み出す生命の訳をよく理解して、幸せにしてあげたら、病気の発生は少なくなります。死後の世界が地獄になっていますから年月がかかると思います。

死んだ母の生命体が墓の前で息子の左足を動かして必死で助けを求める

ある息子が、亡くなる前の母に、「もしも死んでから苦しかったら、自分の左足に知らせるように」と言っておきました。後で、母が亡くなってから全然左足に母の知らせが一回もないので、息子は、母の生命体は幸せになって天国に上がられたと思っておられました。それから何ヵ月も経って、母の墓に私と一緒に行かれた時に、私は墓の前で息子の母の生命体に、「幸せになれたのですか」と尋ねました。すると、私の右足に息子の母の生命体が助けを求めて、私の右足がガタガタと動き出して止まらない状態になり、それを私の左側で見ておられた息子さんが、「母に私の左足にすがって来いと言ったのにな」と仰いました。しばらくして、私の右足の動きが止まって、息子の左足を母の生命体がすぐにガタガタと私と同じように動かして、息子に必死で知らせました。それで初めて息子も、母の生命体が墓で苦しんでおられたことがわかりました。この母は亡くなられてから恨みのある生命体に邪魔立てされて、息子の左足を動かして知らせることができなかったのです。

私が調べてみると、墓の前の下の方に息子の母の生命体がおられ、上の方に因果関係の生命体が沢山おられ、その生命体に根源の光を与える時に、息子は私の手の平の下の方に自分の手の平を持っていきました。すると、息子の手の平に下の方からチクチク、チクチクと刺されるように母を恨む生命体の反応が痛く感じて、「沢山いるいる」と仰って、息子は初めて自分で体感されて真実がわかったのです。それから墓におられた全ての生命体が助かると、今までチクチクと墓の下の方から手の平に感じた反応が全部消えました。墓から強く感じた反応は、母親の前世に恨みのある沢山の生命体の気持ちを伝える反応です。息子は今まで自分が信じてきた宗教で母の生命は救われていなかったことが初めてわかり、墓の前で自分の母が亡くなられて地獄で苦しんでおられた真実を認めなければならなくなりました。自分が一生かかって大金を使っても絶対にできない尊い親孝行をさせて頂いたことを感謝されました。このようにして、どこの墓でもどんな信仰をしておられても、自分で体感させて頂いた方だけが初めて真実を知ることができて、自分も先祖の生命体も幸せにできます。

今までの教え、行為は人間を助けることはできても、先祖の生命体を慰める方法で、生命の根源は全てを許して、全てを救う世界です。しかし人間は信仰が違うことで親子、兄弟が喧嘩したり、親戚同士が仲良くお付き合いができなくなって、言葉もかけなくなることもあります。しかし、本当の信仰なら争ったりすることではなく、信仰しておられる人は心が美しい人で、信仰しておられない人よりも仲良くされることが本当の信仰者ではないでしょうか。

心をきれいにされて、優しい人になられ、過ぎた事は許してあげて、恨まず、人と仲良くされて、全ての人に愛を与える人間になることが正しい宗教の根源です。「自分の宗教、宗派が一番正しいから先祖の生命は幸せになれる。他の宗教、宗派では救われない」と仰る方もおられますが、真実をご存じない方が多すぎます。

今から先の家族と先祖の生命体の幸せのために、本当の事を知って頂きたいと思います。宇宙の生命の根源の原理こそ、愛であり平等に幸せに救われる皆の世界です。世界のどこの先祖の生命体も亡くなられてから初めて死後の地獄を知って、供養して頂いても幸せになれないことを家族に知らせることもできず、苦しみながら後悔しておられます。自分が死ぬまで信仰していた神仏の生命体は、人間が死んで、生命が遺体から離れてから、死後の世界で助けて頂けないことが初めてわかって苦しんでおられます。なぜ世界の先祖の生命体は苦しんでおられるのか、なぜ今までの宗教で救われていない方が多いのか理由があります。また大きな立派な墓を作ってあげても幸せになれない理由を知ることが大事です。

今生きている人間にも必ず死がありますから自分の死後のために真剣に考えて頂きたいと思います。私の本を信じて読まれたら必ずわかるように解き明かしてありますから、わかるまで読まれて、わかりましたら自分で自身を幸せにできる方法を実行されて救われる生き方をしてください。

同じ家で様々な生命体の生存と業

ある家に行って泊めて頂いて、二十三時に布団の中に入った時、数多く様々な生命体が先に助けを求めて入っていました。ムカデの姿、鳥の姿、ヘビの姿、小さな生き物の姿で信じられない状態で、私の体全体にウジャウジャと這いながら必死で助けを求められて、私は寝ていられなくてすぐに布団から出て生命体をお助けしました。このような生命体には、人々に殺されて犠牲にされたものも沢山いると思います。私は立って助けていると、私の両方の手から腕の方にヘビの姿でズルズルッと這いながら腕に擦り付くようにパジャマの両袖の中へ入ってきて、腕が冷たくなって体がゾクゾクとしました。そんな状態で布団の横で立ったまま一時間お助けしました。

人間は数多くの生き物を殺しても、死んだら全て消滅すると思って、自分の死後恨まれることはないと考える人が多いと思われます。生き物は殺されて死んでも生命は生きていますから、殺されて餌になった生命が集団になって人間の体に攻撃されたら、人は病気になったり殺されることもあります。また、死んだ人の生命が死後の世界でいろんな生き物の姿になって生きているものもいます。

地上に生存している時は小さな生き物でも、死後は人間の生命と大きさも形も皆同じの、小さな丸い球体ですから、全ての生命は平等に創られています。ですからどんな小さな生き物であっても無駄に殺してはいけないのです。どんな生き物でも、早く殺されて餌になることを望んで生まれて生きているものはありません。幸せを求めて一日でも長く生きて自然死を望んで生きています。

部屋と布団の中を一通り助けて、私は布団の中へ入りました。今度は私の体にヘビやムカデの姿の生命体の反応も全然感じませんでした。幸せを求めて集まっておられた沢山の生命体は、根源の光を受けて喜んで幸せに天国へ行かれて、布団の中はすっきりして朝までよく眠ることができました。このように、人間が長い年月をかけて犠牲にした様々な生き物の生命も、平等に差別しないようにお助けすると人間も幸せになれるのです。

その家に後でまた泊めて頂いた時に、私が休んでいる時、お祖母さんの幽霊が、外の戸も中の戸も通って私の部屋にスーと入って来られました。お祖母さんの姿は、生きている人間の時の仕事着の姿で、お祖母さんの幽霊は腰を曲げて両手の平を合わせ擦りながら「寒い寒い寒い、私もお助けしてくださいよ」と言って、助けを求めて私の寝ている部屋に入って来られました。お祖母さんの生命体が助かって、今まで冷たかった敷布団も急に暖かくなりました。お祖母さんは亡くなられてから毎日寒い地獄で苦しんでおられたのです。私の側までこれる方は幸せですが、来たくても恨みの生命体に邪魔立てされてこさせて頂けない先祖の生命体が多いのです。

ある日、また、この家で信じられない体験をしました。夫人の治療が終わって私が帰ろうと思った時に、急に家の二階で大きな木の臼が上の方から床に落ちたような大きな音がドカンとして、その真下の一階のガラス戸が何枚もビリビリビリビリと大きな音を出して動きました。私はびっくりして、夫人に聞いてみると、二年ほど前から一ヵ月に三回ほどこんな大きな音がするようになったと仰いました。私も今まで生命体の業を何十回も体験しましたが、こんな大きな音を出した現象は初めての体験でした。実際に体験されないと絶対信じられません。それから私は二階に上がって見ても、上から下に物が落ちたり倒れた気配がなかったので、根源の光で調べると、大きな太い龍がいましたのですぐにその場でお助けしました。その後は一度も音はしなくなりました。生命体がエネルギーで大きな龍の姿を作って、その物体を上の方から床に当てることで、大きな音を出して、戸がガタガタと動いたのです。しかし龍の物体はエネルギーで作られていますから人には見えません。そのため現代の生命科学でもこのような生命体の業は解明できません。このように私が実際に体験させて頂いたことを、今認められなくても、正確に書き残しておくと後で参考になると思います。

前世の因果関係のガン細胞の生命に攻め殺された博士

私の所に来られた科学者の方で、九州から兵庫県まで来られて家を建て毎日幸せに生活をされていました。科学者として一つの大きな研究を完成され、さあ今からといった矢先にガンが発生して、博士は医師から見放されて、私の所に来られ、最初に根源の光を体に与えると、肝臓に刀が突き刺さるような痛みがする、と仰いました。博士の前世は武士で、織田信長に仕えていた集団のリーダーでした。自分が前世で戦った戦場の真中に、自分が前世で殺した武士の生命体が攻め殺すために導かれて攻め殺される運命になりました。前世で切り殺された武士の生命体が、博士が亡くなる前に自宅で目を閉じると、前世で自分が戦場で戦っている様子がはっきり見えて、自分に殺された武士の目の下が沢山見えたり、首や体を切られて血まみれになって死んでいく武士の姿が見える、と仰いました。博士の前身に戦場で殺された姿を、博士を殺す前に見せて、博士は攻め殺されて死んでいかれました。

こんな状態でガンで苦しまれて亡くなられると、死後も多くの武士の生命体にいじめられて苦しまれることになります。博士が前世で殺した武士の生命体を、死ぬまでに助けることができたら死後は幸せになれます。しかし、私が博士をお助けできなかった理由は、武士の生命体のリーダーが殺すことを決めておられたからで、遅すぎました。お助けできる人と、できない人がおられます。生命体が総攻撃を始めますと助けることは難しくなります。ガンになる方は前世は武士の方が多く、ガン細胞の生命は本人を殺すためにガン細胞を発生させますので、死後幸せになることは至難の業です。

生命の根源の光で救われた私の母

私の母も含め、人間はたとえば九十七歳まで生きて死んでも寿命で死ぬことができません。私の母が死ぬと言われた時に体験させて頂いた実話です。

私の母は八十四歳の時、医師から助からないと言われ見放されて、どこが悪いということもない状態になって、御飯も段々と食べられなくなりました。母の顔は死相に変わり、誰が見ても寿命だという老衰状態になっていました。母が死ぬ前に一目見ておきたいと見舞ってくださる村人も何人かおられました。私の母を一目見られたら誰でも「このおばあちゃんはこれ以上長生きできない。あと何日生きられるか」と思われるようでした。

私は母を助けに行って、母が寝ている場所を調べてみると、畳の中と床下に数多い生命体が集まっておられましたので、生命の根源の光を与えてお助けしました。私の母は田舎の生まれで素朴な生活をしていた人で、今世で人様から許して頂けないほど恨まれて亡くなるような方ではなかったと思います。大変義理人情のある人でした。しかし、前世の因果関係の生命体に殺されて死ぬことになっても不思議ではありません。前世で恨まれていない人間は世界で一人もおられませんから、世界の殆どの人々は自分の前世の因果関係の生命体に殺されて、死んでからいじめられて苦しんでおられることが、五十ヵ国を調べさせて頂いてわかりました。

人間は老衰で八十四歳まで生きて亡くなられますと、寿命だ、大往生されて天国に行かれたと仰います。しかし私の母の寝室の生命体を私が一回お助けしてから三日後に、二回目に行った時には、母は急に回復して元気になって、座ってテレビを見られるようになっていました。最初に行った日から三日で元気になりました。それから三回目は、また三日後に行った時には、母は全く病気など治ったかのように何でも食べられるようになって、皆から今日にも死ぬのではないかと思われた様子はどこかへ吹っ飛んでしまって、それから、九十五歳を越えて生きました。そして病気になる前よりも、もっと元気でいろんな仕事を自分から進んでしました。母が兄に仕事を作ってほしいと言うものですから、兄は薪割りをして母が手で運ぶと三日間かかる薪を作りました。が、母はその薪を一輪車で一日で運んでしまったので、兄は母の仕事を作るのに忙しいと言っていました。

人間の寿命は、決して八十四歳だからと言って寿命だと決めることはできません。薬ひとつ使わずして、医師にも見放され死にかけて死相になっていた私の母が、このように六日間の短期間に、寝室に集まっておられた生命体をお助けするだけですっかり治りました。私は母が亡くなるまで里へ帰りますと、幸せを求めて集まっておられる不幸な生命体をお助けします。また、仏壇に集まっておられる生命体もお助けし、母の寝室の生命体もお助けします。

生命の根源の光の浄めとは、恨みのある生命体もお助けして、その場所を浄めて、恨みのある不幸な生命体を幸せにしてあげて、その人の前世を綺麗にして病気も正しく治す方法です。お祓いする方法は本当の浄めにならず、自分の生命の未来を不幸にします。それから十三年元気に過ごしていましたが、足が悪くなって、入院してから二十日で亡くなりました。私がもっと早く母が入院する前に、母に関係ある生命体をお助けしてあげたら母は百歳まで生きられたと思います。が、亡くなってから助けて頂くことの方がもっと幸せですから、長生きできても、死後地獄で何千年も苦しまれるよりも、早く亡くなっても早く助けてもらって天国に行けることの方が最大の幸福です。今世でどんなにお金持ちで地位や名誉がある人や聖人の方でも、亡くなられてから何百年、何千年も苦しんでおられる方が沢山おられます。

私の母が死んで六ヵ月後に、私に助けを求め、現れて、死んでからの地獄を知らせる

私は今まで様々な先祖の生命体を根源の光でお助けして、幸せになられた先祖の生命体は美しい姿で家族にお礼に現れることがあります。苦しんでおられる先祖の生命体の中には幽霊になって、家族の方に姿を見せられることもあります。不幸な方は普段着の姿で現れて、顔も幸せそうではありませんし、痛い方、苦しい方、寒い方は「寒い、寒い、私も助けてください」と仰って夢に現れることと、幽霊になって現れることがあります。私の母も死後幸せにはなれなくて、私の兄に夢の状態で六ヵ月も姿を見せられたのですが、私が母の生命体をお助けするまで兄はそのことを私に一度も話しませんでした。母は自分が九十七年間、亡くなるまで信仰していた宗教では助からないことが死んで初めてわかったので、死後の地獄を兄に知らせるため、自分の姿を六ヵ月間兄に見せて教えたのです。が、兄がどうしてもわかってくれないことがわかり、母は諦めて、私に気を遣って、私が金沢に来る日を待って、最初の夜、ホテルで寝てすぐに私に助けを求めて姿を見せました。母の姿は髪の毛も乱れて仕事着のままで、寒い寒いと言って姿を見せましたので、母が亡くなってから幸せでないことが、姿を見た時にすぐにわかりました。早速実家に行き、調べてみると、母が嫁いだ家がまだあり、九十歳

までその家に一人で仕事をしながら暮らしていた、自分が長く寝ていた頭の下の方に母の生命体がおられました。母の前世の因果関係の生命体が沢山上の方におられて、その生命体から先にお助けしてから母の生命体もお助けしました。

その後、私は金沢のホテルに戻り、夜寝ようと目をつぶると、母が現われて、今度は美しい鼠色の真新しい着物姿で、綺麗な店のカウンターに腰掛けている姿を見せて、私の方を見て「あなたもたまには遊びにいらっしゃいよ」と仰いました。その姿は、私が生まれて初めて見る美しい着物姿の母で幸せそのものでした。まるでカラーテレビで見るように、生きている時よりも美しく、死んでから生命の根源の光を受けて、母の姿は生きていた時に見たことのない顔も姿も美しい別人に見えました。長さ四メートル、横幅六十センチ、厚さ十センチの白木のカウンターに、母は真ん中に座り、その右と左の一メートルほど離れた所に八十歳くらいの亡くなっておられる男の方二人座っておられて、二人の男の方は母に気を遣って、母から離れて座っておられたように見えて、三人とも私を見ておられました。母の死後六ヵ月も私は実家に行っていなかったので、母の言葉が確かに当てはまっていました。「たまには遊びにいらっしゃいよ」の言葉で、久しぶりに私が実家に立ち寄り助けに行った時に、母も寂しくて顔を見せに来てほしかったのです。今、母は幸せになって自由にどこにでも行けて寂しくはないと思います。亡くなられた方で、幸せになれずに墓の下におられたり、自分の家のどこかで毎日苦しまれる先祖の生命体は、地下の何百メートル下で苦しくて動けません。ですから、亡くなられた方の思いが幽霊の姿になって出て来て、話をしたり行動できる先祖の生命体はまだ幸せな方です。

私の母は八十四歳で医師から助からないとまで言われる状態になりましたが、根源の素晴らしい光で私が助けてあげてから九十七歳まで生きることができました。それまで体が悪くなった時もありましたが、根源の光で助けてあげて、死んでからもまた助けてもらって、今では前世の恨みのある生命体も助けてもらって、天国に上げて頂いて最高に幸せな人だと思います。偉大な生命の根源の光に感謝しなければなりません。お金、財産、物では得られない、千年、二千年かかっても人間の力では救えない尊いことを、私はさせて頂いたことを心から生命の根源に感謝しています。母も私を世に出したことを心から喜び、死んで初めて偉大な根源の光のことを夢のように思い感謝しておられると思います。今から先は家に戻ると、まだ助かっていない生命体がおられたら捕まることもありますので、戻らないようにしてほしいと思っています。

ガンで亡くなられて何十年も苦しむ、母の実家のお祖母さんの生命体

私はこれが最後と思って、母の実家の墓におられた生命体をお助けしてから、私の実家に帰って、午後七時に私の実家の四枚の大きな板戸が誰も触りもしないのに、風もないし地震でないのにガタガタガタガタと動き出しました。この現象を、私の実家に来ておられた七人の方が一緒に見て、戸が動く、戸が動くと言いながら見ていました。戸の動きは一回ではなくずっと動いて止まりませんでした。

私の母の実家のお祖母さんは九十歳ほどの長生きでしたが、ガンで苦しんで亡くなっておられました。その生命体をある夫人から呼び出すと、夫人に乗り移り、亡くなる時のお祖母さんの苦しみと同じ状態で苦しまれました。私の母の実家のお祖母さんが苦しんで亡くなられたことを、その夫人も私も全く知りませんでした。お祖母さんは亡くなって何十年も今まで、死ぬ時と同じ状態で苦しんでおられました。ところがお祖母さんの生命体と話している途中で、お祖母さんの生命体と入れ替わって、恨んでおられる数多い生命体のリーダーが大変怒った状態で出てこられて、「このお祖母さんの生命体よりも自分らを先に助けなさい。自分らが先に助からなくては、このお祖母さんの生命体が絶対に救われない」と怒って仰いました。私はすぐに謝って、「今からすぐに皆さんを先にお助けします」

と約束して、すぐにお助けしました。母の実家から私と一緒に沢山の生命体が私の実家に来られたのは、私がもう助けに来てくれないことを感知して、気持ちが変わって助けてほしくなったのです。私も今回で最後だと思って、母の実家の先祖の生命体を助けに行きました。私の母の実家のお祖母さんの前世の因果関係の生命体が、今助けて頂かないと二度とチャンスはないと思って、私の後から付いてこられた集団の生命体が根源の光を受けて全て救われた時に、今まで動いて止まらなかった大きな四枚の板戸がピシャッと止まって、それからその戸は動かなくなりました。この現象を初めから見ておられた七人の方は目の前で体験されて、人間は死んでも生命は生きて前世の恨みのある沢山の生命体にいじめられて苦しむことがわかった、と仰いました。そして自分の前世を綺麗にしないと今世でどんな良いことをしても、死んで幸せになれないことが初めてわかったようでした。

母の実家のお祖母さんは、自分の前世の因果関係の生命体に攻め殺されて、死んでから何十年も苦しんでおられました。これは人ごとではありません。今世どんな聖人でありましても、自分の前世からの因果関係の生命体と死ぬまでに和解できないと、百歳まで生きられた方でも、亡くなってから幸せになれない方が大方です。今世で長生きさせて頂いただけです。私の体験は実話ですから信じて読まれないと自分を救うことは死んでからもできません。今苦しくても辛くても、一日でも人間として生きられることの方がまだ幸せであることを忘れないで、一日生きられることを感謝されて幸せを思って時間を大事に生きて、死ぬまでと死んでから少しでも幸せになれる生き方をされてください。

私たちの先祖の生命体が必死に助けを求めて叫んでいることを知ることが大事です。人間は必ず死にますから、死後の地獄が見えないから信じられないと思っていることではありません。今までの人間の想像の世界と現実は肝心なことが違っていることがあります。皆自分自身の生命の未来を幸せにするために了解して頂くことが大事です。

母に何度も助けを求めて出てきた息子の幽霊

「自殺した自分の息子の生命体を助けて」とある夫人に頼まれました。話を聞いてみると、「自分の息子が池に飛び込んで自殺し、その後息子の生命体の供養は、毎日心を込めてお題目を上げても、水に濡れた姿で寒い寒いと言って震えながら何度も夢に出てきますので、息子は成仏できずに池の底で寒くて毎日苦しんでいるのではなかろうか」と夫人は涙を流して私に仰いました。私は、本当に息子の生命体が池の下で苦しんでいるのか幸せなのか、調べてみると、やはり息子の生命体は自殺された池の底の下の方で苦しんでいることがわかりました。

その後、その息子の母と親戚の人も加え、五人でその池へ行きました。息子は生まれた時から体が不自由な状態でしたので、母が毎日悩んでいる時に、大きな宗教集団の方から、「先祖の生命体も成仏できるし、死んだ息子の生命体も救われます」と言われて入会されました。この世で別に悪い事をしたわけでもなく、まだ幼い不自由な体の運命で生まれた息子を、ある時に母は施設に預けられました。施設の近くの少し上の山の中に池があり、そこまで真夜中に施設から坂道を、歩けない不自由な体の息子が池まで死ぬために必死で這いながらやっとの思いで行きました。不自由な体の自分がいつまでも生きていると母にずっと迷惑をかけると考えて、息子なりに母の今から先の幸せを思って、自分が死ぬことで、今まで迷惑をかけた母を幸せにしてあげたい一心で、そのことだけを考えて池に飛び込んで自殺をしました。その時の息子の心は、自分の幸せよりも母の今からの幸せを考えて死んでいく思いはどんなに寂しく、誰にも話せない辛い気持ちで、山の池の水は震えるほど冷たく、その池の中に飛び込んで死んだのです。私もその事を聞いて涙が出ました。

それだけに母の悲しみと辛さは、人に話せないほどで言葉に出ない思いがありました。「何としてもこの息子の生命体だけは助けて幸せにしてあげねばならない。でなくてはこの子は今世であまりにも可哀相です。神も仏も助けてくださらないのでしょうか」と大きな声で泣き崩れながら仰いました。この母の涙こそ母がどんなことをしても我が子を救いたいと思う、何者にも負けない母の強い愛でした。私は池の辺りで、ある人から息子の生命体を呼び出してみると、息子の生命体は出てこられて、ワンワンと大きな声で泣きながら「お母さん悪かった、お母さん悪かった」と泣き崩れ、その声は山々に響き、一層大きな声となり、周辺の村里の人々に聞こえるほど大きな声でした。雨の降る日でしたが、雨の中でワンワンとお母さんにすがりついて泣き崩れる我が子を両手で強く抱き締める母と子の心はやっと幸せに一つになって喜び合えたのです。

この姿を側で見られて、今までは信じることのできなかった親類の方も胸一杯になられて、流れる涙はだれも止めることのできない皆の喜びの涙でした。このように今まで苦しんできた息子の生命体が、やっと母に会えた喜びと幸せの姿を現実に目前で見られた他の方も、人ごとではない自分のことのように胸一杯になって、涙が止まらない状態でした。そこで私は根源の光で、池の何百メートル下で苦しんでいる息子の生命体を救い上げることにしました。池の底で息子の前世の因果関係の生命体は、息子の生命体を下の方に封じ込めておられますから、その生命体を先にお助けすることが正しい方法です。

因果関係の生命体がまだ助けてほしくない気持ちであれば、早くお助けすることはできません。生命体同士が喧嘩してお互いに今からも苦しむことは楽ではない、本当に幸せになれて天国に行けるのであれば、今助けて頂いて早く幸せになることの方がよいと、心が早く変わりましたので、上の方におられる因果関係の生命体を先にお助けして、何百メートル下で苦しんでいる子供の生命体を救い上げることができました。

他の方法ですと、上の方におられる恨みの生命体をお祓いして子供の生命体を救い上げる場合が多いのです。このようなことができたとしても、お祓いされた生命体は時機を見て、早いか遅いか、生きている家族に襲ってくることもあります。またお助けした子供の生命体も後ですぐに捕まっていじめられる結果になり、せっかく助けて頂いて幸せになれた子供の生命体の幸せが束の間になります。この息子の生命体を幸福にするには、息子の前世の因果関係の数多い生命体を先に全てお助けしておかないと、後で捕まることになります。我が子を思う母の愛の涙と、母を思う子の涙はだれも止めることはできません。

赤穂浪士と吉良上野介同士の生命体をお助けした翌月に両家の和解ができた

東京都港区高輪の泉岳寺にある浅野長矩と赤穂浪士四十七士の墓の生命体を調べに、Aさんと一緒に行きました。一番奥の墓から一つずつ調べてみると、三十人の浪士の墓に生命体がおられましたが、他の十七人の浪士の墓に生命体はおられませんでした。浅野長矩方の墓にも生命体はおられましたので、日を改めてお助けさせて頂くことにしました。その後私はAさんに、今から吉良上野介方と同士の墓を調べさせて頂くと言いました。Aさんは以前から良く思われていない人の生命体をお助けしてあげるのですかと仰いましたので、私は両方の生命体をお助けさせて頂くことが、生命の根源から全てを平等に救ってほしいと頼まれたことを全うすることが使命で、どんな人間でも悪い生命体でも過ぎ去った事は全てを許して幸せにしてあげることが、人間の世界と死後の地獄を少なくする方法です、と言いました。

その後、東京にお住まいのBさんが泉岳寺まで私を迎えに来られましたので、吉良家の墓がどこにありますかと尋ねますと、Bさんの家の近くに功運寺があるということで車で案内して頂きました。赤穂浪士の墓には線香とろうそくが朝から夕暮れまで絶えることなく数多い人々がお参りされていますが、功運寺の吉良上野介義央と同士の墓にその時はお参りされる人の姿は一人もなく、線香も蝋燭も灯されていませんでした。浅野長矩と赤穂浪士、吉良家の生命体の両方ともお助けさせて頂くことが大事で、不公平にすると両方を救うことはできません。善悪の生命体も全て初めは生命の根源で誕生した兄弟ですから。吉良上野介同士の墓にお参りさせて頂いた時に私の目から涙が出ました。これは、吉良家の生命体も不公平なく助けに来てくれたという喜びの涙でした。それから墓を一つずつ調べてみると、どの墓にも幸せになれなかった方々の生命体が沢山おられましたので、日を改めてお助けさせて頂くことにしました。理由は吉良上野介と同士の生命体と、因果関係の生命体も一緒にお助けしますので、助けてみないと何日掛かるかわからないからです。それから近くにあるBさんの家に行き、部屋に入ると、Bさんの夫人の妹さんが急にお腹が痛くなって、調べてみると、吉良上野介と同士の墓におられる生命体が早く助けを求められて、お腹を痛くされて知らせたことがすぐにわかりました。日を改めてお助けさせて頂くことを約束すると、すぐに妹さんのお腹の痛みが治りました。お腹を痛くされたのは、吉良家の墓で助けを求められる生命体の方々が自分たちを助けてくれないのかと勘違いされたのです。それと早く助けてほしかったのです。それほど今まで苦しんで来られたのです。

翌月、東京のある方と一緒に泉岳寺にある浅野長矩と赤穂浪士の墓の生命体をお助けに朝八時に泉岳寺の近くまで行くと急に大きな風が吹き出して、一日墓の生命体を助け終わるまで風は吹いていました。四十七士の墓の一番奥の方からお助けしました。特に堀部安兵衛と赤垣源蔵の墓には一番数多く苦しまれる生命体がおられて、お助けするのに時間がかかりました。二回目の時も十七名の墓には生命体はおられませんでした。十七名の生命体は泉岳寺の墓地以外の場所におられます。最後に墓地の入り口にある墓の生命体をお助けする時に今まで午前八時から吹いていた大きな風が急に吹かなくなって、最後の墓を浄め終わった時、大きな風が急にざわざわと吹いてすぐに止みました。これは、助かった三十人の浪士の生命体が風を吹かせて、私に感謝の気持ちを伝えられたのです。朝から私と一緒におられた方がこの風の現象を私と体験されて、不思議なものですね、自分で体験しないと絶対に信じられませんね、と仰いました。それから浅野長矩方の墓の生命体をお浄めさせて頂きました。

その後、日を改めて同じ月に功運寺の吉良上野介義央と同士の墓におられる生命体をお助けに行きました。墓地全体の生命体の皆が和解されて、墓地の中央に集まって根源の光を待っておられましたので、思っていたよりも早くお助けすることができました。何百年も救われなかった生命体でも和解できると早くお助けすることができます。もし吉良上野介同士の因果関係の生命体の方々が和解する気持ちになっていなければ、全てお助けするのに何十日もかかったと思います。墓におられた生命体の方々はどなたも助けに来てくれることを感謝して待ち兼ねておられましたので、お助けしている時に二回目の時も、私の両方の目から喜びの涙が流れました。

私は吉良上野介同士の生命体を助けさせて頂いてよかったと思いました。墓地で毎日苦しんでいても、自分たちは絶対に助けて頂けないと諦めておられた方ほど、喜びが大きいので気持ちを抑えきれず泣かれます。私が喜んで泣いているのではありません。お助けするか、お助けしないか私の心で決めて、何日もボランティアで前世からの因果関係の何千兆の生命体をお助けさせて頂くのですから、不公平なく皆をお助けしてあげたい愛がないと救えません。生命の根源の光で救わせて頂くので、私自身の光でお助けできるのではありません。

赤穂浪士と吉良上野介同士の生命体を差別せず、お助けさせて頂いて幸せにして上げることが一番正しい方法で、片方だけを幸せにすることは両方を絶対に幸せにできません。私が両方の墓におられた武士の生命体をお助けさせて頂いた翌月に、あるテレビの番組で大石家と吉良家が今まで何百年も和解できなかったが両家の和解が初めてできた、と放映されました。私が大石側と吉良側の両方の生命体をお助けしたことを知っておられた方が何人もテレビを見た、と私に電話で教えてくださいました。両方の生命体をお助けさせて頂いて幸せにすることで、人間も生命体も救われて和解ができて、人間の世界も生命体の世界も仲良くできるようになります。生命体は人の心を善悪に操ることもできますから、両方を幸せにしてあげることが一番正しい方法です。

東京都大手町にある平将門の首塚の生命体をお助けする

平成十三年三月二十五日に東京都大手町にある、平安中期の武将の首塚、平将門の生命体と因果関係の生命体をお助けに行きました。首塚に生存しておられた生命体は八百年以上も苦しみ、幸せになれなかったのです。今まで長い年月だれも救うことができなかった将門の生命体をお助けすることは、生命の根源の光でなければできません。今日まで何回か都庁が将門の首塚を移動することに決めると、都庁の関係者の方々にいろいろな悪い事が起こって首塚を移動できなかったのです。私が根源の光でお助けしましたから、今後は首塚を移動されても都庁の関係者が祟りを受ける心配は要りません。

将門の首塚に生存しておられた将門の因果関係の何十兆の生命体をお助けしました。塚の前の左側の花立ての何百メートル下の方に将門の生命体は封じ込められて、八百年以上経っても苦しんでおられました。私がお助けさせて頂いたので、将門の首塚におられた生命体が幸せになられて天国に行かれるまで、七時間かかりました。朝から全ての生命体を助け終わるまで今にも雨が降りそうでしたので、私はいつ雨が降ってもいいようにして全ての生命体が救われるまで、七時間食事も取らずトイレも行きませんでした。助け終わって入口の右側の椅子に腰掛けると急に大きな雨がザーッと降り出しました。これは、将門の生命体が、私が休まずに助けている様子を見ておられて、生命体を私が全て助け終わる間際まで雨が降らないようにして頂いたと思います。お陰様で、雨で濡れずに浄めることができて有り難く思いました。

毎日将門の首塚にお参りされる人々がおられますが、今からお願い事は叶えられませんよ。首塚におられた将門の生命体は天国に行かれたからです。どこのお参りされる場所でも数多くの力の強い生命体がおられないと願い事は叶えられないものです。今まで人は姿形にこだわって、その物、場所にどんな生命体がおられるのか肝心なことを正しく知らずにお参りしておられます。どんな神仏の生命体が祀られてありましても神仏の像に生命体がおられない場所にお参りされても御利益はありません。人々は見えないために目に見えるものしか信じておられません。肝心な生命体の生存行動を知らずにお参りされておられます。しかし将門の生命体が天国に行かれても、将門の首塚にお参りしておられると、後で将門の首塚に他の生命体が住みつかれた場合には、首塚を移動される時に、他の生命体が将門の首塚に生存しているかいないか正しく調べることが大事です。

山口県で家と旅館を動かして助けを求めた源平の武士の生命体を救う

山口県のある娘さんに実家の先祖の生命体をお助けしてほしいと頼まれて行きました。駅まで娘さんの父が車で迎えに来ておられ、一緒にその村まで行く途中、私が車の中で「この辺は何百年も前に武士の戦いがあったのではないか」と感じたので、ご主人に聞いてみると、ご主人は「よくそのことがわかりましたね。この辺全体は源氏と平氏の戦いのあった場所ですよ。自分の家の山の中腹に源氏の城跡があります」と仰って、私は「やはりそうですか」と答えました。他の県で墓や家の浄めを頼まれた方の家に行きますと、そこは源平の戦場であった所がよくありますので、戦いで亡くなられた武士の生命体もお助けさせて頂いています。ご主人の家に着いた時、家の横に山があり、山の中腹に八百年以上前の源氏の城跡が本当にありました。

家の中に入ってお茶を頂きながらご主人の話を聞いてみると、子供が三人生まれて、長男は源氏の城のあった山の裾で自殺し、一番下の子はバイクの事故で亡くなり、現在は二番目の女の子だけが生きています。その子が今回先祖の生命体をお助けしてほしいと私に頼まれたのです。それから、夫妻と先祖の生命体をお助けに墓に行って、八時間かかってお助けしました。その後二日目は、自殺された長男の生命体を助けに現場に行って調べると、長男の生命体はいなかったので家に戻り、長男がいつも使っておられた部屋を調べてみると、寝ておられた頭の何百メートル下に武士の生命体に封じ込められて長男の生命体は苦しんでおられました。上の方におられる前世の因果関係の生命体を先に順番にお助けして、下の方におられる長男の生命体もお助けするのに九時間かかりました。その後、家から車で十五分ほど行った所にあるホテルで泊まってほしいということで、そこまでご主人が車で送ってくださいました。ホテルで二泊目に大変な事が起こりました。私が寝ている午前一時にコンクリートの三階建てのホテルが急に震度五くらいの地震のように動いたのです。地震だと思って目を覚ましてすぐ起きると、まだ揺れていました。私の部屋と建物全体に数多くの源平の武士の生命体が、私が帰る日であることを知って急いで助けを求めて建物を動かして必死に知らせたことを、今までの体験から悟りました。建物と部屋全体に生命体が助けを求めて集まっておられたので、一時間お助けすると、武士の生命体は幸せになられて天国に行かれました。建物の揺れも収まり、それから午前六時三十分まで寝かせて頂きました。

それから朝食を終えると、午前八時にご主人が迎えにこられて、すぐに私に自分の家が動いた話をされて、「朝の一時に寝ている時に、山の中腹の源氏の城跡からゴーッと大きな音が家まで近づいて来ましたので、私たちはその大きな音で目が覚めてびっくりして起きました。その後家が大きく動きました。地震なら必ず余震が来るのですがありませんでした。山口県は今までこんな大きな地震は一回もありません。テレビもラジオも地震の報道をしないし、村の人に聞いてもどこの家も動いていないと仰います。うちの家と先生の泊まられたホテルを源平の武士の生命体が動かして、最後の日の午前一時に、先生が帰られるまでに全てを助けてほしくて必死で自分の家とホテルを動かして知らせたのです」とご主人も仰いました。私はその日にできるだけ生命体をお助けさせて頂いて、ご主人も夫人も、私が帰る午後五時まで家が地震のように大きく動いた同じ話を何回もされて、こんな事は体験しないと絶対に信じられない、と仰いました。私は生命体が助けを求めて家を動かしたことは何十回も体験していますので驚きませんが、初めて体験された方はびっくりされます。こんな出来事もあって、それからご主人にＪＲの新幹線の駅まで送って頂いて帰りました。

私が体験させてもらった事を信じてもらえなくても、生命体がエネルギーの業でこんな事も出来る事が後で生命科学でわかる時代が来た時に、生命体をお助けする時に参考になります。初めは信じる人が少なくても、体験、研究、解明、発見できたことを正確に書き残しておくことが大事なことです。人間は生命の生存行動が見えないから、体験、体感されないと信じられない事でも本当のことは、そのまま書いておくことが大事です。真実を信じるか信じないかはどなたも自分で決めることですから、信じられる方は新しい進歩です。真実がわかれば、今までの間違っている事、正しい事が見えて区別できます。本当の事がわからないと間違っている事を信じている方もあります。正しい事を早く理解できる人は迷わなくなって、自分を早く幸せにできる生き方ができて、無駄な事にお金を使わずに済みます。本当のことがわからない人は、自分の貴重な財産、お金、時間を使って、家族と先祖の生命体も幸せにできると、信じておられる方も沢山おられます。

長崎県の佐世保の西海橋で自殺された方の生命体をお助けする

平成十三年十一月八日に、長崎のＡさんがテレビで見られた番組で佐世保の西海橋の取材現場で、上の道から下の海に行く道の途中まで行った時、霊能者に恐い霊が沢山見えて、恐ろしいと仰って、テレビの取材の途中でスタッフの上の方へ逃げて、夜の取材はできなくなり、翌日の昼にもう一回取材することになりました。恐ろしくなった現場に行かれた時、また霊能者が恐くなり、取材のスタッフの上の方へ逃げられたそうです。怖くなって逃げた霊能者に見えた霊体は全体の一部に過ぎない数です。助ける力のない方は恐くて逃げます。

ちょうどその頃、私は被爆死された生命体をお助けするために長崎市内へ行きました。その時にＡさんがテレビの話を私にされた時に、Ａさんの目から涙が流れましたので、西海橋の多くの生命体が私に助けを求めて泣いておられることが感知できました。涙を流された生命体に聞いてみると、やはり西海橋の海で自殺された方の生命体と、前世の因果関係の生命体が助けを求めておられることがわかりました。そこで、十五日の朝からＡさんの車で送って頂くことにしました。

私はその日は長崎市内で被爆死された方の生命体をお助けすることにしていましたが、被爆死された方の生命体は今まで何十年もお助けさせて頂いていますので、日を改めてお助けさせて頂くことにして、先に西海橋の生命体をお助けすることにしました。二人で午前八時に長崎市内を車で出発して、約一時間半で西海橋に着きました。私は道の海側の際の上の方から根源の光で調べてみると、海の底から上の道路までの山の斜面全体と、海の下の方にも助けを求めて苦しんでおられる生命体を上の方から助け始めると、海の底から必死に上の方に先に上がって来られた数多くの生命体が私の足にチクチクと早く助けてくださいと催促されました。そんな生命体を先にお助けしていると、海から上の道までの全体に小さなアリ程の大きさの生命体が重なって、少しの隙間もない状態で何十メートルも上の方に生命の根源の光に幸せを求めて上がって来られる姿が、私は肉眼ではっきり見えました。この状態は見えた人でないと絶対に信じられません。

初めに海から上の道の間際まで山の斜面全体に見えた生命体を助け終わると、また海から数多くの生命体が、山の斜面全体に這いながら、どの生命体も必死に幸せを求めて急いで上がって来られる一人一人の姿がまた肉眼で見えました。その方々を助け終わると、私の目から涙が流れて止まらなくなりました。この涙は多くの生命体の喜びの涙で、自殺者の生命体が、私がボランティアで助けに来てくれたことを感謝されたのです。沢山の不幸な生命体をお助けさせて頂く時は気持ちの良いもので、因果関係の生命体も助けを待っておられましたので、思ったよりも早く、二時間で海から助けを求めて上がって来られた生命体をお助けできました。それからテレビの取材の途中で霊能者が怖くて逃げた現場に行って、上の方から全体の生命体を助けながら下の方へ下りて、海の底の生命体もお助けさせて頂いて、今度は下の方から上の方の生命体もお助けさせて頂きました。

平成十三年十一月十三日に西海橋の生命体は生命の根源の光を受けて、殆ど救われて天国に行かれましたから、もう怖い場所ではありません。上と下の方とで四時間で助け終わってから、二十年以上近くで店をしておられる方に聞いてみると、三十年間程で三百人以上が身を投げて亡くなり、多い時には一晩で十四人も橋から飛び降りて自殺された日もありましたと仰いました。

自殺は絶対にしてはいけません。本当は自分の気持ちで自殺は絶対にできません。すなわち前世からの恨みのある生命体の業に嵌められて自殺するように心を仕向けられて自殺される人が多いのです。死ぬことで今の苦しみが消えて幸せになれると思われても、死んでからの方がもっと苦しみが続くことを知ってください。

自殺の現場には、人を自殺に追い詰めて殺した前世からの因果関係の生命体が必ず数多くおられてアリの巣のようになっています。私は四十二年以上、世界の自殺の現場を調べさせて頂きました。自殺された人の生命体は、殆どの方は死んだ場所に封じ込められて苦しんでおられることがわかりました。自殺をされてからすぐに遺体を家に連れて来られた方は、屋敷か墓で苦しんでおられる方もおられます。今世でどんな善人でも自殺された人は死後は苦しまれることになります。早く自分に恨みのある生命体に謝って許してもらって和解して頂けたら自殺しなくて済みます。

どんな人でも前世から恨まれることをしていない人も生命体もいません。自分を恨まれる生命体が許してくださるまで償いと謝ることが大事です。人間は生まれて死んでからも毎日謝ることと感謝と償いを続けなければ幸せになれない程に恨まれて生まれて来て、恨まれて生きて、殺されて死んでからも苦しむことを知らずに毎日生きています。嘘だと思われる前に自分のために真実を知ることの方が大事です。

タイの国で死んだ元夫の生命体が、離婚した日本の元妻の耳を聞こえなくさせ、助けを求める

生命体の中には、外国にいても、日本にいる人を見たり聞いたりできる生命体も沢山います。

私は東京のAさんの先祖の生命体をお助けに墓に行きました。Aさんの前のご主人は、昔東京で商売をされたものの、運悪く失敗なされてタイの国へ行きました。タイの女性と結婚なされて、子供ができて、タイで生活されて亡くなられました。東京におられるAさんはそんな訳で離婚し、その後東京で過ごされていました。私がAさんの先祖の墓を調べてみると、墓に先祖の生命体と、前世の因果関係の生命体が沢山おられて七時間ほどお助けした時、急にAさんが、左耳が聞こえなくなったと仰いました。私はAさんに「あなたの先祖で耳の聞こえない方が死んでおられませんか」と聞いてみると、Aさんは「そんな先祖はいません」と仰いました。しかし、しばらくして思い出したように「私が離婚した前の主人は左耳が聞こえませんでした」と仰いました。「別れた主人は外国で再婚し、今は亡くなって、タイの墓に埋葬されています。が、別れた主人なので今まで墓参りに行ったことは一回もありません」と仰いました。私はAさんに、「別れたご主人が亡くなられて、タイの自分の墓の何百メートル下で苦しんでおられ、生命の根源の光でないと救われないことを知って、助けてほしく

て、あなたの左耳を聞こえなくしています。自分を思い出してもらうように、前のご主人の生命体が、東京の墓で今先祖の生命体を根源の光でお助けしている私とあなたの様子を見たり聞いたりしておられます。こんなチャンスを逃したら二度と助けて頂けないと思って、あなたの左耳を急に聞こえなくすれば、外国で死んだ自分の事を思い出して、助けて頂けるかと必死で助けを求めておられます」と言いました。

三十分ほど夫人の左の耳は全然聞こえなくて、タイで亡くなられた前のご主人の生命体に、私が「今すぐにお助けしてあげると約束はできません。しかし、後で東京で離婚された奥様と話をさせて頂き、もしお助けしたいと仰ったらお助けさせて頂きますから、どうか左の耳を早く聞こえるようにして離れてください」と頼むと、すぐにAさんの左耳が聞こえるようになりました。何十年も前に離婚し、タイに行かれて亡くなられて、毎日我慢できないほど苦しいために助けを求められたのです。後でAさんに、離婚されたご主人の生命体をお助けされますかと聞きますと、日本であれば助けてあげたいけれど、離婚した主人ですからタイまで行ってお助けすることができない、と仰いましたので、お助けしてあげることはできませんでした。

地球のどこで死んでも、遠い所から見ることも聞くこともできる生命体は、助けを求めて待っておられますので、私は今からも一人でも多くの世界の戦没者も含む不幸な生命体をお助けさせて頂きたいと思っています。世界の生命体は数多く根源の光を受けると差別なく救われることをよく知っておられますのでこんな事が現実に急に起こることもあります。

自分の遺体を解剖された方の墓を調べる

医科大学で解剖のために提供された遺体は、冷凍室で保管されます。そして、解剖する時にそこから出されるのです。解剖が何回も行われた後、遺体は火葬され、他の遺体と同じ墓地に埋葬されて、一つの墓に何十人のお骨が埋葬されている場合もあります。ですから、一つの墓石に埋葬された方の氏名が刻まれています。

自分の遺体を解剖された方の生命体は、死後の世界でどこにおられるのか、幸せになっておられるのか、苦しんでおられるのか、墓に行って調べさせて頂きました。私が思っていたことは間違っていませんでした。墓に前世の因果関係の生命体が何十兆とおられて、解剖を受けられた方の生命体は墓の何百メートル地下で苦しんでおられました。

私たち人間は今世で良いことをされても、自分の前世の因果関係の生命体と、自分が死ぬまでに和解するか、お助けしないと、死後幸せに天国に行くことは、至難の業です。しかし自分の遺体を解剖に提供してくださる方に感謝しなければなりません。医学に協力してくださる方のお陰で医学のために役立っています。しかし、自分の遺体を提供されて解剖して頂いても自分の生命を幸せにすることは至難の業です。

火葬場で働く方から聞いた話ですが、事故で亡くなられた方の死体を火葬する際、死体の手足が動くそうです。しかし、病気で亡くなられた方の遺体を火葬する際は、遺体の手足は動かないということでした。また火葬の際、肩に誰かが乗ったように重くなると仰いました。火葬の際に、私に一回見せてくださいと頼みましたが、後で霊の事がわかると恐くなるからということで、断られました。

事故で急に亡くなられた方は、まだ生きたい気持ちがありますので、自分の遺体が火葬場で焼かれる時に、死んだ方の生命体が見ておられますので、自分の遺体を焼かれたくないと思う気持ちが自分の遺体の手足を動かすのです。病気で亡くなられた方は今以上に生きたくても生きれないことを知って諦めて死んでいくので、自分の遺体を焼かれても手足を動かしたりしません。

死後の地獄がわかった時に人間は恐怖を感じる

ノストラダムスによる、恐怖を感じる時代が来るという警告は、死後の世界が地獄になっている事だと思います。人間には死後の地獄が見えないため、戦争が止むことはありません。国と国、部族、宗教の対立と争いがあります。悪魔祓いは約一万一千年前から行われていますが、古い部族の祈祷は一万一千年以上前から行われてきたために、死後の世界が次第に魔の世界になって行き詰まっています。今の状態では今から死ぬ人も、死後の世界で幸せに生きることは難しいのが現実です。

何千年も前に亡くなられた先祖の生命体でも、幸せになれなくて毎日苦しんでいる方が沢山おられることを私が実証すれば、世界の人々がそれを真実だとわかった時、死ぬことが怖くなり、戦争も悪事もできなくなり、その時に悪が少なくなって幸せになれます。私は二〇一四年まで日本を含む五十一ヵ国を、生命の根源の光で調べて、解明できたことは、今生きている人間も、死んでからすぐに幸せに天国へ行くことは至難の業になります。その理由は、どんな人でも死ぬ前から、前世の因果関係の生命体がその人の周囲に数多く集まって、病気にして苦しめて殺すために、その人が寝ている場所に沢山集まって来て、その人が死んで生命が遺体から離れるとすぐに、周囲に集まっていた生命体に取り巻かれて、死んだ人の生命体は逃げることはできなくなります。また体の悪い所には必ず生命体がついていますから、殆どの人は病気になって、殺されて死んでからも周囲からエネルギーを受けて、私たちの先祖の生命体は、こんな状態で死後苦しんでおられるのが現実です。自分の五代前からの先祖の生命体が苦しんでおられるのに、自分だけが死んでから幸せに天国に行けることは不可能に近いことになります。これが真実かどうかを疑うよりも、本当かどうかを知ることが大事なことです。

人間の世界も死後の世界も、いじめられる時といじめられない時とがあります。いじめられない時は苦しくはありません。人間の体が特に痛い時は、恨みのある生命体の集団の強いエネルギーを受けている時です。しかし全て体の痛みが生命体の業と決めることはできません。死後の世界の地獄は、生命体の意識でエネルギーを強く送られると、受けた側はひどく痛くなります。また、エネルギーの使い方一つで、亡くなられてから先祖の生命体は暗くて寒い状態で苦しんでおられる方も多いのです。死ぬまでの苦しみは死んでからも延長します。生命体は死ぬことができないので毎日耐えるしかありません。

なぜ死んで体が消えても、人間として生きていた時の痛み、苦しみが続くのか。それは、生きている時の病気や苦しみは、自分を恨む生命のエネルギーを受けて病気が発生しているからです。人も死んでからも全て許すこと、許して頂くことも、仲良くすることも簡単に思えても年月がかかります。人間も絶対に許せないことほど早く許してあげないと自分も許して頂けないことになります。人間も絶対に許せないことほど早く許してあげると、自分の今までの苦しみがなくなって楽しくなります。

人は死んでから自分の生命を幸せにすることは生半可ではできませんが、自分で自身を救うしかあ家族は先祖の生命体を慰めてあげることはできても、お助けすることは至難の業でないと救われません。自分の先祖の生命体が救われる方法を、家族が教えてあげるしかありません。後は先祖の生命体が自分の事ですから、苦しくても実行されて幸せになって頂くしか救われる方法はありません。

自分の水子の生命体を救う方法は親の愛が一番大事

人間に生まれるために母の子宮の中で成長している水子が、毎日数多く中絶されています。生命は父母の体内に入って、精子と卵子を作って、卵管の中で受精して子宮に入り、必死でこの世に生まれようとしている水子を親が中絶することで、生まれることができなくなります。水子の生命は中絶されたことを恨み悲しみ苦しんでいます。人間は目に見えないものについて真剣に考える人が少ないように思われます。過ぎ去った自分に都合の悪い事は避けてしまうことがあります。水子の生命は、医師に対して、また中絶を頼まれた親に対し、社会に対しても何を言いたいのでしょうか。現代医学が進歩した時に、中絶された水子の生命が死後の世界で幸せを求めて生きていることを理解して頂きたいと思います。

中絶したことで物を片づけるように楽になって、「生まれていたら、今の世の中なら、一人前に育てるには大学卒業までお金もかかって大変だった」と思われる人もおられます。この世に生まれてくるはずであった水子の生命に対し、親らしい心で水子の生命が幸せになれる行為が大事です。一番に水子の生命の幸せのため、家族の幸せのため、水子の前世に恨みのある生命体にも謝って幸せを考えてあげることが大事です。

子供は十一歳くらいになれば水子の問題を正しく教えてあげることが必要です。早い場合、十三歳から水子を作る子供もいます。まだ子供だからといって水子を中絶すると、恨まれることになります。このことを知らずに、毎日沢山中絶が行なわれています。最近は女の子でもコンドームを携帯している子供もいます。私は、高校生の女の子が中絶した水子の生命体を何回もお助けしたことがあります。子供よりも大人が正しく学び、正しい行為をしなければなりません。中絶に関わる親も医師も、この世に生まれてこれないようにされた水子の生命に対し、本当に心から幸せを願って、謝って慰めてあげて許してもらうことが大事です。中絶された方は心から自分の水子の生命体に本当の親の愛を与え、幸せにしてあげなければなりません。水子の生命は本当の親の愛と反省を求めています。殆どの親は水子の生命体よりも、生まれた子供の方を大事に考えることが多いと思います。その様子を水子の生命体は、昼も夜も毎日家族の傍で見たり聞いたりしていますので、同じ兄弟であるのに自分よりも生まれている子を大事に可愛がっている親の不公平な行為を見て苛立っていることがあります。不公平のない親としての愛を与えてあげることが、水子の生命への一番大事な供養になり、水子の生命の恨みが少しずつ消えていきます。現実に、水子の恨みを受けて病気になっておられる親子を私は助けたことがあります。子供が親に反発したり、学校へ行かなくなったり、勉強しなくなったりして親を困らせているケースもあります。

中絶された大きな赤ちゃんを医師が床に寝かせておくと、泣きながら死んでいく場合もあると聞きました。また妊娠して月日が経った胎児ほど中絶される時に、婦人科の先生が子宮から大きくなった赤ちゃんの首、手足を切って取り出すこともあると仰いました。三、四ヵ月の胎児を医師が取り出す時に、胎児が逃げ回ると仰いました。中絶された方はこの事を知らない方が多いと思います。私は婦人科の医学博士から聞いたことがあります。「中絶すれば胎児の生命も全てが消滅してしまう、と思わないとこんな仕事は絶対にできませんよ」と仰いました。今からは一回でも中絶が少ない時代にするように皆が心がけることが大事だと思います。水子の生命は家族の様子をいつも見て聞いていることを忘れないでください。

長崎の松山町に投下された原爆で亡くなられた方々の生命体をお助けする

一九四五年八月九日、長崎に投下された原爆は松山町一七一番地の上空約五百メートルで炸裂しました。死者は七万三千八百八十四人とされています。原爆によって亡くなられた方々の生命体は、七十年以上経った今日でも助けを求めて、街と川の底など様々な場所で、幸せになれる日を待ち望んでおられます。私は長崎の街全体を山の上からお助けさせて頂いたり、原爆公園と長崎市内の川で苦しんでおられる被爆者の生命体をお助けさせて頂いて二十六年以上になります。

今でも原爆が落ちた時の話をされる方がおられます。長崎の町に住んでおられましたが、被爆死せずに運良く助かった方から、その時の話を聞かせて頂きました。街で被

長崎の稲左山から街の生命体を助ける。

爆した数多くの方は、いつ亡くなるかわからない状態で助けを求める方が沢山おられて、川に水を求めて行かれて、水を飲むまでに倒れて亡くなる方、川の中にばたばたと倒れて亡くなる方が沢山おられました。また歩いている人に助けを求める被爆者は、体全体が焼けるように熱く、やっとの思いで歩きながら「水がほしい、水がほしい」と言って足に縋り付いて離されない方もおられた、と仰いました。年月が経っても、今でも昨日の出来事のようにその時体験された事を思い出して、涙を流して話してくださいました。

私は、原爆で亡くなって苦しんでおられる沢山の方々の生命体をお助けさせて頂いた後、浦上天主堂の下に流れる浦上川に苦しんでおられる生命体をお助けさせて頂いた時、川の底と、石垣と川の両側のコンクリートの中に、被爆死された方の生命体を二度お助けさせて頂きました。さらに、三度目に天主堂の左側の川の生命体をお助けさせて頂いている時に、天主堂の左横の方から沢山の生命体が根源の光に助けを求めて必死に下りて来られました。数多くの生命体の全体の形は三角形の形になって下のほうは狭くなった状態でした。天主堂の方から川までの斜面を沢山のアリの集団が下りてくるように、真っ黒に焼けた姿で私の方へ向かって来られるのが、はっきりと肉眼で確認できました。川の際に立って生命体をお助けしていると、根源の光を受けて幸せになられた生命体は、空間を飛べるようになり、私の周囲に沢山飛んで来られました。体全体にチクチクと生命体の反応を感じましたが、助けを求めるものと、喜びと感謝の知らせがありました。その後、幸せになられた生命体から順番に空に上がって行きました。下の方で苦しんでおられた数多くの生命体の姿もだんだん見えなくなって、今まで私の手の平にチクチクと強く感じられた生命体の反応も、救われて全て消えました。このように生命体が助けを求めて集まって来られる姿を、私が肉眼で見ることができたのは、年月が経ってもまだ苦しんでおられる現実の姿を私に見せて、原爆の恐さと、死後苦しみながら生きて救いを求めていることを皆に伝えてほしいからでしょう。

それから二ヵ月後の十一月二十五日に、今度は原爆公園の近くの浦上川で苦しむ被爆死された方々の生命体をお助けに行かせて頂きました。夜の二十時、私は川の岸に立って川全体に何十メートルも幅広く、小さな真っ黒に焼けた生命体の姿を見せて頂きました。暗くても私の肉眼ではっきり確認できました。川全体の生命体をお助けできるように、道路際に立ってお助けしていると、川の向こう岸からアリほどの大きさで数多くの生命体が、助けを求めて波のように一歩また一歩と、私の立っている川の土手の方へ近づいて、這い上がって来られました。先に助けを求めて集まってこられた生命体は、私の足際まで来られて、早く助けて早く助けてと私の足にチクチクと急いで催促されたのは、

長崎の被爆者の生命体を助ける。

今まで何十年も毎日が苦しくて待ちかねておられたからでしょう。こうして、昼であっても夜であっても、沢山苦しまれる生命体の方々が助けを求められている様子が、肝心な時だけ、肉眼でも見せて頂きました。被爆死された方の生命体は、死後何十年も助けを求めて苦しんでいることを、世界の人々に教えてほしいから、私に姿を見せてくださったのでしょう。この日は寒い夜でしたが二十時から二十三時までお助けさせて頂きました。

寒い日に川の際で三時間もお助けさせて頂いたので、体全体が震えるほどに冷えましたが、被爆死された数多くの方々の生命体の辛さ苦しさを思うと、数多くお助けさせて頂いたことを心から感謝しています。私の本を読んで頂いた方が信じる信じないはその方の自由です。しかし、私は真実をそのまま書いて教え広げることが、全ての生命の根源から皆を助けてくれと頼まれた使命を全うすることだと思っています。ボランティアで助けを求めて集まって来られる生命体をお助けさせて頂くことは幸せです。

臨死体験は、その人を殺すために恨みの生命体が仕掛けた罠である

死の間際までいった方の中には、「再び意識が戻るまでに見せられた死後の世界は本当にいい所であった、きれいな花が咲いていた、美しい世界で空を飛んでいた」と仰る人が多いです。しかし、私が解明したところ、人間の体から生命が離れて死後の世界に行ったわけではなく、その人を死後の世界に連れ込むために、恨みの生命体が光で美しい世界を描いて見せて、いい所だから早くいらっしゃいと誘っているのです。その人を殺すため、仕掛けた罠に嵌めて、死んでしまうと今度は地獄に変わります。これが本当の死後の世界です。臨死体験から生き返った人は、本当に死んだ時には地獄に連れて行かれて苦しむことになります。また子供や赤ちゃんはこの世で罪を作っていませんので、死後は幸せで綺麗な世界へ行くことができる、という真実でないことを信じる人もおられます。赤ちゃんは生まれて今世で罪を作っていなくても、前世の因果関係の生命体に早く殺されて亡くなることもあります。

死んで本当に幸せになれるのであれば、生まれてきた赤ちゃんも幸せに長生きできることを望んで生まれてきたのですから、恨まれていなければ早くこの世を去ることは少ないはずです。

一歳で死んだ子供の生命体も苦しんでいることが、調査によりわかりました。また生まれたばかりの赤ちゃんに前世の因果関係の生命体が体についていることが、根源の光で解明できました。また、二歳、三歳で亡くなった子の墓を調べてみると、恨みの生命体の数は違いますが、幼い子の生命体はいじめられて、墓の何百メートル下の方で苦しんでいることがわかりました。

土葬の墓の場合は一人一人が別々に埋葬されていますので、一人一人のことが正確にわかります。もしも赤ちゃんが死んで幸せならば、墓で生命体は絶対に苦しんでいません。信じられない方は、私と一緒に墓で体験されたら本当の事が必ずわかって頂けます。このことは世界共通していることが調べてわかりました。生まれたばかりの赤ちゃんの生命も輪廻していますので、前世で恨まれることをしていれば、恨まれながら生まれてくることになります。生まれるまでに自分の前世を綺麗にして生まれて来る人間の生命は殆どいません。赤ちゃんの体が死んでも、生命は生きて前世の因果関係の生命体にいじめられて苦しんでいることが、生命の根源の光で解明できました。

死んだ父の生命体が息子の胸を苦しめて必死に助けを求める

私は石川県のある夫人に、自分の主人の弟の霊をお助けしてほしいと頼まれて、北海道の岩見沢まで行きました。ホテルから頼まれた方の親戚の家に電話で「石川県の本家の方から、分家の岩見沢の墓の霊を助けてほしいと頼まれましたので、明日、墓におられる先祖の生命体をお助けに行きます。本家の方からお金を貰っています」と言いました。すると岩見沢の夫人が、「先祖をお助けして頂かなくていいです。立派な墓も建ててましたし、供養もしていますから来て頂かなくてもいいです」と強い言葉で断られました。「そう仰いましても遠方からもう岩見沢のホテルまで来ていますので」と私は申し上げましたが、頑固に断られて電話を切られました。

それから三十分後に岩見沢のご主人から私に電話がありまして、今度はどうしても父の生命体を翌日に必ず助けてほしいと頼まれました。「なぜ先程強く断られたのに来てほしいのですか」と私は聞きますと、「墓にいる父の霊をお助けして頂くことを妻が断ってから、急に自分の胸が苦しくなって我慢できなくなったので、死んだ父に、先生に翌日必ず助けて頂くことを約束しましたら、すぐに胸の苦しみが治まりました。父に立派な墓を作って僧侶と自分も毎日供養しています。それでも父の魂が墓で苦しんでいることを知らせたのです。父は胸が苦しくて死にましたから、妻が先生を断ったことを知って、父は慌てて息子の私の胸を苦しくして必死に助けを求めて知らせたことが、体感させて頂いて初めて信じることができました」と仰いました。岩見沢のお父さんが亡くなられてから、生命の根源の光を受けると必ず幸せになれることを知っておられたから息子に必死に知らせたのです。夫人も「父の幽霊を二回も見ました」と後で仰いました。私は翌日お助けさせて頂くことをご主人に約束して電話を切りました。

翌朝、墓にお助けに行ってみると、墓地に立派な墓が沢山立ち並んでいました。私がお助けするその家の墓も立派でした。しかし立派な墓の下の方で、その家のご主人のお父さんの生命体は苦しんでおられました。墓の中と周囲に、前世の因果関係の生命体が沢山おられて、七時間かかって全ての生命体をお助けできました。夫婦揃って大変喜ばれて、夫人も真実を知らずに一度頑固に断ったことを反省されて、「許してくださいね。私は死後の事は知らなかったので、こんなに素晴らしい力がある先生とは知らずに失礼なことを言ってしまって、許してください」と私に仰いました。私は許すも許さないもありません。お父さんの生命体が幸せになられてよかったですねと言いました。すると、本当に来て頂いてよかったと仰って、涙ぐんでおられました。それから三人で食事を頂いて別れることになりました。

もし私に本物の生命の根源の光がなければ、岩見沢の方にこんな事は絶対に起こらなかったのです。死後生命体として生きるどこの先祖の生命体も、私が根源の光でお助けできることをよく知っておられるから、現実にこんな事が起こるのです。人間には生命体が見えにくいから、こんな大事な事が今までわからなかったのです。お祖父さん、お祖母さん、お父さん、お母さんが亡くなられて苦しんでおられるということは、次は自分たちの順番が必ず来ることを常に絶対に忘れてはならないのです。先祖の生命体だけが苦しまれるのではありませんからね。私の本を読まれても人ごとのように考える方が多いと思いますが、こんな一番大事なことはありません。皆自分の事ですから本当かどうか真剣に考えてください。

恐山は恐れる場所ではない

私は北海道の岩見沢から函館へ行き、船で青森へ渡り、恐山の生命体が多く集まっていると言われている場所に行きました。恐山にどれだけ沢山の生命体が集まっておられるのか、私が調べた時には、苦しむ生命体の生存は少ないことがわかりました。しかし恐山に行くまでの道路の両側の山林の中には、苦しむ生命体が沢山おられましたので、バスの中から行きと帰り、両側の山林に根源の光を送って生命体をお助けしながら、観察しました。それから急行バスで青森の街へ入って間もなく、生命体がバスの中と外全体に助けを求めて集まって来られました。私の体全体を針でチクチクと刺すように急いで助けを求められて、私の目から涙が出て目を開けられない状態で、両手で生命体をお助けして、バスに乗っていました。

このように初めての街であっても、助けを求めて集まって来られる生命体が日本全体の各地にも沢山おられます。いつかは幸せになれると思って諦めずに、苦しみながら何千年も生きて根源の光を待ち望んでおられる生命体を早くお助けしてあげたいと常に思っています。どこへ行っても昼も夜も助けを求められる数多くの生命体が集まって来られますから、助けても助けても次々と集まってこられて、街全体の生命体を一回や二回お助けさせて頂いても全てお助けできるものではありません。それだけ地球のどこの国の場所でも、死後の生命体の世界は、いじめたりいじめられたりして、苦しみを耐え忍んで生きる世界になっています。人間は見えないから知らずに毎日生きています。もしも見えたら死ぬことが恐くて気が狂うほどになります。

祠と仏壇におられる生命体を救うための会話

一、私たちの家の祠と仏壇におられる生命体に申し上げます

あなた方も前世から、私たちの家族と先祖の生命体と因果関係があるために、祠と仏壇を住みかにされて、神仏の像におられて、私たちの行動を毎日見たり聞いたりしておられます。皆さん方はこうした金色に輝く美しい立派な祠や仏壇に毎日おられても、幸せになれないことを、亡くなられて初めて知ったことと思います。今まで救いを求めて、立派な神社、教会、お寺に何百年、何千年と行かれた方もおられますが、幸せになれなかった訳を正しく教えてあげますから、心を冷静に理解してください。

苦しむ地獄には原点と訳があります。人間も同じように神仏を祀り、お参りされて、助けを求めて一生懸命信仰されておられる方でも、救われずに不幸な運命を辿る人もおられます。また、病気が治らず早く亡くなられる人もおられます。中には幸せに救われる人もおられます。なぜ救われる人と、救われず苦しみながら死んでいかれる人があるのでしょうか。心の綺麗な聖人の方で神仏に仕える方でも、不幸で幸せになれない人もおられます。

皆さんも亡くなられて自分の遺体から生命が離れた時に初めて、小さな球体の生命だけが永遠に自

身であることがわかったと思います。人間の世界で亡くなるまでは、死んでも神仏の生命体が助けてくださる、と信じて信仰しておられたと思います。皆さんは死んでから毎日苦しくても、神仏の生命体は助けてくださらないことを初めて知り、神仏の生命も信じられなくなって、私たちの祠や仏壇に住みつかれて、ご自身が神仏になっておられます。人間は死後の世界が見えないために、皆様方を神仏と信じて、先祖の生命体と家族を救ってくださると思って、本当の事を知らずにお参りしています。しかし、本当は前世でご迷惑をかけた皆さん方に助けを求めても、許して頂けるほどの謝りと、幸せを願う気持ちが疎かであったことを許してください。今までの家族と先祖の生命体の罪を許して頂いて、皆さんも因果関係の生命体と和解できた時に必ず幸せになれますから、生命体同士が仲直りしてください。恨んでいる者も、恨まれている者も、お互いの過去の恨みを白紙にしてください。簡単に申しますが、許す者にとっては大変辛くて悔しいことではありますが、過去の恨みを許さないと、今から皆さんも幸せになれません。共に前世から何度も生まれ変わって、数多くの者を犠牲にし、迷惑をかけて、恨まれる行為をしてきたために、今まで幸せになれなかったのです。これからも私たちと先祖の生命体を恨みながら、神、如来、菩薩の姿で黄金に輝いて、どんな場所におられても、人を誤魔化すことができても、自身の心を誤魔化すことは絶対にできません。ですから全て許されて和解されて、早く幸せになってください。私たちも今までの間違っていた考えと行いを正して、全ての生きる者の幸せを考えて生きていきますから、皆さんも一日でも早く幸せになられて天国に行かれますことを願っています。

二、家の中におられる生命体に申し上げます

家の中に苦しんで生存しておられます数多くの生命体に申し上げます。皆さん方は、私たちと先祖の生命体と前世に因果関係があることで、恨みをもち、苦しめるためにこの家に住みつかれてから、一日として幸せに過ごされたことがなかったと思います。私たちと先祖の生命体が、皆様方に心から謝って許して頂いて和解して頂くしか、皆様も私たちも幸せになれる方法はありません。またこの家に住んでいる私たちが、今まで前世でご迷惑をかけた生命体の方が自分たちの家におられることを知らなかったために、皆さん方に真心で謝ることも償いもできなかったことを、今から反省し、私たちにできることで今から償わせて頂きます。

皆さん方がこの家に来られて、今まで私たちを恨まれても、また生命体同士がお互いに恨んでいじめてもいじめられても、一日として幸せに過ごせる日がなかったと思います。また私たちを恨んで苦しめることができても、皆さんも絶対に幸せになれません。皆が和解するしか幸せになれませんから、幸せになるために恨んでいじめることを止めてください。今までは、前世の恨み事に執着心が強かったために長い年月幸せになれなかったのです。このままでは今から先も長い苦しみがいつまでも続くことになります。皆さんの生命も永遠に輪廻して生きていきますから、和解して頂いて皆が幸せに生きられるように考え方を切り替えてください。今までお互いに何百年、何千年も苦しんでこられた生命体の方は、簡単に許すことができなくて和解ができなかった気持ちはよくわかります。が、過ぎた事よりも今から幸せになれたら、今までの長い恨みと苦しみが消えた時に必ず幸せと喜びに変わりま

す。全ての命は丸くて美しいものです。皆さんの生命も誕生した時には、差別なく全てが丸く美しく輝いていたのですから、幸せになれることを諦めずに努力されたら必ず原点の美しい生命になれることを信じて実行されてください。私たち一族の生命も皆さんの生命と同じ兄弟ですから、いつまでも皆さん方の幸せを願っていきますから宜しくお願いいたします。

三、墓におられる先祖の生命体と前世の因果関係の生命体に申し上げます

墓におられます私たちの先祖の生命体と前世で因果関係の生命体の方々にお詫び申し上げます。皆様方は私たちの先祖の生命体に恨みがあるために、この墓に連れて来られて長い年月、お互いに過去の因果関係のために恨んで恨まれて、元々地獄のない美しい世界に、毎日生き地獄を皆さんの心で作り苦しんでおられます。私たちの先祖の生命体の前世からの罪を許してください。私たちは先祖の生命体の墓を作ってあげて供養をしてきましたが、皆さんが私たちの先祖の生命体を墓に連れて来られて墓で沢山苦しんでおられることを、今まで見えなかったから、知らずに、自分たちの先祖の生命体しか墓におられないと思って、私たちの先祖の生命体の幸せだけのお参りをしてきました。しかし、皆様方に今まで何一つしてあげられなかったことを反省し、心からお詫び申し上げます。どうか今までの私たちの疎かな行為を許してください。恨まれる者も恨む者も、争っていてはいつまでも地獄が続くことになりますから。

皆様方も初めて生命が誕生した時は、美しい心と素晴らしい愛が平等に初めに全てに備わっていま

す。私たちの墓と周囲に隠れて様子を窺っておられる皆さんに恨まれながら、毎日昼も夜も監視されて、私たちの先祖の生命体は墓の何百メートル真下で、毎日皆さん方にいじめられて苦しんでおられることを私たちは今まで知りませんでした。皆様方も私たちの先祖の生命体を墓に連れて来られてからお互いに苦しまれていじめたりいじめられたりしてお互いに毎日が生き地獄で、決して幸せではなかったと思います。恨んでいる者、恨まれている者も共に、生命の原点は皆兄弟であることを信じてください。宇宙に存在する生命の根源は、黄金以上に美しく輝く光の世界で全ての生命は平等に誕生したのですから、また美しく幸せになれる生き方を今からされることで、皆が救われて幸せになれる生命の仕組みになっています。私たちの先祖の生命体が前世でご迷惑をおかけした皆様方に、私たちは今まで謝って許して頂けるほどの償いをしなければならないのに、悪者と決めつけてお祓いをして、長い年月私たちの先祖の生命体だけの幸せを思って供養を行なってきました。このことを許して頂いて、今日から皆様も早く幸せになってください。

今からはお祓いを止めて皆さんの幸せを考えて償いをさせて頂きます。皆さん方も、亡くなって自分の遺体から生命が離れて生きていることが初めてわかったと思います。皆さんも人間として生きる時に、前世の因果関係があることを知らずに生きて亡くなられたと思います。その結果亡くなられてから地獄で生きることになってしまったのです。すなわち今の私たちの先祖の生命体と同じ立場なのです。私たちの先祖の生命体も、前世でご迷惑をかけた皆さん方に墓に連れて来られて初めて知ったのです。

今から家族がお墓参りされる時に、墓で苦しまれる先祖の生命体に必ず教えてあげることが大事です。それは、前世でご迷惑をかけた沢山の生命体の方々に心から許してもらえるまで毎日謝ることを教えてあげて、和解できたら皆が幸せになれることを、先祖の生命体と因果関係の生命体の方々に教えてあげることが大事です。墓におられる因果関係の生命体も全て救われないと、先祖の生命体を救うことは絶対にできません。年月はかかりますが、この方法しか正しく家族が先祖の生命を幸せにできる方法はありません。生きていた時に信仰しておられた神仏の生命体は、墓で苦しんでおられる先祖の生命体を絶対にお助けされませんから、先祖の生命体に自分で和解されるしか救われる方法はないことを教えてあげてください。

家族の方もこの文書を、墓参りされる時に墓で苦しんでおられる先祖の生命体に教えてあげることしかできません。あとは毎日先祖の生命体の行為で救われるか救われないかが決まります。この原理は、国も宗教も人間も生命体も関係なく、永遠に平等に幸せになれる教えです。死んでからも必要になりますから忘れないでください。

恨みの強い武士の生命体に殺されそうになった婦人

ある家の生命体を助けに行った時、同じ村の婦人が、私のいる家に来られる日に起こった現象の実話です。その婦人は午前中、山に仕事に行きました。山の上から下の方にワイヤーを張り、滑車を付けた索道で、木を山の上から降ろす際、山の下の方で、ワイヤーの真下に立っていました。上にいる男の方はそのことを知らずに、下の方へ索道を降ろした後で、婦人がいることに初めて気がつきました。すでに索道は婦人に近づいており、このままでは婦人の頭に当たって即死してしまうと思い、大声で「おーい、おーい」と合図を送るのですが、声が届きません。しかし、婦人が何となく足元の八十センチくらいの木の棒を拾おうと、うつむいた瞬間に、索道が婦人の頭の上をシャーッと通り過ぎたそうです。婦人は索道が自分に向かっていたことを、その時初めて気づいたのです。上の方にいた男の方は、事故にならず、婦人の命が奇跡的に助かり、嬉しかったそうです。

午後に、奇跡で救われた婦人が私に会いに来られました。途中で広い道から狭い道になって下り坂道になっている道を婦人が歩いて下りてくる時、体全体が後ろに引っ張られて、なかなか前に歩けず、前の方に倒れるようにして力を入れて歩いて来られました。その時に、私がいた家の大きい板戸四枚が急にガタガタガタガタガタと五回動きました。家のご主人は板戸が動いた現象を見て、「だれか来られたのかな」と仰いました。それからすぐに、婦人がごめんくださいと言って玄関の戸を開けて入って来られました。婦人は二つ目の部屋の茶の間に入り、大きなテーブルの前に正座されました。私はその時は婦人の左側に座っていました。しばらくすると急に婦人の体が一瞬に後ろの方にザーッと引っ張られるように体全体が部屋の入り口の方へ移動して、婦人はびっくりされてすぐに両手で大きいテーブルに捕まったのですが、それでも体は後ろの方へと一メートル引っ張られた時に、私はすぐに婦人の体に根源の光を与えて、その動きを止めました。

それから婦人を通して、婦人の体を移動させた生命体がどんな方なのか調べてみると、婦人が前世で殺した武士の生命体が、私に会う前に殺すことができなくて、板戸を動かして恐怖を与えて、婦人を私に会わせないように邪魔していたことがわかりました。それから婦人に武士の生命体に謝って許して頂いてお助けしてからは、その後に何度も婦人に会いましたが、そういう現象は二度と起こりません。なぜこんなことをされたのか、後で武士の生命体に聞いてみると、私の思った通り、婦人が私に会う前に婦人を殺すために必死で行動していたのです。しかし、婦人は私に会えたので、殺されずに済みました。また、武士の生命体が婦人と私を会わせないように邪魔立てしても、どうにか私に会えるように導いて助けてくださった生命体がおられたから、武士の生命体をお助けすることもできて、婦人も殺されずに済みました。

考えてみますと、この婦人だけではありません。人間は田舎に生まれて悪いことをされていない人でも、前世で沢山の生命体に恨まれながら生まれてきて、毎日生きていることを、常に忘れてはならないとはっきりと教えられました。私に会えないよう妨害されたり、会えても恨みのある生命体に邪魔されて様々な方法で私から引き離される人が多いことが、三十五年以上世界の様々な場所で数多い体験を通してわかりました。それだけ人間は前世の因果関係の生命体に恨まれて生きていることになります。婦人もこの体験を通して、私に会えて、強い大きな龍の姿に変化していた武士の生命体に、自分が殺される前にお助けさせて頂いたことを心から喜んでおられました。「知らずにもしお助けすることができなくて、そのままでいたら、いつか必ず武士の生命体に攻め殺されて、死んでからもいじめられて苦しめられることになった」と婦人は仰っていました。今回武士の生命体に殺されそうになって、奇跡で救われて、武士の生命体をお助けして頂いたことも、大金を積んでもできない尊いことで、経験させて頂いて本当によかったと仰いました。この婦人に起こったことは、どんな人でも人ごとではありません。人間は今まで健康だ幸せだと考えておられても、毎日自分を恨んでおられる生命体に謝って早く和解しておくことが一番大事なことです。この方も今までは人ごとのように思っておられ、生命体のことを気にされない人でした。

私の本を読まれても絶対に信じることができない人がおられても、私は体験させて頂いた実話を、正確に、皆を救うために書かせて頂いています。本当のことであっても信じる信じないは自由ですから、その人が決めることで、強制はできません。

立山の美しい大自然は人々の心を浄め感動を与えてくれる

立山は富山県の北東部、北アルプスの北西端に連なる連峰。標高三〇〇三メートルの雄高山を中心とし、北に大汝（おおなんじ）山（三〇一五メートル）、南に浄土山がそびえ立ち、剣岳、薬師岳などと立山連峰をなしています。雄山山頂には雄山神社があり、日本三霊山の一つです。古名たちやまと言われています。

私は八月二日、立山に登りました。室堂に着いたのは午前九時で、そこから頂上まで三時間ほど、立山に生存する生命体を助けながら登りました。立山の大自然は美しい世界ですが、立山に生存する生命体も幸せでないことがわかりました。それは数多くの人々に付いて来られて、美しい立山に住みついた生命体も数多いと思います。しかし立山

2012年、富山県の立山で生命体を助ける。

の大自然の美しさが、人々に生きる喜びを与え、美しい自然の素晴らしさを人々は深く感じながら登ります。

山上まで登る途中で、特別天然記念物の雷鳥のオスとメスが木陰で仲良く遊んでいる様子や、山々の美しい風景を見ながら、山の谷間にある雪で冷たくなった涼しい風を受けて、体の疲れを忘れるほど、有り難く幸せを感じながら登りました。谷間に清らかな水が流れていたので、手の平で水を汲んで飲んでいると、横におられた男の方が水筒の蓋を貸してあげますよと優しく仰いました。私は見知らぬ人から親切にして頂き、人の愛の素晴らしさを深く感じ、お言葉に甘え、水筒の蓋をお借りしました。お陰様で沢山の水を飲ませて頂いたことをいつまでも忘れることができず、思い出すたびに、人の思いやりを有り難く思い感謝しています。

立山に登ると大自然の美しさに身も心も浄められて、全ての人々に初めから備わっている優しい気持ちが、人々の心の中から湧き出て来て、今までの恨みや苦しみ、妬み、不安、苛立ちを忘れさせてくれます。人間は欲で苦しみを生み出して悩み苦しむことが多くあります。大都会に住む人々の身も心も浄められて、人々は本来の自分自身の心の中にある美しい愛が現れて、美しい本来の人間の原点に還ることができます。どんな人も心のどこかで反省され、多くの人々が今までの恨み事を忘れ、全てを許すことができて、立山の大自然で浄められた自分の心を長く保つために、大自然と人の愛の尊さをいつまでも忘れてはいけないのです。人から心の優しい人ですねと言われるように、自分の今までの悪い行為を反省し、今日からまじめに頑張ろうと思って下山される人もおられるでしょう。

山に登る人のマナーで、都会では見知らぬ人には優しく声をかけることの少ない方でも、大自然の美しさに浄められて、心は聖人になられたように、人々の幸せが自分の喜びになって、「素晴らしいですね。頑張ってね」とお互いに優しく楽しく声をかけ合います。見知らぬ人同士が自然に身の仕草を通して、仲の良い友のように心と心が一つになり、一人ひとりの心は幸せそのものに感じられました。自然は私たち人間の心を美しく変えることができ、健康にし、皆に偉大な力を与えてくれます。立山沢山の人々が美しい山々に心を引かれて、何時間もかけて険しい山を登ることができるのです。立山の偉大な力強さと美しさに人々は体の疲れも忘れて、険しい山上まで登ることができるのです。小さな子供からお年寄りの方まで頂上を征服されて、美女平から室堂へ向かい、室堂から約一時間歩いた所に休憩所がありました。休ませて頂いてお茶を飲んで、それから険しい斜面の所まで来た時に、私の前の左横にちょうど腰掛けによい石がありましたので、座って目を閉じた時に、肉眼で見るようにはっきりと立山のどこかにある山がカラーで見えました。山の上に細長い池があり、池の水は青く見えて山の谷間に雪がありました。こんな風景を見せて頂き、それから山上まで険しい斜面を登りました。

ここから次第に道も狭くなり、足を滑らせたら大変危険な目に遭う所で、子供たちもみんなで励まし合いながら岩につかまり持って斜面を登って行きます。私もだんだん疲れて、途中で休憩していると、上から下りて来られた婦人が、私でも登ったのですからあなたも必ず登れますよ、と親切に励ましのお言葉をかけて頂き、人の優しい気持ちを受けて有り難く思いながら登らせて頂きました。

立山に登られる人々は山の偉大さと美しさを求め、頂上まで登らないと見ることも感じることのできない感動を求めて、苦しさを忘れて、頂上まで登られた人々だけが素晴らしい山々を眺める実感ができます。私も頂上まで登らせて頂いて、立山の雄山神社の神主さんは、今日は一年間で一番佳い日であると仰いました。中には暦を調べて今日登ることにした、と仰る人もおられました。山によく登られる方に尋ねますと、立山は梅雨が明けてから十日経って、十日間が一番佳い日であると教えて頂きました。私は何も知らずにただ八月二日、この一番佳き日に登らせて頂いたことは、多くの生命体に導きして頂いたと思って感謝しました。頂上で空を見ますと、青空で雲もなく、黒四ダムを始め遠くの山々まできれいに見渡すことができて、このような素晴らしい日に登らせて頂いたことを喜びながら、神社から一番高い峰に行くことにしました。約一時間かかって、ちょうど十二時に着いて、先に食事を済ませ、それから一番高い岩に立って、ビデオで立山を撮らせて頂き、立山に生存する沢山の生命体をお助けしていると、途中で目が開かなくなるほどに遠くから助けを求めて次々と集まって来られる生命体をお助けして、次の峰に移りました。そこで約一時間立山全体の生命体を助けさせて頂き、近くの岩に座って目を閉じた時に、また下で見えた同じ山の上に細長い池のある風景を見せて頂き、それから下山しました。

帰りは登りと違って、楽に下山することができますが、何しろ足が疲れていますので膝がガクガクして大変でした。傾斜面にかかると、私の前方に小さな兄弟の男の子と女の子が下りて行きます。妹は兄についていけなくて、真っ赤な顔をして泣きながら怖そうに岩にしがみつくようにして、足を滑らせながら下りていきます。私は二人の兄弟を見て、「お兄ちゃん、危ない所はもう少しだよ。慌てなくていいよ。お兄ちゃんが急ぐと、妹が怖くてお兄ちゃんと一緒に下りるのは大変だよ。お兄ちゃんだけ早く先に下りたら駄目よ。ゆっくりゆっくり岩につかまって下りなさいよ」と声をかけてやりますと、それからお兄ちゃんの方はゆっくりと後ろの妹を見て気遣いながら下りて行きました。無事に下山できたと思います。ちょうどこの場所に、初めに休んだ岩にまた座って目を閉じた時に見えた同じ山の上に細長い池がある風景を三回も見せて頂いたことは、山の上の池に生命体が助けを求めておられるのかもわかりません。それから下の方へ下りて行く時に、立山のことを思い出して、山の美しさ、冷たい風を受けたこと、親切に水筒の蓋を貸して頂いて冷たい水を飲ませて頂いたこと、立山でお会いできた方々に優しくお声を掛けて励まして頂いた方と全ての生命体に感謝しながら、無事に下山させて頂きました。室堂からバスで美女平まで、美しい自然を見ながら到着しました。

人々は山の上の方におられる時に、お互いに優しく声をかけ合いますが、下山されると知らない人には声をかけられなくなります。それだけ山は人々の心を楽しませてくれるのです。

高山植物は大自然の厳しさにも負けず、いつも私たちを美しい色とりどりの姿で迎え楽しませてくれて、人間の心を浄めてくれます。美しい様々な高山植物の生命が輪廻して、数多くの美しいカラフルな花々が永遠に咲き続けられるようにしてあげなければならないと思いました。山に登られた人々は、健康でご縁があって登らせて頂いたことを、いつまでも忘れないように、美しい立山の大自然を守れるのは、一人ひとりが山を愛する行為だと思いました。

私の体から出る光が肉眼で見えた博士と対話

私の体全体から出ている黄金以上の光が肉眼で見えた人は、今までに一人だけおられます。アメリカの方で博士号を五つ持ち、六つ目の博士号を取得するために来日しておられる人でした。ある人の紹介でその博士と私は対話することになりました。その博士は、自分が子供の時、外で遊んでいる時に、誰も乗っていない自転車が急に動き出して走り回っているのを見て、「あの自転車に乗っているのは死んだお兄ちゃんだよ」と母から聞いたという体験を話されました。また博士は「私たちキリスト教の信者たちが言っていることですが、神がおられてキリストがおられ、私たち人間がいます。キリストが神に頼んで、神が私たちを助けてくださるのです」と仰いました。そこで私は博士に「その教えは間違っています。正しい教えは、神がおられ、キリストがおられ、信者がいて、キリストが神の教えを悟り得たことを人々に教え、キリストから教えられたことを信者たちが実行することが正しい教えです。全ての生命の根源の原理は、頼んで助けて頂く教えではありません。人間と生命体の一人一人が根源の原理を学んで実行することで救われる教えです」と言いました。すると博士は自分たちが考えていた教えは間違っていたことを理解されて、今まで様々な神仏の生命体を祀って頼みごとをしてきたことも間違っていたことも理解されました。私が今まで世界の生命の生存行動を研究解明してきたことと、生命の根源の教えを聞かれて、博士は理解が早く、とても喜ばれて、「あなたの解明された教えも生命の発見も真実だ。私は信じる」と仰いました。

博士は帰る途中で私を紹介された方に、谷井先生の体全体から黄金以上に美しく見える光が出ているのを肉眼で見えた、と仰いました。それから紹介された方が博士に、「谷井先生の話されたことを私は信じます」と言うと、博士は「信じるとか信じないということではなく、真実そのものです」と仰いました。

そのアメリカの博士は私に、「あなたの解明された原理も光も本物で、今まで発見できなかった、宇宙の生命の根源を見せて頂いて発見できたことは大変素晴らしいことです。だからどこの国に行かれても生命体がそのことを知っていて、助けを求めて集まってこられるのです。生命の根源の光ですから生命体を助けることも、発見と研究解明もできたのです。今まで学者は生命の根源も生命も見えなかったから、我々学者には、死後の世界で生きる生命の世界はわかりません」と仰いました。正しい判断力があり、正しいことと間違っていることを早く理解できる方でした。

こんな判断力のある博士は世界に沢山おられますから、私が解明、発見させて頂いたことと、生命の根源の原理も必ず認められて世界に広がる時が来ると私は思っています。正しいことと間違っていたことがはっきりわかった時、本当に幸せになれる生き方ができた時、地獄がなくなって救われるのです。博士は私に会えて対話できたことを喜んで帰られました。

初めから疑う気持ちで本を読んだり、話を聞くと、真実かどうか理解できるまでに時間がかかります。ご自分が体験、体感をされた方が早いと思います。

四時間も体全体が硬直して、根源の光を受けて治った婦人

ある家の婦人が、体が悪いということで、その家に向かいました。すると、婦人の体全体が急に硬直して固くなり、起きることもできなくなりました。顔が真っ青になり、その状態が約四時間続き、周囲の人もこの状態が根源の光だけで治るのか心配され、「病院へ行かなくていいのだろうか。救急車をすぐに呼びましょうか」と何度も私に仰いました。家族は生命の根源の光による治療法を初めて見られたので、心配されて、立ったままの状態で四時間も見ておられました。

私が根源の光の治療を始めて、まだ六ヵ月ほどの時でした。患者は病気ではなく、生命体のエネルギーの業で体が硬直していると判断しました。「この生命体をお助けすれば必ず元の体に戻る」と信じて、婦人の体に根源の光をずっと与えました。すると急に今まで硬直して四時間も固まっていた婦人の体が、一瞬に元の体に回復。自分で歩いてみますと仰って、サッと起きてトイレに行かれました。その姿を見て周囲の人は、それまでの緊張から、本当によかったという笑顔に変わりました。トイレから部屋に戻って来られて座られた時は、体も柔らかく、元の状態になって、話すこともできるようになりましたが、その時はまだ顔色は血の気のない真っ青な状態でした。それから婦人の後ろに回っ

て背骨全体に根源の光を与えると、真っ青だった顔色がたちまち良くなり、普通の婦人の顔に戻り、完全に治って、みんなに喜んで頂いて、婦人は涙を流して喜ばれました。

このような危険な体験を積んで、医学でわからない原因不明の病気が解明できるのです。こんな生命体の業は側で見ないと信じられないと思いますが、私はこのような体験を通して、生命の根源の光で見えない生命体のエネルギーの業を解明してきました。数多くの様々な経験を通して行った、未来の生命科学と医学と病気の発生源の研究解明が、今後、人々の役に立つことになります。私の世界は本を読んで学んだり、人から教えられて学んだものではありません。私自身が数多くの体験、体感、発見し、経験の数を積ませて頂いた実話です。

来日されたオーストラリアの超能力者が、テレビで人の体を硬直させて、両端に台を置いて、その上に人を横に寝かせて、さらにその上に人を座らせました。超能力者の第二生命体が、下の人の体を硬直させて、人の体が固まっていますので、びくともしません。しかし、硬直させている生命体が協力を止めますと、急に硬直している方の体が柔らかくなります。これは危険な行為ですが、生命体の業であることは明かされませんでした。この超能力者の方は危険な業であることをよく知っておられたと思います。

これは、オーストラリアの超能力者の第二生命体のエネルギーで行われている業ですから、第二生命体が協力を止めて超能力の効果がなくなると、人の背骨が折れることになりますので、危険な業と言えます。ですから本人自身の業ではできないことです。患者に恨みのある生命体が体を硬直させることもあります。また、テーブルから手の平が離れなくなることもオーストラリアの超能力者がされました。これも生命体の業です。私は三十五年前に同じことを生命体の業でできることを体験して解明しています。

ですからオーストラリアの超能力者が日本のテレビでされたことは、本人の第二生命体のエネルギーの業で行われていることがすぐに見抜くことができました。

体感して信じるようになった父と息子

ある少年が、夜、急に我慢ができないほど腰が痛くなりました。その父は息子を病院に連れて行かずに、車で私のいる家に深夜○時に連れて来られました。この父と息子は今まで生命体の業を全然信じなかったのですが、「信じる。信じない」と言っておられなくなって、私に助けを求められました。私はすぐに息子の腰を痛くしている生命体をお助けするために、○時から朝の四時半までかかって生命体の集団を次々と調べてお助けしました。

腰を痛くしている生命体の集団は一集団が約六十万で、全部で五つの集団因果関係の生命体を含めると何百兆の数だと思われます。数が多くて正確にわかりません。全てをお助けするために、五つの集団のリーダーを順番に呼び出して、五つの集団の因果関係の生命体も一緒に部屋の中でお助けすることにして、四つの集団の生命体を順番にお助けしました。最後の集団のリーダーは家の中に入ると見つかると思って、外の方から、家の中にいる息子の腰を痛くしていました。

その集団を助けるためのリーダーとの交渉は、約四十五分かかりました。全てをお助けさせて頂くことを条件に、土下座をして何度もお願いした結果、リーダーは「部下と共に本当に皆が救われるのであれば、腰を痛くしているこの者を許してあげる。ただし部下と因果関係の生命体も全てを救うこと」と言いました。それでもまだその息子は、腰が痛くて泣きながら我慢していました。それからすぐに私は外の方に沢山集まっておられる武士の集団の生命体に、根源の光を送ってお助けしました。最後の集団が皆幸せになった時に、今まで皆の前で跪いて泣きながら四時間半も苦しんで我慢をしていた頑固な若い息子の腰の痛みが、一瞬にして嘘のように治りました。歩きながら腰が治ったと喜ぶ息子の姿を見て、父も息子も、本当に生命体の恨みは恐ろしいことと、自分が沢山の生命体に恨まれていたことを知らずに生きていたことを初めて理解しました。「根源の光の偉大さを知ることができ、生命体のエネルギーの業の恐ろしさを初めてわからせて頂いたことは、夢のようで、信じられない体感させてもらった」と感謝されました。

それからは、父も息子も心から信じられるようになりました。殆どの人は人ごとで自分たちに関係のないことだ、と考えてしまう方が多いと思いますが、人ごとではありません。皆、生命体に恨まれて毎日生きておられるのです。

病院に行かれて医学治療で病気が治りましても、病気の発生源である生命体は救われていませんから、後から、また死んでから攻撃されて苦しまれる方が多いと思います。人間の死は必ずありますが、生命の死はありません。今世で幸せに長生きされても、死後は地獄で苦しまれる方が多いのです。自分の前世の因果関係の生命体が自分を長生きさせてくださっただけですから、九十歳以上生きられても、ガンで苦しんで亡くなられる方もおられます。ガン細胞の生命はその人を殺すためにガン細胞を発生させたことになりますから死後幸せになることは至難の業になります。

医師の手術を中止させた生命の根源の光

知り合いの人から、父が肝臓を悪くして入院しているので、助けてほしいと頼まれ、早速その病院に行きました。その人はお酒が何よりも好きで、妻や子供達の注意も聞かず、毎日お酒を飲み、肝臓が悪くなって、黄疸が目や体に沢山出て入院されました。入院後、早速手術をしなければ治らないと医師から言われました。私は病院に行って、待合室で長い時間の治療は都合が悪いと思って、二時間の治療をしました。翌朝までに黄疸が大分消えましたので、本人も本気で治療する気になられて、病院の近くの親戚の家で、私の二回目の治療を五時間続けてされて、病院へ帰られました。

一回目と二回目の治療だけで本人も大変元気になられて、二日続けて根源の光の治療をされた後で、いよいよ三日目。手術の日は時間も決まっていましたので、娘さんが医師に手術は中止してもらえないかとお願いしたのですが、「医師としては既に決定したことは変更できない。手術を中止してほしいと言うのであれば、すぐにも退院してほしい」と言われました。娘さんはそれ以上に医師にお願いもできず大変困惑され、無理なお願いもできず手術をすることに覚悟を決めておられました。

手術の前に医師は診察をされました。すると、医師にとっては考えても信じられないことが起こっていました。全く黄疸も消えて本人も元気になって、病気の状態が急に回復しているものですから、医師も驚き、一体何が起こったのだろう、どのようにして急に良くなったのだろう、黄疸がなぜこんなに早く急に消えたのだろう、と信じ難い不思議な状態に、医師は困惑して、こんなことは初めてだと仰って、これだけ急に良くなれば手術は不要だと、医師の方から中止を決定されました。患者は手術を覚悟しておられただけに、驚くやら不思議やら嬉しいやらで複雑な気持ちだったそうです。手術は危険な場合もありますので、行わずに治ればそれに越したことはありません。その後、手術をせず、病院で回復し、退院されたそうです。

信じられない人にとっては、自分で体感されることが早道かと思います。しかし、全ての人が二回の治療でこんなに早く、必ず良くなるかは治療してみないとわかりません。結果は患者によって一人一人違うからです。私の知り合いの方で肝臓が悪くて、医師の診察を受けて手術をすればすぐに治ると言われ、手術で二回死にかけた人がいます。手術は危険なこともありますから、手術をせずに治せたらその方がよいと思います。

歩けなかったお婆さんが急に自分で歩けるように

あるお婆さんの足を治して頂きたいと頼まれました。私がある家の部屋にいると、二人の男の人が右と左側からお婆さんを抱えるように連れて来られました。その時は全然自分の力では歩けない状態でした。私の左横にお婆さんが座られたので、今までのことをお尋ねしてみると、「私は今まで長い間、いろんな場所にお参りに行きましたが、足は治りませんでした。私の足は不思議な足です。夜になって休むと、自分の足が痛くて自分で動かせないような状態になります。そして寝ている時に急に両方の足が勝手に上の方にボーン、ボーンと飛び上がるのです。また遊びに行く時は、足が痛くて歩けなくて困ります。ところが、お寺や有名な神社にお参りに行くと言っただけで足が軽くなって歩けます。なぜこのように遊びに行く時は痛くて、お参りに行く時は歩けるのでしょうか。不思議です」と、自分の体の状態を私に話されました。

そこで私はその訳を教えてあげました。「お婆ちゃんが神社やお寺に行ってお参りされる時は、あなたの体についている生命体が、お祓いされるから、その時だけ離れるのです。だから足の痛みが消えて軽くなるのです。足を痛くしている生命体が離れて、お婆ちゃんだけ一人で神社にお祓いに行っていらっしゃい、ということですよ。ところが街に遊びに行く時には、お祓いされないことをよく知っているから、安心してあなたの体について、足を痛くするのです」と伝えてあげました。

早速お婆さんの体を生命の根源の光で調べてみると、お婆さんの体には何もついていません。私の右側の方に座っておられる男の方の体に根源の光を通して調べてみると、お婆さんの体についていたのは、真っ黒の大きな龍で、男の方に移動して取り付いていました。下の方からグルグル巻きついて、頭の方へと昇っていました。そこで、龍に巻きつかれた男の方から、お婆さんの体や足を悪くしている龍を呼び出して話を聞いてみると、「今から二百五十年前に、このお婆さんの前世は漁師でした。私と二人で船に乗って魚を捕りに行っていた時に、急に大きな波が来ました。私は船から海に落ちて、このお婆さんの前世の男の方に何度も助けを求めたのです。しかし、このお婆さんは前世で、私を見殺しにして、助けてくれなかったから、その人の生まれ変わりであるお婆さんが生まれた時から側につきまとって、今日まで隠れながら、気づかれないように足を痛くして苦しめてきました」と言います。龍が本当のことを話してくれましたので、私は頼みました。「このお婆さんが前世で、あなたを見殺しにしたことを許してやってください。二百五十年前のことで済んでしまったことですし、あなたを今から幸せにさせて頂きます。あなたが幸せになれたらお婆さんの前世の恨みを、この場で許してあげてください」と、私が何度もお願いすると、やっと私の頼みを受け入れ、生命の根源の光を受け、心も姿も綺麗になられ喜ばれて、前世の恨みも浄められて天に昇って行かれました。

それまで歩けなかったお婆さんが急に、「私はもういいのですかねぇ」と仰って、自分でサッと立って歩かれる姿を、連れて来られた二人の男の方も家の方も見られて驚かれました。それまで信じられなかった方も側で龍の業を体験されて、今までお婆さんが前世の恨みを受けて苦しんでおられたことを初めて信じられるようになりました。人間は前世に恨みのある生命体に恨まれて生きていることを知り、「今から生きる時も死後も幸せになるには、自分の前世の因果関係の生命体をお助けすることが一番大事なことが初めてわかった」と、仰って喜ばれて帰られました。

精神病院で治らなかった患者を治す

医師から見放された精神患者を十人以上治したこともあります。私が治した患者は全部、前世で色情の恨みのある生命体が原因でした。その生命体を助けると、治らない患者よりも治る患者の方が多いのです。中には、自分の父、母を認めることもできないほどに、自分の心を生命体に支配されて、自分の意識を失っている患者もおられました。こんな患者の意識を混乱させている生命体を調べて救うと、自分の意識を取り戻して治る人が多いのです。一番早く治す方法は、精神患者を混乱させている生命体のリーダーを呼び出して、患者を苦しめる訳を聞いて、お助けしてあげることを条件に許して頂いて、幸せにしてあげることとです。また、生命体は患者の体に入っている場合と、近くに沢山隠れて様子を窺いながら患者の心を混乱させている場合があります。和解することで今までの苦しみが消えて皆が幸せになれることを、これら生命体に教えてあげることが大事です。恨みの強い生命体でも本当は幸せを求めています。家族が精神患者を治せる方法は、精神を混乱させている生命体に前世で不幸にしたことを謝って、許して頂くことです。大事なことは、患者の因果関係の生命体の今までの苦しみを理解してあげて、幸せにしてあげたい自分の気持ちを伝えることです。そうすると恨みが早く消えて患者も早く治って、前世も綺麗になって幸せになります。

両足が曲がらなかった夫人の足が治る

長崎県のある夫人の話です。両足の膝の関節が、曲がらなくなり、正座もできなくなり、いつも両足を伸ばしたまま座っておられました。ある日、私がその方の妹さんに頼まれて家に行き、茶の間でお茶を頂いていると、本家のご主人と一緒にその夫人が来られました。ご主人が茶の間でお茶を飲んでいるのに、夫人は玄関の入り口に腰掛けて外の方を向いて、腹立ち顔をしています。そして、一時間ほどしてから茶の間に入って来られました。私はその夫人にお会いしたのは初めてなので、嫌われる理由は何一つありません。

翌日、その夫人の家で生命体をお助けしている途中で、妹さんが婦人が正座していることに気づき、本人に教えてあげると、自分の膝が治って正座していることに、ご自身は気づいていませんでした。私が婦人の膝を曲がらないようにしていた生命体を先に助けたから、知らぬ間に両膝が治って正座ができるようになったのです。夫人は後から私に「実は谷井先生が来られる当日の朝から、自分はどうしてか腹が立って腹が立って、谷井先生が何で来るのだろう、こなければいいのに、早く帰ったらいいのに、と思う気持ちがどうしても収まらず、こんなに腹が立ったことは生まれて初めてでした」と仰いました。この夫人を腹立たせたのは、夫人を恨んでおられる生命体の業です。両足の膝を曲がらないようにして苦しめていたので、私に会わせないように必死に夫人の心を昏乱させたのです。これからも苦しめ続けたいほど恨みが強い武士の生命体でした。両足の膝が治った夫人は翌朝早くから妹さんの家に私の朝食のお手伝いに来られて、それから私の行く所に付いて来られて私から離れなくなるほどに変わりました。生命体はこんなふうに簡単に人の心を操ることができます。それからは私に会うことを楽しみに待たれるようになられました。

この夫人のように、私に会いたくない方、会えないように仕向けられる人は、恨みの強い生命体に邪魔立てされ、気づかないままの方もおられます。腹が立つ時、悪いことがある時、体の調子が悪い時は、自分に恨みのある生命体が行動している時ですから、冷静になって判断し、感情的になられないことが大事です。イライラするほど、生命体は自分を苦しめて不幸にしますから、早く気持ちを切り替えて楽しくなることを考えてください。

死ぬか生きるかの生き地獄で苦しまれた夫人

実話の体験談を正確に書いた文書ですから、信じて読むと生命の生存行動が理解できます。

ある家のご主人が亡くなられてから、夫人が毎晩少ししか眠れないということで、相談を受けました。ご主人の骨瓶を墓に納める時に、夫人の娘さんが手に持った時、お骨がコトコトと動いて音がした、と仰いました。その時に、供養された僧侶は恐くなって、すぐに墓にお骨を納めなさいと仰ったと、娘さんから聞きました。さらに夜になると家の入り口の方からドンと大きな音がして、戸が開いて誰かが入って来たような気配がし、夫人は毎晩怯えておられました。また、家全体に昼も夜もバシン、バシン、パチンという音がします。それとトイレの下の方で、何年も前から人の声を聞いたという人が何人もいました。こんな恐ろしい状態で、毎日恐怖を感じ、夫人は頭や体も痛くなるということでした。今までお経を何度も上げて頂いても収まらず、毎日悩み苦しんで、家を売って遠い所へ移転したいと仰いました。

私は泊まりがけでその家に行き、順番に墓から、家、屋敷の生命体をお助けしました。トイレの生命体は何百メートルも下で苦しんでおられました。私がお助けしてからは、人の話し声は聞こえなくなりました。二階へ上がってみると、屋根裏全体が沢山の生命体の住みかになっていました。恨みの強い生命体は初めは逃げて、根源の光を受けられない生命体もおられましたが、私が全てをお助けしてからは、バシン、バシン、バシンという音は一回もしなくなりました。

その夜、私が仏間に寝て間もなく、二人の男の幽霊が私の足元の右と左に現れて立ちました。右側の方は背が高く、左側の方は背が低く見えました。それぞれ、私の体に覆いかぶさるように倒れてきました。

翌朝、家の方に幽霊の事を話すと、その二人の幽霊を早く助けてもらいたいと仰いましたが、私はスケジュールの関係で一旦帰らなければならないと言いました。すると、その家の方が「先生、怖いから逃げて帰るのですか」と仰いました。怖いからではなく、スケジュールが決まっているからだと申し上げても、早く助けてほしいと譲らないので、何とか予定を変更して引き続いて泊めて頂いて、お助けすることにしました。私には生命の根源の光がありますから、どんな怖い所でも一回も断ったことも逃げたこともありません。今度は、どんな人でも怖くて行けない場所で数多い恨みの強い生命体を助けに行きたいと思っています。

二晩目、同じ部屋に寝て、また昨夜と同じように足元に男の幽霊が二人現れて立って、私の体にまた覆いかぶさるように倒れて来られました。それから、私は翌朝、この二人の幽霊の生命体は私の寝ている足元の方角の外の方におられる、と感じたので調べてみると、やはり私の思った通りで、家から五メートルほど離れた場所に石垣があり、石垣の際の下の方に二人の男性の幽霊の生命体がおられました。この生命体を恨む方も沢山おられて、恨む者も恨まれる者も全て、七時間かけてお助けしました。その夜から二人の男の幽霊は現れませんでした。

その後、助けた場所を調べても、そこには生命体は誰もおられませんでした。それでもまだこの家の夫人の病気は治ったわけではありません。そこで病気にしている生命体と場所を調べると、その家のお祖母さんの実家の古い先祖の時代、村が二つに分かれて戦争になって、この戦いで沢山の村人が亡くなっておられたことがわかりました。その村は離れた場所にあり、戦いで負けて殺された側を祀った仏堂があることもわかりました。その一族の生命体の恨みにより、今まで夫人と家族が災いを受けておられたのです。私は夫人と一緒にその仏堂の生命体をお助けに行きました。車で仏堂までいくつもの村を通って行く途中に、お祖母さんの実家がありました。その先祖の方が昔戦いで勝った側のリーダーの家がある村の近くまで行くと、車を運転していた婦人の頭が、急に割れるほど痛くなりました。これは、「戦いに負けた側の武士の生命体を助けるな」と警告されたのです。そこで私は、戦いで勝った側と負けた側のリーダーに、私は両方の生命体をお助けに来たのですから、夫人の頭を痛くするのを止めてください、と頼むと、夫人の頭の痛みはすぐに収まりました。

その村にはお祖母さんの実家の勝った側の家と、その左側の少し上の方に墓がありました。勝った側のリーダーの末裔で、代々後を継がれている家の真下で、不思議なことに夫人は偶然に車を止めました。その時、道路に村人が一人おられましたので、その家のことを聞いてみると、何百年も前に勝った側のリーダーが戦った時に沢山の人を切り殺した刀が今も仕舞ってあり、いろんな人が今まで買って行かれても、その刀を買われた人に次々と悪いことが起こり、再び戻しに来られる、と仰いました。また、借りて行かれても、災いが起こって必ず早く戻しに来られますので、今は誰もその刀を買うことも借りることもできない、恐ろしい魂の入った刀であるという話でした。私はお祖母さんの実家の墓を浄めさせて頂いてから、またその村の近所の人にその家のことを尋ねてみると、今や誰にもそのことを話さないし、誰に聞かれても答えず、刀も隠して仕舞ってあるということでした。この村の戦いで負けた側の村にある仏堂まで行くまでに、まだいくつもの村を通らなければ行けない場所でした。いくつもの村で、村人に仏堂のある村を尋ねると、どこの村人も、「なぜそんな怖い仏堂へ行くのだろう」という顔つきをされました。負けた側の仏堂の祟りを恐れているのです。このため、仏堂の場所は教えて頂けませんでした。

「よほどこの辺りの村人は負けた側の生命体を恐れているのだな」と感じました。勝った側の村の人が負けた側の仏堂にお参りに行かれると、必ずお腹が痛くなったり、体が悪くなるということで、祟りがあることで恐れられていました。村人たちにとっては、助けてもらう神仏の生命体の仏堂というより、恐怖を感じる仏堂だったのです。しかし、私は仏堂の神仏の生命体を全てお助けさせて頂きましたから、祟りを受ける怖い場所でなくなりました。戦いが終わって何百年も経った現在でも、これほど恐れられている場所があるなんて最初は信じられませんでした。それでも尋ね尋ねて、やっとその仏堂の近くまで来た時に、前にダンプカーが止まっていました。私たちがその後ろの近くまで行って止まると、ダンプの運転手さんが私たちに気づかず、急にバックして来られたのです。その様子を二人の男の方が見ておられたので、すぐに運転手さんに大声で知らせたのですが、ダンプのエンジンの音でその人たちの知らせの声が聞こえなかったのか、二十メートル前の方から私たちが乗っていた車とダンプの間が九十センチほどの所まで急にスピードを出してバックして来られて止まりました。一瞬、ダンプに押し潰されると思いました。私たちの乗っている車は軽自動車ですから、ダンプがぶつかったらペチャンコになっていたと思います。運転しておられた夫人はびっくりして車をバックすることもできず、道路の右側に川があり、左側に山があり、車のハンドルを力を入れて握りしめて震えておられるだけでした。それでも本当に奇跡的に助かりました。これは負けた側の仏堂におられる生命体がこれ以上近づくなという警告をされたのです。それでも、諦めずにやっとその仏堂にたどり着くことができました。

私はその仏堂の戸を開けて真っ暗の仏堂の中に入って沢山の生命体を助け始めると、夫人は仏堂の前で地面に土下座をされて、お祖母さんの実家の先祖の犯した罪を、ワンワンと泣いて涙を流して謝っておられました。仏堂の中に大日如来、不動様、阿弥陀如来、観音菩薩の像が何体も祀られてありました。その仏像におられる、勝った側と負けた側の生命体が入り交じって順番に根源の光を受けられて、仏堂の全体がパシ、パシ、パシ、パシと急に大きな音を出して、さらにミシミシと鳴り響きました。二時間ほどで苦しまれる生命体を全部助け終わった時に、音も急に止みました。それから戸を開けて仏堂から私は外へ出ると、夫人はまだ地べたに頭を擦りつけて二時間も泣きながら謝っておられました。

本当に追い詰められて生きるか死ぬかの苦しみを体験された方でなければ心から謝ることはできな

いと、夫人の姿を見て思いました。この姿、心こそ真心で謝る行為であると私は強く心に感じるものがありました。お助け始めてから外も中も二時間も鳴り響いた音はピシャリと止んで、仏堂におられた生命体は何百年の長い苦しみと恨みも消えて幸せになられました。

お堂の生命体が全て助かり幸せになられると、今まで痛み苦しんでおられた頭痛も体の苦しみも嘘のように夫人の体から消えてしまって、それから夫人の家に帰りました。このような体験をされた夫人は「何物にも代えがたい貴重な体験をさせて頂いた」と心から合掌されて涙を流して喜んでおられました。誰もがこのような姿と心で謝ることができたら、先祖がご迷惑をかけられた生命体の一族から早く許されるのではないかと心に深く感じました。

後からその夫人が私に「先生は怖くなかったですか。度胸のある先生ですね。あんな音の鳴り響く恐ろしい真っ暗な仏堂の中に二時間も籠もって、沢山の恨みの強い生命体をお助けされました。私らにはとてもとても怖くてできませんよ。私は外にいても怖くて震えながら謝っていました」と仰いました。「怖いと思っていてはこのような何百年も恨み苦しんでおられる強い生命体を数多くお助けできません。お祓いして戦うのではなく、また逃げ隠れするのではなく、全ての敵をお助けする行為ですから、どんな恐ろしい所であっても、どんな恐ろしい悪魔の生命体であろうとも、全てを許して根源の光で全てを幸せにしてあげたいという根源の光と愛があれば、何者であろうとも無敵となり、恐れる者もなくなり、怖くない心でお助けすることができるのです。どんな悪い者でも自分を幸せに救ってくれる者を、殺したり恨んだり苦しめたくてもできなくなるのです」と私は夫人に教えてあげました。

翌日、夫人の家で、何百年前に戦った両方の勝った側と負けた側のリーダーの方が、部下たちが先に救われて天国に行かれたので、夫人の家の外庭に助けてほしくなって大きな姿を見せました。二体の龍は「今までお互いに恨み、戦い、勝った者も負けた者も何百年も苦しんで、自分たちを殺した者の生まれ変わりの人と、血縁の人々を恨み、自分たちも苦しんで戦ってきた」と仰いました。その家の母と娘にカラーで大きな二体の龍の姿が見え、大きい方の龍の胴体は直径四メートルもあり、小さい方の龍は三メートルあり、二体の龍の姿は真っ赤で、口を大きく開けて、目の大きさは四十センチもあって、今までの苦しかったことと何百年前の戦いのことを話されました。戦争は絶対してはならないことが、死んで初めてわかって後悔して、自分たちの今までの苦しみと怒りを最後にその家の母と娘に見せることで、自分たちの今までのことを理解してほしかったように思いました。

このように長い年月をお互いに苦しんで来られて、二体の龍の怒り狂う大きな真っ赤な姿は、武士の生命エネルギーで描いて見せられたのです。大きな二体の龍は根源の光を受けて次第に変化していき、原点の美しい生命の心、光になられて天国へ上がって行かれ、その姿が私にも肉眼ではっきりと見えました。これから二度とこのような戦いが起こらないようにと願います。

それからは、今まで苦しく恐ろしい出来事が次々とあったその家も、本当の健康と平和、幸せが訪れるようになって、幸せが続いているそうです。今までの長い地獄が夢のようである、と喜びを隠しきれないように夫人は話しておられました。

途中の山道で生命体に何度も警告されても、命懸けで私が生命体全てをお助けするために何ものも恐れず、恨んでいる自分たちを命懸けで助けに来る強い勇気ある愛に感動されて、両方のリーダーと全ての部下の方々は心から喜ばれて天国に行かれました。私が助けさせて頂いた生命体が、仏堂をパシンパシン、ミシミシと大きな音を出して感謝されたのです。もしも私が途中で怖くなって助けることを止めて逃げて帰っていたら、夫人も家族もお助けできなかったと思いますし、両方の生命体には、根源の光も私も信じて頂けなかったと思います。お祓いは勝つか負けるかの戦いですが、お助けすることは戦いではなく、敵を許して両方とも救う愛の行為なのです。このように自分の命を懸けてお助けしなければならないことが今まで何度もありました。

車の事故で意識がなくなった男の子が根源の光で救われる

ある男の子が高校を卒業して就職が決まって、友達と三人、車で出かけました。前に友達が二人乗って、その家の子は後ろの左側に乗りました。運転している友達が急に右の方に車のハンドルを向けた時、左側に電柱があって、後ろに乗っていた男の子がコンクリートの電柱に頭を打ち付けて、意識がなくなり、救急車を呼んで脳外科病院に運ばれました。病院の先生が診察された結果、医学の力ではこの子は助からない、と医師から父が聞いて、すぐに私にその子の父から電話がありました。「頼むから自分の子供を助けてほしい」と頼まれて、事故に遭遇した経過を一通り私に説明されました。医師から助からないと言われたことを電話で聞いて、私はすぐ特急電車で五時間かけ、脳外科病院に行きました。事故に遭った男の子を見ると、全く意識はなく何を言っても全然反応はありません。手足も全然動かない状態でした。

それから私はその病院に毎月一度治療に寄せて頂くことになりました。男の子は二回、三回目からだんだんと回復し始め、次第に意識も戻り、片言で話せるようになりました。私が病院に行って生命の根源の光を当てている時、急に、今までベッドの柵を握ることもできなかった男の子が、自分から手を伸ばして柵を握りました。息子の様子を目の前で見た父は、医師の治療だけで良くなったのではなく、信じられない不思議な生命の根源の光のお陰で回復したことを、息子の様子を側で見て初めて信じられるようになって、喜びの涙を流しました。

それからも私は八ヵ月間、毎月その子の治療に病院へ行きました。まだ若かったので思ったよりも早く回復して、一年も経たないうちに自由に歩くことができ、言葉も話せるようになって、文字の読み書きもできるようになりました。

病院の先生は、全く信じられない体験されたと思います。私が病院に寄せてもらって、男の子の治療をしていることを知りません。しかし、看護師さんは初めから私が治療しているのを見ておられて、だんだん男の子が回復して元気になっていく様子を見ておられましたので、看護師さんも私の治療を反対することができなかったのです。それから退院されて元気で仕事もできるようになりました。自分の息子を救うか救わぬか、こんな時は早く親の強い決断力が必要です。息子の父がすぐに必死に私に電話で頼まれなかったら、この子は植物人間のようになるか、死んでいたと思います。

医師から見放された糖尿病が良くなった人

　ある夫人の弟が糖尿病で入院し、重病で医師の治療では治らない状態になりました。医師から冷凍治療するしかないと言われ、紹介しましょうかと言われていました。患者のお姉さんが私に、一緒に病院に行って頂いて何とかして弟を助けてほしい、と頼まれました。急いでおられましたので、すぐに病院に一緒に行ってみると、弟さんは危険な状態で、腎臓以外の内臓も薬の副作用で悪くなり、口と肛門から沢山薬を投与され、誰が体に触れても飛び上がるほどの強烈な痛みがして、体の各部に紫色の斑点が生じ不気味な状態でした。私は患者に「私の治療によって真っ黒の硬い便がだんだんと色が変わり、柔かい普通の便になって、体に触っても痛みが楽になっていけば、あなたは助かります」と申し上げ、その日は二時間ほど根源の光で治療して、患者さんに「インシュリンは必要ですが、薬の副作用で真っ黒い硬い便になっていますので、薬は飲まないでください」と言いました。

　それからまた頼まれて三日後に病院に行って、患者に病状の結果を聞いてみると、初めは痛みを感じましたが、三日後の今日は排便に際し全然痛みを感じないし、体のどこを触っても痛くなくて大変良くなりました、と喜んで仰いました。初めの時には腎臓以外の内臓も悪くなっている状態で、まず膵臓が悪い、心臓も悪い、それで胸が苦しくなる、背骨が痛い、腰が痛い、頭も痛い、膀胱まで悪いといった状態でした。膀胱が悪いので尿の出が悪く、そのため膀胱が痛いと仰っていましたが、二回目の私の治療の時は、膀胱も治り尿もよく出るようになり、体全体が順調に回復してきました。が、いろんな薬が多すぎて副作用で他の内臓も悪くなっていましたので、最初から薬はカットして頂いて、特別に悪い糖尿病の人にとって欠かせないインシュリンだけは、必要に応じて服用していただきました。私の治療を度重ねるごとに、便も健康な時と同じ状態に戻って、思ったよりも早く体が回復しました。眼球の動きも定まり、目の方は医学治療で良くなって、治りました。この患者の場合は両方の目がはっきりと見えるようになりました。同じ病室におられる患者さんも初めから終わりまで見ておられ、自分たちももっと早くから生命の根源の光の治療を受けていれば、目も回復して、失明せずに済んだかもしれない、と残念そうな表情でした。

弟さんは良くなりまして、いよいよ退院することができて、あれほど悪かった糖尿病から夢のように健康になりますと、家族も大変喜ばれました。しかし退院されてもインシュリンを一回服用された人は、良くなられても服用されます。退院されてから私の治療に三回だけこられて良くなられました。この弟さんの場合は特別に早く良くなられましたが、甘い物とお酒を沢山召し上がるとまた悪くなりますから食べ物と飲み物を調整することが大事です。

医師から見放されたガン患者が根源の光で治り、三十五年以上仕事をされている

この人は私の話を聞いて大変興味を持たれ、一度生命の根源の光の治療を受けたいと仰って治療をされた方です。この人の病気は胃ガンでした。胃を手術されて、医師から助からないと言われて退院され、その後一回も病院に行かれませんでした。それから回復も悪く、いつまで生きられるかといった状態で毎日悩んでおられました。何か食べても吐いてしまう、もちろん、お酒やビールは飲めない。顔色も青ざめていかにも病人らしいお顔をしておられました。

この人の場合は、大変長い時間をかけて、毎日仕事をしながら少しずつ回復されていきました。三年ほどで顔色も良く健康になり、毎日朝早くから夜遅くまで仕事ができるようになり、食事は何でも食べられるようになって、お酒やビールも飲めるようになりました。

ある時、この方が家の先祖の墓を移動されてから、急に腰が痛くなって苦しむようになりました。そこで移動した墓地と、新しく作った墓の両方の生命体を助けて頂きたいと頼まれて、二日間かけて古い墓地と新しい墓におられる生命体をお助けしている時に、墓の側でご主人の腰の痛みが治りました。これは先祖の生命体が墓で苦しんでおられたことを証明するものであり、その時に根源の光で先

祖の生命体が初めて救われたことになります。先祖の生命体が毎日我慢できないほどに苦しくて助けを求めていることをご主人に教えなくては、何百年、何千年も墓の何百メートル下の方で苦しむことになると思って必死で助けを求められていたのです。先祖の因果関係の生命体も、一緒に救われて、ご主人の腰の痛みが完全に治りました。このようなことは他の先祖の生命体をお助けする時もよくあります。

私は日本各地の様々な墓におられる生命体を調べ、お助けさせて頂きました。私は宗教ではなく、生命の生存行動を研究解明する立場なので、宗教、宗派も関係なく、頼まれたら行ってお助けさせて頂きます。墓に生存する生命体を調べてお助けすると、墓の前で家族の頭痛が治ったり、腰痛や胃の痛みや心臓病が治る体験を何十回もしました。また、先祖の生命体に根源の光を与えてお助けしてあげる約束をしただけで病気が治った人もおられます。こうした体験をされた人は自分が体感することで必ず信じることができます。自分の先祖代々の生命体が苦しんでおられるということは、自分もいつか死んだ時に苦しむことになりますから、信じないよりも真実かどうかを早く知ることの方が大事です。死んでみなければわからないと思っている場合ではありません。今からの自分自身の一番大事な問題ですから、これまでの間違った教えの中で強くこだわりを持ってはなりませんし、これから自分を救えるのは自分自身の心と、正しい行為しかありません。自分も死んで地獄に行くことを知らずに生きていることを、正しく知ってください。どんな信仰をしておられても、亡くなられてから神仏の生命体も宗教もあなたを救いたくても救うことは至難の業であることを知ってください。

大腸ガンで亡くなった祖父の生命体が助けを求める

東京のAさんは、私に会ってから十年間、一ヵ月に一度、必ず肛門から出血していました。病院の検査の結果、原因不明の病気と診断され、Aさんは出血のことは私に一回も仰いませんでした。ある時、私は初めて出血のことを聞いて、あなたの先祖に肛門から出血されて亡くなられた方がおられませんか、と聞きましたが、Aさんは心当たりはないと仰いました。それからAさんの実家に行った時、Aさんの母に、そのことを尋ねてみると、Aさんの祖父が腸ガンで肛門から出血し、苦しまれて亡くなられたことがわかりました。Aさんが祖父の生命体を助けて上げる約束をされると、すぐに出血が治まりました。こうして、AさんとAさんの母は、祖父が亡くなって毎日我慢できないほど苦しくて助けを求めていたことがわかったのです。

Aさんの母もそれまで肩凝りがひどく、実家の母が脳梗塞で亡くなってから苦しみ続けていました。自分の娘の肩を凝らせて、父も母も同じ墓で必死に助けを求めておられたことがわかりました。母と長男が体感されて初めて信じることができて、墓におられる因果関係の生命体も全部お助けすることを決めた日から、Aさんの母の頑固な肩凝りもすぐに治りました。私がAさんの実家に行った時、A

さんの母の両親の生命体が、私に早く助けてほしくて私の肩を痛くしたり腹を痛くして、助けを急いでおられました。私の体から思いがなかなか離れないほど毎日苦しんでおられました。どこの先祖の生命体も苦しんでおられる姿は家族に見えませんので、体感されないと信じられないのです。

ある日、Aさんの母の実家の墓におられる父と母の生命体をお助けする前に、ある方から霊感で調べてみると、「墓の中の後ろの真ん中に父の骨瓶、その右に母の骨瓶があり、全部で三つあります」と仰いましたので、墓の前でAさんの母と妹に聞いてみました。「骨瓶に入れずに、お骨だけを墓の中に納めてありますから骨壺は墓の中にありません」と仰いましたので、私は霊感が違っているのかなと思って、墓の埋葬蓋を開けてみると、やはり墓の奥に三人の骨瓶はありました。霊感は当たっていました。他の四人のお骨は骨瓶壺に入れずに納めてあり、全部で七人の先祖のお骨を墓に埋葬されて、三人の古い先祖の生命体は墓におられませんでした。墓の前の下の方にお祖母さんの生命体が、墓の外の左側の下の方にお祖父さんの生命体、墓の中の一番後ろの真ん中の下の方に父の生命体、その右側の下の方に母の生命体がおられ、どの方も何兆の数の因果関係の生命体にいじめられて毎日我慢できないほどの地獄で苦しんでおられました。他の場所にも因果関係の幾つもの集団の生命体が、墓の近くに隠れて私の様子を初めから見ておられて、助けてほしくなった生命体は墓に戻って来られました。そんな生命体を先に順番にお助けし、幸せになっていく生命体を見ていても、まだ先祖の生命体を助けてほしくない特別に恨みの強い生命体は、初めは必死に反抗しました。が、先に根源の光を受けた仲間が救われたのを確かめてから、隠れていた生命体が様子を窺いながら集まって来られました。そんな生命体をお助けしてから、下の方で苦しんでおられた四人の先祖の生命体もお助けしました。朝の七時から午後六時までお握りを食べながら休まずにお助けしていると、真っ暗になりましたが、懐中電灯の明かりのもとで、先祖の生命体と因果関係の生命体をお助けできました。

それからは母と息子の病気は治り、一年過ぎても体はすっきりしていることを、電話で私に話され、喜んでおられました。「死んでからの真実が先生と体験させて頂いて初めてわかりました。自分たちの今までの宗教では祖父、祖母、父も母も死んでから救われずに、墓の何百メートル下の方で何十年も苦しんでおられたことも初めてわかりました。本当に信じて良かった。私も息子も自分の体で体感しないと本当のことはわかりませんでした」と仰って喜んでおられました。

劇物の薬品で足をやけどした Aさんのインタビューから

「先日、六月二十三日にメッキ工場で、薬品によるやけどを負いました。九〇度の苛性ソーダという劇物の薬品の中に、足を滑らし、膝までどっぷり浸かってしまったのです。すぐ会社の行きつけの病院へ向かいました。医師から四十日ほどの入院だと言われたのですが、私の家から病院は遠く、一旦帰宅することにしました。もちろん自分で運転できず、家の者に迎えに来てもらいました。嫁の父親から『そのやけどでは痛みがひどく夜も眠れないだろう。西宮に生命の根源の光で治療できるいい先生がいるから、ぜひ診てもらいなさい』と勧められ、やって来たのです。実際体験してみないとわからないものですね。病院から西宮の先生の家に着くまでの車の中で、とても痛くて車のバウンドでも足に響いていたほどです。先生のスケジュールの関係で、その日は一時間半だけ光の治療してもらったのですが、痛みがなくなり帰宅しました。その日の夜も痛みがなく、痛み止めが必要なかったほどです。

私は日頃、先生の話を家族から聞いてはいたものの、半分腹で嘲笑って、そんな先生の話はやめてくれ、もう聞きたくないからと言っていたのです。このたび先生の根源の光の力を心から信じられるようになり、こうして先生に今は感謝して話をしておりますが、その時は私も頑固で愚かな人間でした。やけどして一週間経ちますが、私の会社でこれまで私のようなやけどをした者は、四十日くらいの入院で、最初の二、三週間はベッドに寝たきりです。それに化膿したり、薬品ですので骨に浸透して治りにくい、と同じ会社の人から聞いています。

　私は六日目にして車も運転できるし、歩くにも足を引きずりませんので、家の者は皆喜んでいます。他のやけどした人は、たいていは痛みがひどく、夜は眠れず、治っても化膿してじくじくするそうです。私は今まで、やけどした人を嫌らしい気分で見ていました。今、季節は暑いし、包帯を外して、風呂に足を入れないようにして、体を拭いてもらったりしています。薬品によるやけどなので、皮膚の変色などありますが、見るときれいに治っていますよ。先週の火曜日にやけどして、木曜から土曜の三日間、トイレに行くのに足を引きずって行ってました。あれだけ痛みがなくなっていたのに、その反動かな？と思っていました。土曜に機会あって、根源の光の治療してもらい、日曜から本当に軽くなりましたよ。今日月曜日、また治療してもらいました。先生が先ほど私に『やけどしてないみたいに歩いておられる』と言われたように、歩くのも軽くなりました。同じ薬品でやけどした人でも、こんなに痛みが早く止まって歩けるようになることはまずないですね。痛みについて私は本当に助かっていますが、別の意味で女房も助かっています。私は短気ですからね。嫁の父親やおふくろが言ったことを、わらにもすがる気持ちで聞いて良かったと思っています。やけどを痛がるのを他人が見るのもつらいけど、一番つらいのは本人です。今、私は三十六歳で、かつて先生から根源の光を当てて治療するなど全く信じてなかったです。今回の体験で信じられるようになりました。現に、一週間前までそんな光を笑っていて信じてなかったですね。自分が体験してわかったことを、他の人に話しても信じてもらえないでしょうね」

（後日談）

「足がきれいに治ってから、やけどしたことを知らない人に、どっちの足をやけどしたのか両方の足を見せて聞いてみました。その人はやけどしていない足の方を指さしました。やけどした足は区別がつかないほどきれいに治りました。ふつう私のように苛性ソーダでやけどした足は、皮膚が穴だらけで見られません。根源の光を受けた私だけが、すっかりきれいに治ったことは本当です。いかに根源の光が偉大であるか、私が実際に体感して初めてわかったものです」

親の水子の生命体に腹を痛くされた少女

ある日、腹が急に痛くなって、病院で検査と治療を受けても治らない十四歳の娘を、お父さんが私の所へ連れて来られました。お父さんは帰り、私が娘に早速根源の光を与えると、急に水子の生命体がその娘を通して大変苦しんで、何度も胸が急に大きく前の方に飛び出しました。肋骨があるのにこんなに飛び出すなんて、側で見た人でないと絶対に誰も信じられない状態でした。見ていると怖くなるほどで、私も今までこんな経験は初めてで、どうなるのだろうと思って驚きました。調べると、少女の体には親の水子の生命体が付いておられ、娘を通して苦しみながら私に助けを求めて出て来られて、泣きついて救いを求めて何度もミルクがほしいと言ったので、大きなコップで飲ませてあげると、「ありがとう、ありがとう」と何度も私にお礼を言い、涙をポロポロと流し泣きながら、「おいしい、おいしい」と言って飲みました。

さらに根源の光を与えてあげると、水子の生命体も幸せになって、苦しみも胸の飛び出す様子も収まりました。その後もずっと水子の生命体が幸せになるまで根源の光を与えてあげると、また泣きながらお礼を何度も言いました。しばらくして落ち着いた状態になった時に、お父さんが娘を見に来られ、お父さんに娘は、今自分の体で体感して苦しかった状態やミルクを求めて飲ませて頂いたことを話しました。お父さんは初めは信じられなくて、「嘘だろう」と言うと、娘は「本当だ」と泣きながらお父さんに言いました。あまりにも泣いて必死で訴えるので、お父さんは娘の必死の姿を見られて信じるようになられました。体も良くなって帰宅し、朝の三時まで親と添い寝して、しばらく水子の生命体は親に甘えたかったのだと思います。朝までにすっかり水子の生命体は娘から離れて、それからは娘の腹は痛くなりませんでした。

また、ある家の親子は、まず母の腰と膝が痛くなり、後から娘の腰も膝も痛くなったと仰いました。その原因となる生命体を娘から呼び出してみると、母の水子の生命体であることがわかりました。母の体に水子の生命体が二人いて、自分の親に中絶されても、命は生きて見たり聞いたりしていることを母に教え、自分が生まれたかったことと、幸せでないことを母の腰と膝を痛くして知らせていたのです。生まれていたら兄弟になる妹の腰も膝も痛くして、水子の生命体は自分の苦しみを、母と妹に教え知ってほしかったのです。私がお助けする約束をすると、二人の水子の生命体は根源の光を受けて喜んで幸せになって、それから急に母と娘の腰と膝の痛みは治って、母と娘は、根源の光で助けて頂いてよかった、と仰って喜ばれて帰られました。

ガンが発生する前に生命体を助ければガンにならない

ある夫人がガンになって「抗ガン剤治療を続けても今の状態では一年しか生きられない」と言われ、内科の医師と家族から、生命の根源の光の治療をして頂いて、少しでも長く生きられるようにしてほしい、と頼まれました。早速夫人の寝室に集まっておられる前世の因果関係の生命体を助けて、治療も毎月一回しました。

私の治療を受けた後で、病院で検査をして頂くと、必ず血液のガンの数字が一か二下がって、抗ガン剤治療を受けた後、他のガン患者よりも早く、七日間ほどで回復します、と夫人から聞きました。手術をされてから三年が過ぎて、肝臓の場所と左胸の上の方に、ガン細胞とは今の段階では決めることはできないが、ガン細胞と思われる物が発生しているから、今のうちに抗ガン剤で殺しておいた方がよい、と医師から夫人に言われました。夫人は少し迷いましたが、抗ガン剤治療を止めて、谷井先生から生命の根源の光を受けて治すことにする、と仰いました。それから毎月二ヵ月間根源の光を受けられて、三ヵ月目に病院の医師から電話があり、「ガン細胞と思っていた物が消えています」ということでした。「抗ガン剤治療を受けなくてよかった」と、夫人は横で聞いていた私に仰いました。

それから一ヵ月後に左側の大腸に、強い生命体が細長い六センチほど固まって、ガン細胞を発生させる様子が根源の光で診察してわかりました。しかし医学の検査ではこの段階ではガン細胞を発生させる生命がわかりませんからガン細胞ができないと発見できません。現代医学はガン細胞の生命と、行動、業が見えないから、医学の検査でわからない病気は原因不明と診断されます。生命エネルギーの業で病気が発生することを早く理解して頂かないと病気の発生が少なくなりません。一年しか生きられないと医師に言われてから六年過ぎていますが、夫人は元気で過ごしておられます。

死んだお祖母さんの生命体が家族の様子を見て聞いていた

Aさんの家のお祖母さんが朝七時に亡くなられました。ちょうどその日の二十時に、私が同じ村のBさんの家で夫人の背中を治療していると、夫人が突然に右の手の平で畳を叩き始めました。この行動はその日の朝七時に亡くなられたAさんの家のお祖母さんの生命体の思いがBさんの家の夫人に乗り移って、お祖母さんは次のように話されました。「私の家の嫁に伝えてほしいことがあります。今私は自分の遺体から魂が離れて、家の天井から家族が葬儀の準備をしているのを見ています。嫁が私の遺体に着せてくれた着物よりも、私の箪笥の二番目の引き出しに鼠色の着物があるからそれを着せてほしいことを私の嫁に伝えてください。それと、箪笥の三番目の引き出しにお金と預金通帳が入っていることを嫁に伝えてください。お願いします」。

亡くなられたお祖母さんの生命体の思いが離れてから、Bさんの家のお嫁さんがAさんの家のお嫁さんに伝えることを迷っておられましたので、私はAさんのお祖母さんの生命体に頼まれたことをその家のお嫁さんに電話で教えてあげました。それからAさんのお嫁さんが箪笥の中を調べてみると、お祖母さんの生命体が教えてくださったことが全て当たっていました。家族の方は、人が死んでも生命は生きて家族の様子を見たり聞いたりしておられることを信じられるようになった、と仰って喜ばれて、お礼の言葉を頂きました。

毎日龍に攻め殺されそうになっていた夫人

毎日龍に襲われる夫人に頼まれて、夫人の話を聞いてみると、毎日真っ黒の大きな龍が午前二時から五時までの間に襲ってくると仰いました。夫人は、「谷井先生の本に、人は死ぬ時に生命体に攻め殺されて死んでいく人も沢山おられる」と書いてあったことを思い出して、自分も龍に襲われて信じることができた、と仰いました。また、黒い龍が襲って来る時は姿が見えて、横波のように長い胴体を左右に曲げながら襲ってきて、体に巻きついて締めつけられる。夫人は龍のエネルギーを受けて締め付けられた場所が後遺症で一日痛い、と仰いました。私も強い生命体のエネルギーを受けた場所が、四日間痛み続けることもあります。

この夫人から龍の生命体を呼び出して調べると、大きな集団のリーダーでした。龍と何億の部下を二日間でお助けして、夫人の体は治って、それから龍に襲われることはなくなりました。後で龍に、夫人を襲った理由を聞いてみると、イギリスで宗教の分裂の時に、夫人の前身に多くの信者を取られたことで、龍の生命体は千二百年も、生まれ変わりの夫人を苦しめる時機を待っていた、と仰いました。千二百年の恨みも生命の根源の光を受けて救われて、苦しみも消えて幸せになりました。

世界のどんな信仰をしていても、死後幸せになることは至難の業である理由を、早く理解することが大事です。世界の人々は前世からの因果関係の生命体に恨まれながら生まれて、また恨まれながら生きて、殺されて死んでいく現実を知らないから、毎日幸せを考えて生きることができます。今まで夫人は、千二百年前から何億の龍の生命体の集団に毎日恨まれて生きていたことを知らずに幸せに過ごしておられましたが、毎晩龍に襲われて体感されて、初めて真実がわかったのです。

日々幸せに過ごしておられる大方の人々は、自分を恨む生命体はいないと思いたいでしょう。しかし、体感された時に初めて信じられるようになります。この夫人も龍に襲われるまでは本当のことを教えてあげても、私の本を読まれても信じられなかった方でした。全ての人は前世で因果関係の沢山の生命体に恨まれながら生まれて生きている現実を常に忘れてはなりませんし、自身の生命が未来で幸せに過ごせる生き方をしなければ自分の前世を綺麗にできません。しかし、殆どの方は未来のことよりも、今世の幸せの方が大事だと思われると思います。生命の修行は永遠に続けるものです。その理由は、幸せになれば不幸にならないために、不幸になれば幸せになるために、生まれても死んでからも続けなければならないのです。

私の家族三人が初めて体感した信じられない実話

五月二十八日に私の次男のマンションに、次男の嫁の母が来られて、私の妻と二人で食事をしました。その日の十二時三十分に私がマンションに行った時には、既に家に帰られた後でした。私は早速下の息子の部屋と孫の部屋の生命体を助けて、台所の生命体を調べずに妻と家に帰りました。帰宅して妻の気分が急に悪くなって、口から黒茶色い物を三時間ほど吐いてから、酷い下痢になってトイレに座り込む状態になり、それが二日間続いて何も食べられませんでした。その後、下痢が治まると、今度は私が酷い下痢になって、十五分おきにトイレに行く状態が二日間続きました。次男に電話してみると、やはり酷い下痢になって十分おきにトイレに行って、夜も眠れなくて悩んでいました。これは、大腸ガンと胃ガンで死んでからも苦しくて必死で助けを求めておられる生命体によるものだと感じたので、調べてみると、嫁の叔父は大腸ガンで酷い下痢で亡くなられて、その奥さんは胃ガンで酷い吐き気で苦しまれて亡くなられたことを、後から次男の嫁から聞きました。次男のマンションに、嫁の母と一緒に助けを求めて来られて、台所のテーブルの下におられたことを、私が知らずに帰ったので、早く助けて頂こうと思って、私たち三人に知らせるために吐き気と酷い下痢にされたことがわかりました。

長男と一緒に助けに行く時、玄関を出る間際まで続いて止まらなかった下痢が急に治まりました。これは、次男の嫁の叔父さん夫婦の生命体が、私が助けに来ることを知ったから、三人の下痢が止まったのです。

マンションに着いて台所のテーブルの下を調べてみると、次男の嫁の叔父さん夫婦の前世の因果関係の生命体も沢山集まっておられました。五月二十八日と二十九日と三十一日にお助けして、助け終わるまで十九時間かかりました。何十兆の二人の前世の因果関係の生命体を先にお助けして、下の息子の嫁の叔父夫婦の生命体をお助けしました。ガン細胞の生命は前世の因果関係の生命体ですから、その人を殺すためにガン細胞を作って殺して、死後も苦しめます。ガン患者は死ぬまでにガン細胞の数多くの生命と和解できなければ死後何千年も苦しまれることになるのです。

私たち三人は病院に行かず薬も飲まずに治りました。死後苦しんでおられる生命体に助けを求められると、病気で死んだ人と同じ状態になることを、妻と息子も体感し、二人とも信じられるようになりました。それから生命体のエネルギーの業の不思議さと恐さを初めて知ることができて、自分の体で体感された人でないと生命体の業は見えないから絶対に信じることは難しい、と言いました。

ガン患者には痛くなる方と、痛みが出ない方がおられます。痛くなるガン患者の方は、生命体の恨みが強い方で、数多い生命体の集団の攻撃を受けていますから、謝ることと和解して頂く会話をされることが大事です。お祓いされても、生命体に人間は絶対に勝つことはできません。その理由は、人間はガンで死んでも生命体は絶対に殺せないから、謝って許して頂いて幸せを願ってあげることが一番正しい方法で、自分も早く救われることになります。

病気の発生源を正しく理解されることが大事ですから、私の本を信じて読まれたら理解して頂けると思います。信じられないと思うよりも、真実を先に知ることが一番大事なことです。

倒れて肋骨が折れて、痛くて苦しむ男の方が根源の光を受けて治る

六十七歳の男性の方です。信仰心に篤く、人々を四国の八十八箇所参りに導いておられましたが、倒れて肋骨が折れて、胸が痛く苦しくて、専門の医師に診て頂きました。肋骨がくっつくまで痛み止めを飲むしかないと言われたのですが、痛み止めを飲んでも痛みも苦しみも治まらず、我慢ができなくて、人の紹介で車で二時間かけて私の家まで連れて来られました。家族二人に体を支えられて部屋に入って来られて、自分で座ることもできず二人に体を支えられて、ゆっくり寝かせて頂くほどで、胸が苦しくてタバコも吸うことができませんでした。早速生命の根源の光を二時間四十分当てると、患者の胸の苦しみも痛みも完全に治り、すぐに私の前でタバコを吸われて、喜んで帰られました。翌日、娘さんから電話で、父が仕事に行きましたと連絡がありました。

私はそれまで肋骨が折れた人の痛みを二人治したことがあります。生命体のエネルギーを受けて、痛い時と苦しい時に痛み止めを飲んでも効果のない方は、生命体の恨みが強く、エネルギーを強く送られています。自分を苦しめる生命体に心からお詫びして、許して頂くことが大事です。

夜寝ている時に体全体が飛び上がる人をお助けする

ある家のご主人は、毎晩寝ている時に、体が上に飛び上がっては下に落とされて、恐くて寝られなくて毎晩脅えておられました。また時々、村全体の家が火事になって燃える夢を見ることで恐怖を感じていました。ある日、宗教集団の道場で「断食しなさい」と言われたそうです。行くことにすると、百万円を持って来るように言われて、ご主人は田畑を売ることにしました。しかし夫人は初めから反対でした。ご主人は離婚を覚悟の上で、道場に行くため、朝バス停にいる所に、ちょうど本家の大人が来られて、「どこに行かれるのですか」と尋ねました。ご主人が出かける訳を本家の夫人に話されると、夫人は「今日は私の家に良い先生が来られるから、断食に行くのを止めて、その先生に一回会って相談してみなさい」と言ったそうです。そんな訳で本家に来られました。そこで、分家のご主人が私に、今まで体感された恐い実話を話されました。私は話を聞いて、これは分家のご主人の前世の恨みの強い生命体の業であることがすぐにわかりました。ご主人が寝られる下の方に、前世の因果関係の生命体がおられて、ご主人の体を毎晩上の方に飛び上げていたのです。

その後、ご主人が寝ておられる場所を調べてみると、沢山の生命体がいて、お助けしてからは一度も体が飛び上がることはありません。さらに、夢で村の家と周囲の山が燃える夢をよく見られる原因を調べてみました。分家のご主人は前世、二百五十年前に、この村の住人でした。その時、神社の神様の生命体も同じ村人で、貧乏で食べ物がなくて村人の大根を盗んだことが原因で、泥棒扱いされ、村人から仲間はずれにされて他の村に行きました。亡くなられてから、村八分にされた村の神社の神様になって、村人にお供え物をさせて神として手を合わせるように仕向けていたことがわかりました。神社の神の生命体を呼び出してみると、大変怒っておられて、「村人全員が謝りにこないと前のようにまた村全体を焼き払う」と言われました。この村は前に一度焼けたことがありました。村が焼ける夢を見られるご主人と一緒に私は神社にお酒を持って謝りに行って、村の神社の神の生命体をお助けすることを条件に許して頂いてお助けしました。その後は一回も村が焼ける夢を見ることはなくなりました。分家のご主人は「先生に会えて生命体をお助けして頂いて、田畑を売らずに済んで、百万円も使わずに、妻と別れずに済んで、こんな嬉しいことはない。あの時にバスに乗らなくて良かった。もしバスに乗っていたら大変なことになって、妻とも離婚していたと思います」と仰いました。本家の夫人にもお礼を仰って、嬉し涙を流されました。

救われるチャンスを与えられても、信じて頂けなければ助からないことになります。救われるか救われないか、紙一重で決まります。本家の先祖の生命体の方が私に分家のご主人を導かれて必死にお助けされたのです。ご主人が道場で断食されても、ご主人が毎日寝ている何百メートル下の方におられる沢山の生命体をお助けすることは不可能ですから、ご主人は百万円を無駄にする結果になっていたと思います。ご主人が断食されても無意味で、絶対に治らなかったと思います。

早くお助けすればよかった先祖の生命体と因果間係の生命体

ある家の母の治療をした時、娘が父に「実家の先祖の生命体をお助けした方がいいですよ」と仰いましたが、父はその時は元気でしたので、実家の先祖の生命体は助けなくてよいと仰いました。娘は私に、「先祖の生命体をお助けしないと、後から助けを求めて災いがなければよいのですが」と仰いましたが、その時はお助けできませんでした。

それから一年ほどして、娘が病院から「父が急に発作を起こし、顔から下半身が痺れて話せなくなって、手も痺れ何も持てなくなりました」と私に電話してきました。話を聞いて、父の発作を起こしている生命体は墓と屋敷におられることがわかりましたので、すぐに娘に、「お父さんの発作を起こしている生命体に、必ずお助けしますからどうか父の体からすぐに離れてください、と何度も頼みなさい」と言いました。私の言った通りに娘は生命体に頼まれました。すると急に発作は収まりました。その後に私は娘の家まで行って、娘の父の頭の前と右の方を根源の光で診察してみると反応がありました。治療を一時間すると、反応は消えてすっかり良くなられて、それから娘の父は病院に行かれました。

翌日、他の家の予約の後で、その家に行く予定でした。その時にまた娘の父が急に心臓発作を起こしました。先祖の生命体が、他の家に先に行かずに、早く自分達を助けてくれと催促しているのでした。私は、「他の家の仕事が先に決まっていますので、変更することはできません。その家の仕事が終わったらすぐに引き続いて、あなたの先祖の生命体と因果関係の生命体を十月十日に必ずお助けすることを約束します」と、娘に電話で伝えました。娘はすぐに父の心筋梗塞を起こしている生命体に、十月十日に必ずお助けする約束をされると、父の発作が急に収まったことを、電話で連絡してこられました。その時に病院では医師が六人も集まって、「こんな急に心筋梗塞が治るなんて信じられない。不思議なこともあるものだ」と仰ったそうです。その後、日を改めて、娘の父の実家の墓におられる生命体と、屋敷の先祖が寝ておられた部屋で苦しんでおられた先祖の生命体と因果関係の生命体もお助けすると、その後医師の治療を受けずに心筋梗塞は治って退院されました。

医師によると、「普通、心筋梗塞の発作が二度も起こると半身不随になる場合が多く、後遺症は必ず残る」ということです。この父の場合は「全く後遺症が残らず、本当に珍しい」と医師も検討した上で仰ったそうです。娘の父も、こんなことであれば、もっと早く谷井先生に先祖の生命体と因果関係の生命体をお助け頂いたらよかった、と仰いました。娘の父の実家の亡くなられた方を調べると、娘の父の家系で、心臓病と心筋梗塞で倒れて亡くなっている方が何人もおられました。こんな方々をみんなお助けすることで、先祖の遺伝も切れて心筋梗塞の遺伝も切れて、後を継がれる子供や孫が同じ病気になりません。この体験を通して初めて、娘の父と母も、「生命体の業が見えないだけに恐ろしいものですね。自分の体で体感しないと絶対に信じられませんね」と仰いました。生命体の業は大変な力があることを、それから真剣に考えられるようになられました。苦しくて死ぬか生きるかの危険な目に遭って、初めて信じられるようになったのです。

登校拒否の娘さんを救う

ある家の高校生の女の子が登校拒否をしているということで、その母から、頼まれて助けることになりました。同じように学校に行かないお子様を持つ方もおられると思います。この女の子の場合、朝になると、いくら「起きなさい」と言っても起きなくて、体が悪いのではないかと母が病院に連れて行き、検査して頂いても、どこも悪くないと医師から言われました。しかし、女の子はどうしても朝になると起きません。「起きて、学校に行きなさい」と言っても無理だと思い、母は精神的にも疲れ果てて、私に頼まれました。その女の子を根源の光で診察してみると、胃に反応がありました。二回治療しましたが反応は消えなかったので、これは他に原因があると判断し、女の子の家に行って、女の子の寝ている部屋とベッドを調べました。やはり私の予想通り、部屋全体と、特にベッドの中に沢山の生命体が苦しんでおられました。部屋とベッドの生命体を七時間かけてお助けしてから、隣に寝ている男の子の部屋を調べてみると、全く苦しんでおられる生命体はいませんでした。だから男の子は毎日元気で学校へ行きます。女の子の部屋の生命体をお助けすると、胃の反応も消え、翌朝から毎日自分で起きて学校へ行くようになりました。それから高校も卒業できました。こんなことは、体験した本人と家族だけが信じられることです。

前世の色情の恨みを受けて精神病になった夫人

ある夫人が自動車を運転中、急に背中が熱くなりました。その時から気持ちが混乱するようになり、夜もよく眠れない状態が続き、次第に精神状態が悪くなって、買物で要らない物を一度に何十万円分も購入し、ご主人はその品物を後で店に返すのに苦労されました。ある時に急に服を着たまま水風呂に入ったり、いつも落ち着きがなく、眼の締まりもなく、ご主人は大変困り果てておられました。

夫人の病気を治すために、精神病院に入院させていましたが全然治らなくて、私のいる家まで来られて依頼されました。その時、偶然に霊能者の方がその家に来られて、精神状態が悪い夫人の三メートル前に座り、二メートル近くまで正座のまま近づいた時の一瞬の出来事です。精神状態が混乱している小柄な細い夫人を支配している生命体のエネルギーにより、大きな体格の霊能者が後ろに跳ね飛ばされたのです。そして霊能者の胸が苦しくなりました。私がすぐに霊能者に近づいて、根源の光を与えると、霊能者の胸の苦しみは治まりました。霊能者を跳ね飛ばした力の強い生命体は一体何者なのか、調べてみると、前世で恨みのある教祖の生命体が大きな黒い龍の姿で現れて、テレパシーを使って夫人の精神を混乱させていることがわかりました。

夫人の前世の色情の恨みのある方です。前世において夫人の恋人で教祖だった方との間に一人子供がありました。しかし、夫人は前世で他に好きな男の人がいて、今まで付き合ってきた教祖と子供を見捨てて新しい恋人と蒸発していたのです。その生まれ変わりの夫人は、今世で今の男性と結婚されましたが、前世で恋人と子供を捨てたために、今世で子供ができなかったのです。夫人の前世の恋人は神に仕えておられた方で、龍の姿になって上の方を飛び回り、そのエネルギーを霊能者が真正面に受け、胸が苦しくなったのです。

私はすぐに霊能者の前に行って、上の方で飛び回る龍に根源の光を送りました。龍はまだ恨みが強くて、根源の光を避けて遠くに去って行きました。その後また時機を見て、夫人の実家の生命体を助けに行った時、ご主人が妻の顔を見ると、真白の髪の長い男の首が、教祖であった時の姿で急に現れて夫人に近づいて来て、夫人の顔と入れ代わって見えたのです。ご主人は怖くなって、それからこうした事象を信じられるようになりました。今世の妻のご主人だけに、この夫人は前世で自分の恋人であったことを、はっきりと自分の顔を見せて教えたのです。前世の色情の恨みは怖いものです。それからしばらくすると、髪が白くて長い前世の教祖の顔が、夫人の顔から離れて消えてなくなりました。その時に、今世のご主人の体に鳥肌が立ち、「怖かった。恨みとは死んでからも生まれ変わってからも何百年も続くものですね」と言いました。顔色は青ざめて体はまだ震えていました。

夫人の実家の生命体を助けてから、空き家になっているご主人の家に行きました。そこは港町で、八百年以上前に源平の戦場で、大変不幸な人が多い所でした。ご主人の空き家には苦しむ生命体が沢山おられたので、一晩泊めて頂くことになって、夕食を頂き、二十二時に私は今晩何かが姿を現す予感がして、家の人たちにも、そう言っておきました。

寝て十五分ほどした時に、部屋の入口から長い大きい黒い龍がスルスルッと私が寝ている部屋の入り口から入って来ました。黒い龍の姿がはっきりと見えた瞬間、私の体に二重に巻きついて、後ろから首筋に噛みつきました。私は両手で胴体を抱きかかえるようにして根源の光を龍に送りました。大きな太い龍は私を締めつけて必死で殺そうとしましたが、私の体から出る生命の根源の光を浴びて、離れて姿をくらましました。その瞬間、私は布団を跳ねのけて、リーダーが数多くの部下を連れて、私を攻め殺しにきた生命体は、部屋の中全体にまだ飛んでいましたので、一時間でお助けしました。それからは、朝までその大きな龍のリーダーは出て来られませんでした。このままお助けせずに帰ることはできません。私を襲って殺そうとした黒い龍を呼び出して、ご主人に謝って頂いてから、ご主人と夫人を苦しめた龍の生命体をお助けしました。今まで気が狂って何ヵ月も精神病院でも治らなかった夫人の心も体も元の状態に治まって、夢のように良くなられました。

こういった話をこの本を通して読んで頂いても、大変信じ難い体験でしょう。本当に側で体験された人でないと、理解できる人は少ないと思います。しかし力のある霊能者の方は体験しておられますから信じられると思います。この黒い大きな龍も不幸な方ですから幸せにしてあげることが正しい行為なのです。お祓いされて今まで以上に不幸にしてはいけないのです。この本の文書は実際の体験をそのまま書かせて頂いた実話であります。

会社に行って仕事をしないで帰ってくる息子

ある家の息子が毎日会社へ行くと言って出かけるのですが、会社に行かずに弁当だけ食べて帰ってくることがずっと続いていました。いくらご両親が息子に会社で仕事をして帰りなさいと仰っても、息子は言うことを聞き入れてくれません。ご両親は困り果てて、大きな宗教集団に入会しましたが、宗教では治らないということでした。そこで私が両親に頼まれて、その家の息子を診ることになりました。先に息子の体とベッドを調べてみると、ベッドに沢山の生命体が集まって巣になっていました。その生命体をお助けすると、息子はちゃんと会社へ行くようになって、ご両親は大変喜ばれました。

それから六年後に、再びご主人から私に電話があり、「実はうちの息子が朝起きないので、怒って無理やり起こしていたのですが、毎日仕事場で私と喧嘩して、物をぶつけるまでにエスカレートしています。なぜこのように息子は朝起きなくなり、仕事もしないようになったのか調べてほしい」と頼まれました。その家に行って息子のベッドを先に調べました。寝室に入ると、息子はベッドの上に畳を敷いて、その上に布団を敷いて寝ていました。そのベッドの畳と敷布団の中全体に、沢山の生命体が巣になっていました。その畳と敷布団をそのまま部屋の隅に持っていって、生命体に「来月助けに来ますから、この畳の中にずっといてください」と頼んで、ベッドの布団と畳を新しいものに変えて頂くことにしました。すると、早速翌朝から息子はちゃんと毎日早く起き、父と仲良く仕事もされるようになりました。それから一ヵ月後に、部屋の隅に置いた敷布団と畳にいる生命体をお助けしました。

それから二十年以上も経ちますが、毎日仕事をちゃんとしています。息子の父が、「自分たちが体験した事を人に話をしても信じて頂けないだろう」と仰っていました。さらに、生命体の業は大変偉大であり、見えないだけに体験しないと絶対に信じることができない、と家族で話をされて喜んでおられました。

生命体の生存の場所は、寝室が非常に多く、また仏壇に先祖の生命体がおられた場合には、仏壇の何百メートル下の方に、どこの家でも先祖の生命体が苦しんでおられて、仏壇の中と周囲に前世の因果関係の生命体が沢山おられます。また屋敷に先祖の生命体がおられたら、その場所の上に必ず因果関係の生命体もおられますから、悪いことが起こることもあります。また、先祖の生命体が苦しくて助けを求める時と、家族に恨みのある生命体の業で災いが起きることもあります。墓におられる先祖の生命体と、恨みのある生命体を助けている途中で、今まで悪くて治らなかった体が墓ですぐに治る方もおられます。先祖の生命体が原因であった場合には、お助けしてあげてから、今までうまくいかなかった商売が良くなる方もおられます。

おしっこが止まらずおむつをしていた夫人が治る

ある家の五十五歳の夫人はおしっこが止まらず、おむつをしていました。その夫人を病気にしている生命体を呼び出して聞いてみると、夫人の娘が嫁いだ本家の亡くなられたお祖父さんの生命体が、毎日寒くて我慢できず、助けを求めて夫人に縋り付いていたことがわかりました。娘が「本家のお祖父さんの生命体までお助けするお金はありません」と仰ると、本家の亡くなられたお祖父さんの生命体が、「あんたが私を助けられるだけのお金を貯金していることは知っている」と言われました。見抜かれて、本家のお祖父さんの生命体をお助けする約束をしてすぐに、今まで止まらなかった夫人のおしっこは止まりました。本家のお祖父さんの生命体は、死んでから墓の何百メートル下の方で苦しんでいても、根源の光を受ければ助かることを知っておられたから、分家の嫁の母のおしっこが止まらないよう仕向けて、必死に助けを求めていたのです。見えないからと思われて嘘を言っても、先祖の生命体は苦しんでおられますから、恨まれることになって自分を不幸にすることもあります。嘘を言われても見抜かれます。言葉を慎んでください。

たとえば百億円を墓にいる先祖の生命体にお供えして供養しても、先祖の生命体が幸せに天国に行くことは至難の業です。エジプトのカイロにあるピラミッドの内部におられる生命体でも、幸せになれずに何千年も苦しんでおられました。ですから墓の形や大きさで亡くなられた人の生命体は幸せになれないことが、ピラミッドの内部の王の墓室を調べてわかりました。自分の生命の何千年以上前からの因果関係がある、何百兆の生命体と和解するしか幸せになる方法はありません。しかし、現実は一生かかっても和解することは至難の業です。それは、数が多く、恨みが強く、何百年、何千年も苦しんでおられるからです。しかし、自分を恨む方も幸せにできる会話をして救う方法なら、貧しい人もお金を使わずにできます。どなたも努力すればできる方法です。たとえ生命体が何千兆苦しんでいても、一人一人、許すことができたら、二千年苦しまれた生命体であっても全てがすぐに幸せになれます。世界の全ての人間も先祖の生命体も、この方法を今から実行をしなければ救われないことを、お参りされる時に先祖の生命体に教えてあげることが大事です。

戦争、欲、恨み、騙し奪うこと、差別、いじめ、悪祓いで美しい世界に苦しむ地獄を作っていることを信じてください。死んでからも絶対に必要な考え方です。大事なことですから、何回も書いてあります。絶対に忘れないでください。人間は生まれて死ぬまで、死んでから生まれるまで、どんなことがあっても誰を恨むこともできません。その理由は、私の本を読んで理解してください。日々全てを許し、全てを愛し、謝り、感謝、反省、償いをして皆の幸せを考えて生きることが、自身も皆も幸せにできる方法です。このことを、全ての生命を誕生させた根源は、全ての生きる者が平等に救われる方法として教えておられます。

生命の根源の光の治療を信じて助かった子供

人の紹介である夫人に頼まれた件です。十二歳の男の子の頭の中にガンができており、すぐに入院して手術をしないと駄目だと、医師から言われました。その子の母は三十日入院を遅らせて、生命の根源の治療を先に子供に受けさせました。それから、子供を入院させると、CT検査の結果が良くなっていたので医師が不思議に思われて、今の状態なら手術はすぐにしなくてもよいと医師が仰ったと、子供の母が私に仰いました。手術が無事に終わった後、その子の母に頼まれて病院へ行きました。何となく寝台の手すりに手を触れた瞬間、強い生命エネルギーが私の両手にビリビリと感じられました。調べてみると、子供を恨んでいる生命体が大きな龍の姿になっていました。助けてあげると、龍の姿が消えて天国へ行かれました。他の同じ病気の子供は、一年入院しないと退院できません。途中で退院した子供は死んでしまうと医師が男の子の母に仰いました。

私が生命の根源の光で治療した子供は六ヶ月で退院できました。それから、成長して大学を卒業して仕事をしています。母の強い決断力が自分の子供を早く助けたことになります。

殆どの方は、医師がすぐに入院しなさいと言われたら、すぐに入院します。子供の母が、根源の光の治療は素晴らしいことを知っておられたから、早く決断できたと思います。

目が見えなくなった男性が根源の光を受けて見えるように

親戚の方に頼まれて、目が見えない男性の話を聞いてみると、三年以上前に車を運転している時、急に丸い太陽のような球体からの光を目に受けて、両目が失明して、今まで医学治療も受けても全然治らなかったと仰いました。私は、「左目は病院で光線治療をされたから治らないと思いますが、治療を受けなかった右の目は運が良ければ見えるようになります」と、説明しておきました。

翌日の十九時三十分親戚の方の家に目の見えない男性が来られました。自分一人で歩けなくて、親戚の夫人に手を引かれて私の前に連れて来られたのです。家族の方と知り合いの方、合計七人の方が私の治療を初めから側で見ていました。医学治療を受けても全く見えなかった目が生命の根源の光を受けて見えるようになることは信じられないと、七人全員が初めから思っていました。私は奇跡が起こるような予感がしましたが、根源の光を受けて頂いて、結果をみないとわからないので、絶対に治ると皆の前で言いませんでした。

患者の目に手を当てた時に、皆の目も心も私の手と患者の目だけに集中していました。私が生命の根源の光を、目が見えない男性の目に三十分ほど与えた時、男性が目を閉じたままの状態で、急に明るくなってきたと言いました。それからも根源の光を合計で二時間三十分ほど与えて、患者の目から手を離した時に、今まで全然見えなかった目がはっきり見えるようになりました。男性は新聞の字も読めるようになって、家に帰る時には、自分で車を運転して帰れると周囲の人たちの前で言い、心の底から今自分が感じる喜びを皆の前で表現しておられました。「目が見えるようになったぞ」と何度も何度も泣きながら仰って、「この通り目が見えるようになった」と喜ばれる姿を、周囲におられる七人の方が側で見て、「こんな奇跡は初めてだ」と仰いました。皆の目の前で、目の見えなかった人が見えるようになった奇跡を体験されて、今まで絶対に信じなかったけれど信じない訳にはいかない、と皆は驚きの表情をしていました。それから目が見えるようになった男性がすぐに夫人に電話されて、涙を流して、繰り返し「目が見えるようになったぞ」と喜んで仰っていました。その姿を見ておられた周囲の人たちの目からも喜びの涙が流れていました。目が見えなかった人が見えるようになった時の喜びは、何物にも代えられない尊い自分自身の宝物と知ることが実感できたのです。人間も生命体も全て許し全てを愛することで、自分の願いが叶って奇跡が起こるのです。

自分だけが救われる行為をされると自分を正しく救うことができません。自分の目を見えなくしていた生命体を助けて、幸せにしてあげることで自分も共に救われたのです。生命の根源の奇跡は、全てを許し、差別せず、救う愛の行為で起こるのです。お祓いで起こる奇跡とは違います。

腰の中に入っていた黄金に輝く偽菩薩の生命体をお助けする

腰が痛くて杖をついて足を引きずりながら、私に助けを求めてきた男性がおられました。私が根源の光を腰に与えると、その人の腰の中に入っている生命体は、黄金に輝く菩薩の姿で現れました。普通の人は本当の菩薩であると信じてしまいますが、黄金色に輝く菩薩に生命の根源の光を与えていると、菩薩の姿が崩れ、中から本当の姿が現れました。それは恐ろしく怖い顔をされた老婆の姿でした。その老婆の生命体が、自分の光の業で黄金に輝く菩薩の姿を作って、腰の痛い人に見せられたのです。その老婆の生命体に根源の光を与え続けていると、怖い顔と姿が次第に優しく美しい顔姿に変化して、悪から善に心も姿も浄められ、美しい本来の自分自身の原点に戻りました。

その後、男性の腰の痛みは治りました。神仏の生命体に仕える方の中には、様々な金色に輝く神仏の姿や光を見せられて、神仏の生命体からお告げを受け、霊感を与えられて、神仏の生命エネルギーで病気を治せるようになって人々をお助けされている方もおられます。しかし、その神仏はその人の第二生命体の光で描かれた姿で、本人の前世で恨みのある生命体の業なのです。今世のことでも見えたり、過去のことが当たると先のことも当たると思いますが、現世の今から先のことは半分当たれば良い方です。人間の能力では、死後の世界のことは見えませんから、第二生命体に違うことを教えられたり、見せられることもあります。

腰の痛かった男の方は体感されて、黄金の菩薩の姿の老婆が、自分を恨んでおられたことを初めて知って、幸せにできたことを喜んで帰られました。

根源の光に助けを求めた不動様と龍神の生命体

とても寒い日でした。ある村のお堂で私が不動様の生命体をお助けする時に、「生命の根源の光を受けて不動様の生命体が幸せになりますと、お祓いができなくなって人を助けられなくなる」と言ったところ、もう一体の不動様とお堂の真ん中の床下におられた黒い龍神の生命体が逃げてしまいました。

しかし、最初に根源の光を受けられた、お堂の外の不動様の生命体が、幸せになって天国で喜んでおられるのを見て、逃げた不動様の生命体と黒い龍神の生命体も「自分たちはなぜ人々についている生命体をお祓いして苦しまなければならないのか」と考え、心が変わり、今度は自分たちも助けてほしくなって「一日でも早く助けに来てくれ」と思うようになりました。ある日の午前五時。ある夫人に不動様の生命体が乗り移り、意識も体もまるで狂ったように暴れて出てこられました。この不動様に乗り移られた夫人は、不動様のお堂がある村で生まれた方でした。ご主人が恐くなって、午前六時に私に急に電話をかけ、奥様の状態を話されました。私はご主人に、寝室から奥さんを電話のある所まで連れて来なさいと言いました。ご主人が、暴れ狂う奥さんの体を後ろから抱きかかえて電話のある所まで引きずりながら連れて来ると、受話器を奥さんの耳に当てて、電話を通して、その不動様の生命体と話をしました。私は助けに行く日を決めて約束をすると、不動様の生命体の怒りも静まり、必ず忘れずに一日でも早く助けに来てください、と念を押されました。

その後、不動様の生命体と約束したその日にお助けに行きました。その朝、不動様の生命体が村人の心を動かしたのか、急に朝早くから不動様のお堂の近くまでの道の雪を村人が除雪しました。村人は、私が不動様の生命体をお助けに来ることを全然知りませんでした。その日は大雪で六十センチ積もっていて、途中からお堂まで歩いて行き、十八時から暖房のないお堂の中で五時間、不動様の生命体とお堂の真ん中の床下におられた黒い龍神の生命体もお助けさせて頂きました。この村の方で不動様のお堂を建てられた本人が、前世で不動様の生命体と同じ村人で、不動様の生命体は村人の物を盗まれたことが原因で、村八分にされて村に居られなくなって、下の村に行かれ、亡くなられてから不動明王になり、村八分にされた村に戻って、前世で村八分にした人の生命が誕生させた方に償いをさせるために、自分のお堂を建てさせ、不動明王の像を作らせて祀らせたのです。前世で自分を村八分にした人の生まれ変わりに罪滅ぼしをさせるために、自分が不動明王の像に宿って、お供え物をさせて合掌させることが目的でした。人々は木像の不動様の姿しか見えませんので、肝心な不動様の生命体がどんな方なのか知らずにお参りされて幸せを求めておられました。

今までの仏教の教えと現実の世界と違うこともあります。その不動様は「人間は可哀相だ。人間はみんな助けてくれ、と私の所へいろんな事を拝みに来られるから、人間をいじめたり病気にしている生命体を自分たちが不動明王や龍神になって光を使ってお祓いしてきた。自分に頼まれた人間を助けることが正しいと思って、人間をいじめる生命体を悪者だと考えてお祓いし、今まで人々をお助けしてきた。が、この行為はやっつけるかやられるかの戦いなので、自分も苦しみながら共にお祓いして人々を助けてきたのだ」と仰いました。

「降りかかって来た炎は払わねばならない」という諺があります。それは人間と生命体、生命体と生命体、人間と人間とに行われてきたことであり、生命の根源の教えではありません。根源の愛とは、全てを助けて浄めることであり、戦ってお祓いすることを止めて、全ての者を助けても殺してはならない、幸せにしても不幸にしてはならない、許しても恨んではならない教えであり、自分の敵を救う行為で、敵を不幸にする戦いではありません。不動様になられた生命体は、正しい原理を知らなかったために、間違った考え、行動をされてこられ、お互いに苦しんでこられたのです。生命の根源の光を受けられて不動様の生命体も黒い龍神の生命体も幸せになられ、「お祓いは二度とすることではない。助けて頂いたご恩はいつまでも忘れません」と仰って喜ばれて、天国に行かれました。それからは夫人はうなされたり、夫人の体に乗り移って暴れ出ることは一回もありません。

毎晩婦人を襲った龍を助ける

ある家の婦人が毎晩龍に襲われて、恐怖を感じて苦しんでおられました。この婦人は龍に襲われるたびに、殺されるかと数珠を離さず持って毎晩怯えて寝ておられました。大きな宗教団体に入会されて、毎晩お題目や般若心経を上げても龍の力が強くて、全然効果がありませんでした。このことを誰に話しても信じて頂けなくて、夜になるのが怖くて、毎晩眠れなくて私に助けを求められました。

私はこの家に行って、泊めて頂いて仏間に寝させて頂きました。どこの家でも私は一番恐ろしい部屋に寝かせて頂くことにしています。しかしこんなことを恐れていては数多くの恨みの強い生命体を救うことはできません。私は婦人に襲いかかる龍の生命体をお祓いするのではなく、お助けすることが目的です。

仏間に寝て十五分ほど経ち、半分眠りかけた時でした。一瞬にして天井の上の方から真黒の龍が現れました。上を見ますと、真黒の龍体の顔に丸い黄金に光る二十センチほどの目の玉が、暗闇の上の方に二つキラッと光っているのが確認できて、その目の玉が寝ている私の胸に向かって天井の上の方から襲ってきました。私は動けない状態で、息もできないほど苦しくなって、龍はまたすぐ天井の上の方へ上がって、暗闇から黄金に光る目の玉で私を睨みつけて何回も襲ってきました。この体感は今も忘れません。何度も何度も私に向かって攻め降りて来て、龍が天井の上に上がった時にすぐに私はパッと起きて、根源の光を与えると、龍は姿を隠してしまいました。その時、リーダーの部下が小さな球体の形で一緒に沢山部屋に集まって飛んでいたのでお助けしました。しかしリーダーの龍と残りの部下を助けずに帰ることはできません。リーダーの龍は朝まで現れませんでした。

朝食を済ませて、龍はどんな訳があって婦人を毎晩襲って来るのか、一度調べてみることにしました。婦人からリーダーの龍を呼び出して訳を聞いてみると、次のように言いました。「私は前世の五百年前、お互いが武士の時に、戦って殺され、今まで苦しんできた。そのことで毎晩苦しめて殺してやりたいと思っている。あなたは関係のない方だから自分を助けずにすぐに帰ってください。自分たちが助かると、この婦人をこれからいじめて殺せなくなる。あなたは邪魔であるから二度とこの家にこないでほしい」と仰いました。

そこで私は、「あなた方を全てお助けするまでは、私はこのまま帰るわけにはいきません」と申し上げますと、武士のリーダーは「私たちは今まで悪いことばかり考えて、悪事を重ねてきたので、今更どのようにして頂いても、どんな光を受けても幸せになれることはあり得ない。今まで五百年の間、様々な所に行き、どのような光を受けても自分たちは幸せになれなかった。もう二度と信じるものはない」と仰って、さらに「あなたはなぜこのように恨んで悪いことばかりしてきた我々を助けられるのか。なぜあなたの光によって、私たちが幸せになれるのか」と質問をされました。これと同じ質問をされる生命体はおられます。人間であるのになぜ自分たちを救うことができるのか、と尋ねられました。「私が与える光は人間の光ではありません。今までの神仏の生命体の光ではあなた方を救うことはできません。この光は全ての生命の根源の光であり、偉大なる愛の光です。全てを許して救う、最高に黄金以上に輝く美しい光を受けられると、どんな罪を重ねて汚れた生命体であっても、生命の心が綺麗に浄められて幸せになれます。ですから根源の光を受けられる時には、お互いに恨むことだけは止めて頂いて、美しくなろうという心で受けられる約束を守って頂けたら、必ずあなたと残りの部下も全てお救いできます」と約束しました。すると、リーダーが理解できたのか、「一回だけ私と根源の光を信じる」と仰いました。

場所はその家の仏間とその隣の二つの部屋に集まって頂くことにされて、時間は三時間後と約束されました。私はその場所で、武士たちの生命体の集まって来られるのを待っていました。三時間ほど経ちますと、約束通り沢山の生命体がガラスや壁を通して部屋の中へ集まって来られました。その時、私は正座で休まず続けて全てが助かるまで一時間お助けさせて頂いて、全ての部下が助かったと思われる頃、リーダーの方が龍の姿から武士の姿で部屋の真中に胡座をかいて座られました。そのリーダーの方に根源の光を当てますと、大きな武士の姿も根源の光で浄まって次第に消えていく様子が見えました。それから、この家の婦人を通してもう一度リーダーの方をお呼びして、根源の光によって本当に部下もリーダーの方も全てが幸せになられたかどうかを確認のためお尋ねしました。約束されたことを守ってくださいましたので、多くの部下と共に、五百年も苦しんでおられた武士のリーダーと部下たちは全て救われました。

武士のリーダーは、畳の上に頭をつけて涙を流して感謝をされて、「自分たちをこのように幸せにして頂いたこの恩は生涯忘れません。どうか私たちの今までの数多い罪を許してください」と仰いました。私はその時リーダーに、「許すも許さないもありません。皆さん全てが幸せになられたらそれでよいのです」と言いました。その時にまたリーダーの目から涙が流れました。それから部下と共に喜んで幸せに天国へと行かれました。

それからは二度と、その婦人は龍に襲われたり金縛りになったりすることはありませんでした。この武士の生命体は何百年も長い年月苦しまれて、どこに行っても悪者扱いされて幸せになれる所はなくて救われる気持ちを諦めておられました。信じるものがなくなった生命体ほど、助けてあげて幸せになれた時に涙を流され喜ばれて感謝される方が多いのです。このような生命体を幸せにしてあげないと、人間の世界も死後の世界の地獄もなくならないのが今から先の厳しい現実であります。

医学治療で不可能な難病が治った人

ある学校の校長先生に治療法を説明すると、ぜひ自分の息子の病気を一回診てほしいと頼まれました。息子さんは翌日、大阪の大きな病院に入院して背骨を手術することに決まっていました。息子さんは兵庫県の神戸の街で酒屋さんをしておられ、重い酒を持ち運びしているうちに、腰の少し上の背骨が三カ所つぶれて、それから腰や足が痛くて、腰を曲げてやっとのことで歩いておられました。今まで医師の治療も受け、マッサージやハリの治療もされましたが、痛みは治らず悪くなるばかりで、ある大阪の病院で検査の結果、手術をすることになりました。背骨の手術はこれ以上悪くならないための手術であると医師から言われ、それでもこれ以上悪くならない手術することに決めて、翌日入院するという夜に、私は息子の父と家に行って、早速背骨と腰と足を診察と治療をして、今までは不可能な状態であった腰と足の痛みが大分取れて軽くなって、本人もお父さんも奇跡が起こったと喜ばれ、父と息子さんは夢のようだ、信じられない、不思議ですねと仰いました。背骨が三ヵ所もつぶれている状態で腰と足の痛みが大分取れて楽になったことを、医師に言っても信じて頂けないですよと仰って、お父さんも息子さんも根源の光の治療をして頂いて本当によかったと喜ばれました。

それから私の家に三度治療にこられて、全部で四回の治療で痛みが完全に消えました。このように背骨が三ヵ所もつぶれている病人を治したことは、私も初めての体験でした。背骨が三ヵ所もつぶれて腰と足の痛みが根源の光を与えただけで痛みが取れて、曲がっていた腰もまっすぐになって、普通の方と同じように歩けるようになりました。私の治療を信じず、病院で手術していたら大変なことになって、一生痛みが取れずに仕事もできず、苦しむことになっていたと思います。信じるか信じないかで、救われるか救われないかが決まることもあります。また恨みのある生命体に邪魔立てされる人は、根源の光の治療をさせないように仕向けられて、治る病気でも一回の治療で止める方は、治せない人もおられます。この方は足腰の痛みが治って元気になられたから運の良い人でした。

開かなかった赤ちゃんの両手が生命の根源の光により開き、動かなかった両足も治る

この赤ちゃんは生まれて間もない時に、親が有名な一流病院に入院させました。赤ちゃんの症状は、引きつけと両足が突っ張ったままで一回も曲がらないこと。それに両方の手の平が生まれた時から握られたままでした。百日間医師の治療を受けても両方の手の平を一回も開くこともできず、医師は赤ちゃんの両手の平にガーゼを入れて、この子は医学治療では治らないということで退院させました。それから、私の所へ来られた同じ村の人の紹介で、赤ちゃんの家族四人が私の所へ赤ちゃんを連れて来られて、治してほしいと頼まれました。

今までこんな状態の赤ちゃんの治療は初めてでしたので、治るとも治らないとも言えなくて、三回だけ根源の光を当てることにしました。一回目の治療では全く両手は開きませんでした。二回目に来られた時も全然開かなかったので、いよいよチャンスはあと一回でした。三回目に手の平が開かなかったら、もう私の所へは赤ちゃんを連れて来られないだろうと思っていました。すると、奇跡が起こって赤ちゃんが左の手の平を自分で開いたりつぼんだりするようになりました。こんな体験はそれまで私も初めてで、大変嬉しく思って生命の根源の光に感謝しました。赤ちゃんは右の手の平も自分

で開くようになり、両手の平を開いたりつぼんだりするようになりました。

こういう奇跡は、側で見られた人でないと本当に信じられないと思います。それから、四回目に来られた時に、突っ張っていた両足を赤ちゃんが自分で曲げたり伸ばしたりできるようになって、本当によかったですねと赤ちゃんと家族に言って私も一緒に喜びました。しかし三回目で引きつけはまだ治りませんでした。それからは来られなかったので引きつけはその後治ったかどうかわかりません。

赤ちゃんが引きつけを起こすとしばらく息ができなくて、顔が紫色になってとても可哀相で側で見ていられないほど苦しみます。赤ちゃんの親は毎日見ていられないと思います。この赤ちゃんの病気も前世に恨みのある生命体の業であることは間違いありませんので、その生命体を助けることで、赤ちゃんの引きつけも必ず治せると私には自信がありました。が、赤ちゃんを恨む生命体が強くて、必死で邪魔立てされて私の所にこさせて頂けなくなって残念に思いました。助けてあげたくても助けられない人も生命体もいますから、全てを救いたくても救えないこともあります。

子供が四十度近い熱を出した原因を解明する

ある子供の父親から急に電話がかかってきて、子供が四十度近い熱を出して、医師に診てもらってもその時だけ熱が下がって、またすぐに熱が上がって吐いて、四日間何も食べていないので、このままでは死んでしまう、という電話の内容でした。私は早速その子の父に教えてあげました。「その子の寝ている場所に沢山の生命体がいると思いますから、その生命体に、日を決めて必ず早くお助けしますから子供の熱をすぐに下げてください、と頼めば必ず子供の熱が下がります。もし下がらなかった場合は必ず私に電話をしてください。私からその生命体に電話で頼めば熱は下がります」と、教えてあげました。早速子供の父は生命体にお助けすることを条件に頼まれたら、すぐに熱も下がって吐かなくなりました。

その二日後に、私はその家に行かせて頂いて、子供を寝かせている場所を調べると、やはり私の思った通り、子供の寝ている場所の畳の中に沢山の生命体が苦しんでいました。その生命体を六時間でお助けしてから、その後何年も経ちますが、熱が出て上がることはありません。ご主人も信じられない体験をできたと仰って喜んでおられました。

こんなことも知らずに薬を飲ませている方が現実に増えています。生命体の意識を変えるだけで病気は治る方もおられます。が、薬を飲まないと熱が下がらない時と、病気も治らない時もありますから、生命体の業なのか、体に原因があるのか先に調べることも大事です。が、薬を飲むことで薬の副作用で内臓が悪くなる時もあります。病気にしている生命体に幸せになれる話をして病気を治す方法は、皆が自分でできる正しい未来の治療法です。私が電話で生命体に話をするだけで体の痛みが消えたり熱が下がることもよくあります。こんなことは生命体の業が理解できれば信じられるようになります。

医師も認められた生命の根源の光の診察治療

私はある病院の院長先生に頼まれて、病院の手術室と病室の生命体をお助けさせて頂きました。院長先生は左腕の関節が痛いということで、今は痛み止めを打って耐えているとのことでした。私が根源の光で診察すると、その腕の関節の痛みの反応がズキズキと私の手の平に感じられました。一時間くらい根源の光を当てると、私の手の平に感じた関節の痛みの反応が消えたので、先生もう大丈夫です、今日から痛み止めを使わなくても腕の関節は痛くなりません、と院長先生に申し上げました。凡人は、痛ければ悪いと思い、痛みが消えると治ったと思います。いろんな治療で痛みが消えても、それは治ったのではなく、痛みの原点が解決していません。生命体が痛くするのを止めているだけですから、痛みが根本から治っていません。本当に治れば、月日が経っても痛くなりませんし、根源の光で診療しても、反応は完全に消えています。消えていなかった場合は必ず後で痛くなることも根源の光で正確に診察もできます。

院長先生は自分が先に体験されて、これは素晴らしい診察治療法だと理解されました。息子さんは二人、内科と外科の医師で、一人の息子さんは体が大変悪いということで、私の治療を受けるために他の県から父の病院までこられました。息子さんの背中を診察すると、背骨に強い反応がありました。

背骨は神経の源ですから、内臓も悪くなっていました。医師が診察されても原因がわからない場合でも、生命の根源の光で診察すれば、病気の原因とどこが一番悪いのかわかります。背中を二時間半治療して、かなり反応が消えました。院長先生に、「息子さんの病気は、一回の治療で治らなくても、何回か私の治療をされたら治ります」と申し上げました。これは、生命エネルギーを受けて神経か麻痺して内臓が弱くなったり、体が疲れたり痛くなる病気です。また生命体が行動しない時には、人間の体は悪くなりません。しかし、生命体の業が悪く行われると、人間の体のどこでも悪くすることができます。世界の人々が現実に沢山生命エネルギーを受けて、様々な病気で苦しんでおられます。

院長先生と息子さんが根源の光の診察と治療を受けられ、初めて体感されて、「こういった診察、治療法は、これからは医師も認めなければならない時代が来ます。このような力を持っておられるあなたが、これから私たち医師に協力できたら沢山の病気を治すことができる。素晴らしいことだ。生命の根源の光を貸して頂けるものなら貸してもらいたいものだ」と院長先生は仰いました。宇宙の生命の根源から直接に光が降りて与えられないと本物の光は使えません。悟りが早くて心の広い素晴らしい医師でした。

見えない生命体を、見えない生命の根源の光でキャッチできて、悪い生命体も助けて病気を治せるので、人間の体のどこでも悪いと反応が出ます。が、悪くなければ反応は出ません。しかし体が悪くなくても生命体が体についていると反応が出ます。生命体を助けて病気が治ると反応は消えます。生命体のエネルギーを強く送られるほど、体が痛くなりますし、早く内蔵も悪くなります。病気の起こりは、生命体のエネルギーの業で発生することが多いのです。菌も細胞も、生命の意識で、善悪のエネルギーのメカニズムで病気は発生します。

本当に人を愛することは物ではなく心、気持ちを愛することである

知り合いに頼まれて、その方の友達のご夫婦の問題を納めてほしいと言われ、家に行きました。この家のご主人は、ゆうちょ銀行の局長さんで、病院の院長先生の娘さんと結婚されて、大学生の子供さんがおられました。この家の横に、ゆうちょ銀行がありました。ご主人は結婚されて、二十年間は真面目な方でしたが、ある日の夜に街のスナック・バーに行かれて、初めて出会ったバーの女性に一目惚れして、それから毎日仕事が終わるとすぐに好きになった女性に会いに行くようになりました。ご主人の夫人は美しくて優しい方でした。それでも、ご主人の気持ちは昼も夜もバーの女性のことしか心に思っていません。それからますます二人は本気で愛し合うようになって、ご主人は毎日午前二時にスナック・バーに恋人を迎えに行きました。ご主人は恋人の家に泊まって毎晩一緒に横で寝るだけでも幸せで、朝帰りするようになりました。そんなことで、夫人から相談を受けることになりました。その時ご主人が風邪を引いておられましたので、夫人から主人の風邪を治してくださいと頼まれて、私が治してあげました。それからご主人の右の指が痺れて文字が書けないから治してあげてくださいと頼まれて一回の治療で治りました。ご主人が毎晩恋人に会いに行かれて泊まって朝帰りされて

も、夫人がご主人の風邪引きと右の指を治してくださいと仰る愛に私は感動して素晴らしい夫人だと思いました。それほどまでに愛されていても、夫人の愛を振り切って、毎晩恋人に会いに行かれるご主人の気持ちを聞いてみると、ご主人が仰いました。自分の妻と親戚の方からも、早く恋人と別れなさいと何回も言われましたが、自分は皆から言われなくても、全てのことは分かっています。ですから、どんなことを言われても今の自分の気持ちは絶対に変わりません。何を言っても無駄ですから何も言わないでくださいと仰いました。夫人が話されても、私が話をしても、ご主人は小さな声で話をされました。

私が局長室の生命体をお助けしている時に、ご主人の恋人から電話が掛かってきました。その時のご主人の声は急に大きくなり、嬉しそうに飛び上がるように喜んで、別人に見えました。その後で夫人が私に話されました。私の主人が別人になる程に主人の心を変えてしまった女性は、どんなに美しくて魅力がある方なのか知りたくなって、勇気を出して会いに行きました。会って話を聞いてみると、離婚経験のある方で、男の子が一人いて、自分の母親に世話になっていると言うことでした。それから主人の恋人が私に言いました。「あなたのご主人を連れて帰られても、ご主人は私の所に必ず戻ってこられます」と。夫人はそれ以上に何も言えなくなって、帰ってきたそうです。それから三ヵ月後に、私を夫人に紹介された方に聞いてみると、二人は離婚して、ご主人は自分の財産と局長の職も全て手放して、家を出て、自分の恋人の所に行かれて、二人でスナック・バーで働いておられると聞きました。

この二人は、お金、財産、地位、職業よりも、大好きな人と毎日一緒に過ごすことが、人から何を言われても一番に幸せなのです。それ程に二人の気持ちは強固だったのです。

八百年前の武士の生命体の集団を助ける

殺されてから八百年、幸せを求めて苦しんで来られた武士のリーダーが、「今まで八百年も我々を助けてくれる所はどこにもなかった。私たちは悪者とされ、神仏の生命体にお祓いされて、神、仏も黄金の光も信じられなくなって長い歳月苦しんできたので、私たちを騙したり、裏切ることはやめてくれ。リーダーは自分一人だけが助けて頂くことは絶対にできない」と仰いました。助かる時も苦しむ時も皆が一緒であって、皆の心が一つである、この精神こそ現代人のリーダーに欠けています。ですから恨まれたり、信頼、尊敬、感謝されないリーダーが多いのです。

私は武士のリーダーに、「生命の根源の光は、何千年も幸せになれなかった生命体でも根源の光を受けられる時には必ず敵も味方も全ての方が恨むことをやめて、生命の根源の光を受けてくだされば必ず幸せにできます」と言いました。するとリーダーが「自分たちは八百年、どこに行ってもどんな光を受けても今まで幸せになれなかったのに、生命の根源の光を受けても幸せになれるはずがない」と仰いましたので、私はリーダーに「あなたが信じるか信じないかが肝心なことで、今から皆を幸せにするか苦しんで生きるのか、どちらに決めるかが一番大事なことです。仲間全てを救うか救わないかリーダーの決意で決まるのです。私自身の光で皆さんをお助けできるのではありません。私は皆さんを幸せにしてあげたいと思う真心しかありません。ですから私を一度信じて根源の光を受けてください」と言いました。すると武士のリーダーが念を押して、「我々を騙すことだけは絶対にやめてくれ。神仏の生命体も人間も信じるのが怖い。騙されることで仲間をこれ以上信じる心を失って不幸にしたくないし、苦しい時に心から信じた者に騙されて裏切られてお祓いされるほど辛くて悔しいことはない。しかし根源の光を受けたら本当に皆の者が幸せになれるのであれば助けてほしい」と言い、さらに「もしも皆が幸せになれなかった時はあなたも家族も必ず苦しめてやるから覚悟しておきなさい。それでも自信を持って約束できるのか」と言いました。私は「生命の根源の全てを許し愛し救う光を私の命を懸けて信じる」と言うと、武士の生命体のリーダーは私を最後に一回だけ信じて皆をお助けする約束をされました。

八百年以上の年月苦しんで来られた武士の生命体を裏切ると、人は殺されることもあることを、私はよく知った上で助ける約束をしました。リーダーは最後に「どうか一人残らず必ず助けてくれ」と念を押されました。

それから三時間経って武士の生命体をお助けする約束の時間が来ましたので、根源の光で部屋に集まって来られた生命体をお助けしていると、初めのうちは、様子を窺いながら少しずつ外から家の中に入って来られたのが、幸せになれることがわかると、家の中に何千万、何億の生命体が次々と順番に入って来られました。部下が全て幸せになれたことを確かめてから、最後にリーダーが武士の姿で和室の真ん中に来られて、静座で座られました。お助けすると、リーダーは部屋から一段下の廊下の板の間に下りて土下座をされて、涙を流しました。廊下の板がリーダーの涙で濡れるほど喜ばれ、お礼を何回も何回も仰いました。武士のリーダーは「今まで騙されてお祓いされたために、何も信じられなくなって悪いことばかりしてきた私たちを、許して頂いてお助けしてくださったことを部下と共に生涯忘れません。もしもこれから自分たちが必要な時があれば、いつでも私たちを呼んでください。今度は私たちがあなた様を助ける番です」と仰いました。私は「八百年以上も長い年月苦しんで来られて、やっと苦しみから幸せになられたのですから、私を助けることによって、幸せになられた皆さんがまた不幸になってはいけません。それでは何のために皆さんをお助けさせて頂いたかわかりません。どうか私を助けに来られなくてもよろしいから、皆さん方が不幸にならないよう、今から先ずっと幸せに過ごしてください」と言うと、「私たちのこれから先のことまで心配してくださって有り難い」と仰って、最後に感謝の涙をぽとぽとと流され喜ばれ、「生命の根源の光と、あなたの真心で自分たちを助けて頂いたことをいつまでも忘れません」と仰いました。それから武士の姿は消えて天国へと行かれました。今から先天国で過ごされて、不幸になられないことを願っています。

今の人間と、何百年、何千年前に亡くなられた武士の生命体とでは、考え方も行動も違う面があります。人間の世界では、偉い人から順番に物事が行われます。しかし、武士が死んでからの生命体の世界では、上の方ほど一番後に幸せに助けて頂くという順番になります。武士として生きておられた時と死んでからの、考えも行動も違うことがあります。それは、人間として生きている時はリーダーの権力で物事が行われますが、死んでからは物事が部下の方が先になります。リーダーは自分のことより部下を心配して行動します。ですから、主が仲間から尊敬され信頼されるという世界であります。一方、お金や権力で人を不幸にして支配される方ほど、死後の世界で皆から恨まれて苦しんでおられることが多いのです。武士として生きていた時の生命体は、死後も恨みが続いてエネルギーを使っての戦いで共に苦しいので、リーダーだからといって偉ぶっていられないのです。部下を先に助けることはリーダーに愛があるからです。毎日戦いながら生きる世界ですから。本当に愛のある偉大な人は、人の苦しみがよくわかる人で、全体の人々の幸せを自分よりも先に考えます。不幸で苦しむ国民全体の人々を救うために自分の命を懸ける人であり、自分の地位や名誉を考えないそんな人が国と国民を救える人です。

寺の住職が八年間毎日法華経を唱えても救われなかった、何百兆の生命体を救う

私は、世界の有名な教会、神社、寺の神仏の生命体もお助けさせて頂いています。ある寺の住職さんに、寺の本堂の救われない生命体を助けて頂きたいと頼まれて、お助けさせて頂くことにしました。寺の近くで何百年も前に武士の戦いがあった時に、戦場で沢山の敵を殺したと言われている武士の墓もありました。今の住職は真面目で心の美しい方で、ボランティアで八年間毎日八時間本堂で法華経を唱えていました。それでも、本堂全体に苦しんでおられる生命体を救えなくて、ある日の夜に亡霊に襲われたこともあったそうです。そんなこともあって私が本堂の生命体をお助けすることになり、寺に行って調べてみると、本堂全体と日蓮の像にも苦しんでいる生命体がおられました。今まで何百年も本堂の中で苦しんでおられた生命体が生命の根源の光を受けられて、二時間ほどで順番に救われて、天国へ行かれて、本堂はすっきりして明るく感じられました。それでもまだ寺の外と本堂の地下に生命体が苦しんでおられましたので、日を改めてお助けさせて頂くことを住職に約束して、その日は帰らせて頂きました。

このように本堂で苦しんでおられる生命体をお助けするために、毎日本堂で熱心に八年間も法華経

を唱えられても、苦しんでおられる生命体は幸せになれなかったのです。法華経を唱えることで幸せに天国に行けると信じる方は、この真実がわかると大変ショックかもしれません。しかし本当のことを知ることの方が大事です。なぜ心のきれいな僧侶がボランティアで法華経を八年間毎日八時間唱えられても、寺の本堂で苦しまれる生命体が救われなかった、その理由は私の本を読まれたら理解して頂けると思います。

宗教は今から信者に本当の死後の世界を教えることが大事

お経を唱えるだけでは、地位のある人でも、苦しまれる先祖の生命体を救うことは至難の業です。どんなに素晴らしいことが、お経に書かれていても、人間と前世の数多い因果関係の生命体が皆、お経の意味を理解して実行しないと救われないのです。すなわちお経を唱えなくても、人間と生命体が今までの恨みつらみを許して和解できたら今までの苦しみが消えて、人間も生命体も救われて幸せになれる、こんな簡単なことができなくて苦しんでいます。

しかし死後の世界で皆が和解することは至難の業ですから、殆どの先祖の生命体は幸せになれないのです。どんな人がどんなお経を一生上げても、自分の先祖の生命体一人を助けることは至難の業です。特に宗教関係者の方は死後の現実を理解して頂かないと、自分の先祖の生命体を救うことは並大抵のことではありません。

日蓮も死後の生命体の世界が見えなかったので、他の宗派のお経では先祖の生命体が救われない、法華経を唱えないと救われない、と仰いましたので、他の宗派から反発を受けたり、辻説法している時に、他の宗派の信者から石をぶつけられたという説もあります。しかし、お経を唱えて先祖の生命体を救う行為は、釈尊が亡くなられて約何百年後に、仏教の誰かが教えて行うようになったと思われます。死後の世界が地獄になっていることがわからないから、現在でもお経を唱えておられます。

神の世界も一緒です。神の尊い教えの道を悟られた方々のお導きがあったとしても、世界の先祖の生命体と前世の因果関係の生命体が幸せになれる方が少ないから病人が増えていることが、今までの結果として現実に現れていることを、世界の人々が無視されたら、世界の平和と死後の地獄を救うことは難しくなります。約五千年前からの教えであっても今まで信じてこられた教えに強くこだわりを持って他力になっておられる方は、亡くなられて死後の地獄に行かれた方は、初めて後悔されることになります。

釈尊の教えを人々に教えられても、人間の死んでからのことは、今まで正確に見えなかったために、釈尊の死後二千五百年以上経った今でも神仏の生命体とお経に頼って助けを求めておられます。釈尊は、自分の死後、仏像を作って祀って頼めば助けてあげるとか、釈尊の教えをお経にして唱えれば救われるとは教えておられないと思います。釈尊が教えたことを人々が生きる時に実行すれば幸せになれることを教えておられたと思います。ですから仏教も今からは、釈尊の教えの原点に戻って、釈尊と同じことを教え行なうことが大事です。釈尊が亡くなられてから約何百年後に、僧侶たちが考えて、釈迦如来像とか様々な仏像を作って助けを求めるように仕向けていったのだと思われます。人間は苦しい時には、見える物に頼って助けを求める本能があります。他力の方が楽ですから、神仏に助けを求める人々が数多くなってしまったのです。

今から人間も生命体も、いかに自分の意識を正しく変えて行動するかしないかで、自分の生命の未来を幸せにも不幸にもします。生命の根源の教えを実行すれば、必ず自分を救える生き方ができるようになります。自分の心でできる方法ですから、神仏の生命体とお経に助けを求めなくても済みますから、お金は一銭も要りません。自分でいつでもどこにいてもできる方法を、皆の生命の根源が教えておられます。

誰でも学んでできますから便利です。私は税務署の方から「宗教法人にしてください。そうすれば税金も払わなくて済みますから」と勧められましたが、私は「税金を支払っても宗教にはしません」と言いました。その訳は、今までの宗教は戦争や、お祓いをしていますし、真実と違っていることもあり、差別もいじめもあります。世界の人々を一つの宗教に統一することは不可能ですから、世界の先祖の生命体も大方救われていません。生命の根源の教えは、宗教でなくても、地球に生きる人間の世界と、死後の世界に生きる生命体も、実行できたら全てが救われる方法です。私が生命の根源の光で研究解明、発見できたことを世界に広げて、皆が実行できるようになれば、宗教も宗派も関係なく一番正しい方法で、人間も死んだ人の生命体も救うことができます。

一晩に三回幽霊を見て信じるようになった頑固な人

心臓に穴があいて胸が苦しい、頭も痛い、背中も痛い十七歳の娘がいました。医師に診てもらっても治らなくて、いつまで生きられるかという状態で家族も心配していました。母と娘は、私の話を真剣に聞かれて、その結果、娘の病気を治してほしいと頼まれたので、家も調べるために出かけました。

この子の父親は霊とか宗教は大変嫌いで、絶対に信じないという頑固な人で、初めは私のことをどこかの宗教だと思って勘違いされて、私に頼むことを反対されました。しかし、私は夫人に頼まれて、その家に一緒に行きました。娘の部屋を先に調べると沢山の生命体がおられましたので、これではだめだということで、その部屋の生命体をお助けして一晩この家に泊めて頂くことにしました。ご主人と同じ部屋に私が寝かせて頂いて、夫人は隣の部屋で休まれたのですが、寝る時に部屋の隅っこの戸を六十センチほど開けて寝られました。なぜ戸を開けて寝られたのか、その時はわかりませんでした。

夜中にご主人が急に寒くなり、震えて目を覚まし、パッと起き上がると、夫人が戸を開けておかれた部屋の隅っこに、少女の幽霊が立っていました。髪の長い女の子で赤いきれいな柄の着物姿で、戸が開いている所からご主人をじっと見つめていました。ご主人も初めての体験で、最初はどこの娘かと思ったほど、まるで生きているような少女をじっと見ていると、少女の幽霊もじっとご主人を見ていました。しばらくすると体全体が横にスッと倒れるように少女の幽霊が消えて行くのを見て、さすがに頑固なご主人も急に怖くなって、布団をかぶって寝られたのですが、その後同じことが三回繰り返しありました。部屋の隅っこに同じ少女の幽霊が立っている姿をご主人だけに見せたのです。それから夜が明けて、朝早く台所へご主人が行き、夫人に少女の幽霊が出たことを話しておられました。いよいよ幽霊も一番頑固で信じないご主人に姿を現したな、と思って私は寝ていました。

それから、ご主人は早速、夜見た少女の幽霊の状態を私に説明されました。説明を聞いて、その少女の幽霊が三回とも同じ場所に現れて立ち、横に倒れるように下の方に消えて行ったと聞いた時、少女の幽霊の生命体が部屋の隅の下の方にいることがすぐにわかりました。私も何度も幽霊を見ていますので、外の方から戸や窓を通して入ってきて姿を現す幽霊と、戸を開け、閉めて外に出て消えて行く幽霊と、家の中で歩き回る幽霊もいますし、いろいろあります。幽霊の現れ方と消え方によって、様々なことを教えたり自分の場所を教えることもあります。三回も現れて横に倒れて消えることで、ご主人にこの下にいることを教えられたのです。

それから少女の幽霊が立っていた部屋の隅っこの場所で、幽霊を呼び出してみると、下の方にいる少女の幽霊の生命体は、夫人に乗り移り、苦しんで出てこられました。少女の幽霊が立っていた場所の下の方に根源の光を送ると、上の方に少女の因果関係の生命体の強い反応があり、下の方に少女の幽霊の生命体の反応がありました。私の手の平でキャッチできてすぐに、間違いなくこの下の方にいることがわかりました。少女の幽霊を呼び出した時に、夫人は末っ子の娘と同じように頭が痛くなって、背中も痛くなり、胸が苦しくなりました。

少女の幽霊の生命体は、この家の娘と同じ病気で亡くなってからこの土地で苦しんでいました。すぐに根源の光を与えると、だんだんと反応が消えて、少女の幽霊の生命体は幸せになり、この家の土地の下の地獄から天国へ行きました。夫人から少女の幽霊の思いが離れると、今まで苦しんでおられた夫人の胸の苦しみや頭痛もすぐに治りました。

少女の幽霊は、「私は十七歳の時に心臓に穴があいて死んだ」と言いました。すなわちその少女の幽霊の生命体の生まれ変わりが、その家の一番下の娘でありました。少女の幽霊の生命体は娘の前身であって、ずっと土地にいて、生命が二つに分裂して、その家の親の体に宿り、末っ子の娘として生まれたのでした。そして少女の幽霊と同じ十七歳の時に、同じ心臓病で娘は自分の前身の因果関係の生命体に殺されるところでした。自分の前身と恨みの生命体をお助けすることで、ひどかった頭痛が治り、また胸の苦しみも背中の痛みも治ったのです。このように、前世で自分の前身の方が心臓病で亡くなると、その生命の生まれ変わりの人も同じ病気になることがあります。これは自分の生命の前世からの因縁で、すなわち遺伝を受けたことになります。このような時に、前世で若い時に亡くなった自分の前身の生命と、前世に恨みのある生命体をお助けすることで、娘の前世が綺麗になって、前身から生まれ変わったその娘の病気も良くなって皆が幸せになれるのです。またいつか生まれた時に今世よりも幸せに過ごせることになります。

こういったことを信じなかった頑固なご主人も、さすがに自分自身が一夜に三回の体験をしたことで信じるようになって、後で私が「信じますか」と尋ねると「絶対に信じます」と仰いました。後で自分の体験を友人に話されたので、私は後でご主人の友達に直接聞いてみると、友達は「あの頑固で絶対に信じなかった人が信じるのだから、自分も信じる」と仰いました。

人間は恨みの強い生命体に殺されて死んで行く方が多い

人間の体に生存している細胞は、医学では六十兆以上とも言われていますが、一つ一つの細胞の働きによって人間や全ての生き物が毎日生きることができます。細胞の生命があって人間が生きることができます。すなわち細胞の生命が毎日二十四時間休むことなく活動して、人間は生かされているのです。しかし細胞の世界にも怠け者がいて、活動しない者もいます。私は、空全体に飛んでいる小さな生命一つ一つがいつでも肉眼で見えます。本当は小さな生命から光が出ているから肉眼で見ることができ、針の先ほどの大きさに見えて、小さな透明の球体です。

先祖の生命体のおられる墓に、私と一緒に行って体感されると、自分の先祖の生命体が因果関係の沢山の生命体に恨まれて苦しみ、アリの巣のように地獄になっている状態がわかる方も沢山います。そんな先祖の生命体を助けに行くと、先祖の生命体を恨む沢山の生命体が逃げて、近くで私の様子を見て、先祖の生命体が助かることがわかると次から次と集まってきて、先祖の生命体を助けられないように必死に邪魔立てすることもよくあります。また助けてほしくなって集まって来られる生命体もいます。そんな生命体を先に全部お助けしてから、その家の先祖の生命体を何百メートル下の方から助け上げることが正しい方法です。先祖の生命体だけを先にお助けすると、逃げて見ていた恨みの強い生命体が後から先祖の生命体を捕まえて他へ連れて行って、いじめることになります。

人間の体を治す時も同じです。人間の体を悪くしている生命体をお祓いして、人間の病気を早く治せても、祓われて逃げた生命体がまた集まってきて、再び病気にして苦しめるので、先に病気にしている生命体を全部お助けすることが、正しく病気を治す方法です。病気の発生を少なくして再発を少なくするための治療法でもあります。病気だけを治しても、病人の生命の未来を幸せにできませんし、病気が治ってその人が幸せになられても、それはその時だけの幸せで、後からまた苦しめられることになります。今までの治療法は病気だけを治して病人だけを助ける治療法ですから、病人がますます増える治療法が毎日行われています。これは世界全体の問題で、一人一人のこれから先の大事な問題です。病気が早く治って少しでも長生きすることを思う気持ちは皆一緒だと思います。しかし、自分の体が死んでから、生命が生きる年月の方がもっと長いことを知って生きることも大事なことです。

自分を恨む生命体に見せられた仕掛けに嵌められ殺された婦人

ある建築会社の婦人が、自分の前世で恨みのある生命体に殺された実話です。ある時、この婦人は岸壁に飛び込んで、運良く助かりました。後で家の方が婦人に、なぜ海に飛び込んだのかと尋ねると、「目の前には海も岸壁も見えなくて、沢山の美しい花が咲いている風景が見えた」と仰いました。婦人はその時、自分の前世に恨みのある生命体に見せられた美しい花が咲いている野原に心を引かれて歩いて行ったのです。生命体が婦人の目を錯覚させて、岸壁が見えないようにして、海へ飛び込んで死ぬように仕向けて、婦人が岸壁から飛び込んだことが、助かって初めてわかったのです。婦人はその時は運良く助かったものの、その後、また恨まれている生命体に自殺するように仕向けられました。次は、電車のレールの真ん中に婦人が正座しているのを、また運良く家の方が見つけて、「何でレールの間に座っていたのか」と婦人をきつく叱り、家に連れて帰りました。後で聞いてみると、婦人は「電車のレールはなくて、青畳を敷いたきれいな部屋に座っていた」と仰いました。その時、婦人に電車のレールが見えなくて、畳の部屋しか見えなかったのは、婦人を恨む生命体が殺すためにしたことです。このように自殺される人は恨みのある生命体に仕掛けられた罠に嵌められ、殺されて死ぬことになります。

三回目は家族に見つからないように生命体に殺されることになってしまいました。海の波打ち際で見つかった時には、婦人は生命体に殺されて死んでいました。婦人は三回も生命体の仕掛けに嵌められて、二回までは運良く助かったものの、三回目には前世の恨みの強い生命体に殺されたのです。殺されるまでに婦人の前世の因果関係の生命体をお助けされるか、心から謝って許して頂くことができていたら殺されずに済んだのです。

婦人は殺した生命体に死後も苦しめられて幸せになれません。体は死んで消えても、婦人の生命は生きて何百年、何千年もいじめられて苦しまれることになります。自殺は絶対にされてはいけません。しかし、本当は自分で自殺するのではなく、前世で恨みのある生命体に自殺するように心を仕向けられ嵌められて殺されたことが死んでから初めてわかって後悔して苦しんでおられます。

生命体の業で病気と、怖い夢と、金縛りになることもある

生命体はどこにいても、光エネルギーを使って様々な形を作り、いろんな色に変化して現れることがあります。全ての人間は何十兆の生命に生かされて、心を善と悪に使い分けて様々な行動をします。生命の根源の光で生命エネルギーの反応をキャッチすることで、生命の心、性格、幸せか苦しんでおられるのか、怒っているのか、喧嘩しているのかといった様子もわかるし、幸せになっていく様子もわかります。人間も自分の性格の悪いところは死ぬまでに自分で変えないと、死んでどんな生き物に生まれ変わっても今と同じ性格で延長して生きることになります。生命体は昼行動するものと、夜行動するものといて、人間界の時間に合わせて行動している生命体も沢山います。

生命体は人の体にエネルギーを送り、言葉の代わりに様々なことをテレパシーで伝えます。助けてほしい時には、人間の体にエネルギーをチクチク、チクチクと送って、生命体の気持ちを伝えます。怒った時や攻撃する時にはエネルギーをさらに速く強くして送ってきます。強いエネルギーを受けると、体を針で骨まで強く刺されたように飛び上がるほど痛くなります。苦しくて早く助けてほしい時、早く助けて頂けない時、苛立った時など、特別に強いエネルギーを送って痛くします。ですから生命

体が見えない人でも、自分で体験、体感を重ねると、生命体のテレパシーを体に受けることで生命体の気持ちがよくわかるようになります。

このように、恨み苦しむ生命体を幸せにすることで、病気は消えて、同時に自分の前世が綺麗になっていきます。病気を発生させる生命体を幸せにしてあげないと、難病や原因不明の病気も増えて、亡くなってからも病気を発生させた生命体に苦しめられることになります。またいつか生まれ変わった時に祟りを受けることもあります。そんな先の自分の生命の幸せの事より、今の幸福の方が大事だと思う人の方が多いと思います。しかし、それは短い年月を幸せに生きることです。

人はなぜ怖い夢を見たり金縛りになるのかを解明するために、悪夢でうなされる人を、今まで何回も根源の光で調べさせていただきました。怖い夢を見てうなされている時に、根源の光で調べると、寝ておられる人の上に必ず生命体が沢山集まっています。根源の光を与えるとうなされていた人はすぐにすやすやと眠ります。原因を解明するため、寝ている方をすぐに起こして、どんな夢を見ておられたのか聞いてみると、必ず怖い夢を見ていた、と仰います。怖い人に追いかけられて必死に逃げていたとか、怖い人に殺されそうになって恐怖感で隠れて震えていた、と仰います。本人の側に集まっておられた生命体をお助けすると、それからは怖い夢を見て魘されることはなくなりました。

臨死体験は、その人に恨みのある生命体が光で描いて見せる世界である

臨死体験された方はよく「美しい風景を見た。美しい花が咲いていた。きれいな空を飛んでいた」など、「大変幸せで美しい世界だった」と仰る方が多いと言われています。しかし、臨死体験された人のように、亡くなれば美しい世界に行けると信じている方もおられます。また子供はまだ悪事をしていないので、死後は幸せになって天国に行けると仰る人もおられます。しかし、これは大変な間違いです。臨死体験で見えた世界は、その人が前世で迷惑をかけた生命体が仕掛けた罠で、そこへ行くと殺されて死んで地獄に行くことになります。もし現実の死後の世界の恐ろしい地獄が見えたら、だれもが怖いから逃げようとします。そうなると殺すのに時間がかかって、殺しにくくなります。そこで恨みのある生命体は美しい世界を描いて見せ、心を早く引きつけ、その人を簡単に殺し、死後の地獄の世界に連れて行くのです。人間は死んで、遺体から生命が離れて本当の死後の世界に行った時に、臨死体験で見えた美しい世界は消えて、現実の苦しい地獄の世界に変わります。その時に初めて自分を恨んでいる生命体に仕掛けられた罠に嵌められ、自分が殺されて死んだことがわかった時は、もう遅いのです。

今まで沢山の方が臨死体験されて、死後の世界は美しい世界だと信じ、死ぬことは怖くないと仰る人もおられます。しかし、臨死体験した人を殺すために、生命体は美しい世界を光で描いて見せる仕掛けですから、自分に見えた美しい世に行くと死ぬことになりますから、絶対に信じてはいけません。

私は、自分の数多くの体験を通して解明できた、生命体の仕組みと業を早く人々に教えてあげることが大事だと考えています。私の知る人で、二回も臨死体験をし、美しい世界を見て、生き返った方がおられましたが、後で亡くなられてから、調べてみると、死後仏壇の何百メートル下で苦しんでおられたので、十六時間かかってお助けしたことがあります。

人は死んでも生命は生きて、光を使って様々な姿になって行動する

どこの国の生命体も、自分の気持ちで光を使っています。人間として生まれて死ぬまでの時代に合わせて、いろんな服装の姿で行動している生命体も沢山います。人間は体も着物もありますが、生命体は体も着物もないので、光を使って様々な服装を自分の好みに合わせて作ります。光の姿ですから、消えたり現れたりできますので、すぐに他の姿に変化することもできます。死んでから、人間として生きていた時の汚れた仕事着の姿で現れる先祖の生命体は、幸せになれない方が多く、幸せになられた方は、最高に綺麗な姿でお顔も美しく、幸せそのものの姿で現れます。しかし、気が強くて負けず嫌いの先祖の生命体は、死んでから苦しんでいる惨めな姿を家族や友達に知られたくないと、自分の惨めな姿を見せたり、苦しくても助けを求めることはしません。

また、首吊り自殺された人は、首が絞まって苦しい状態で助けを求めます。毒を飲んだり、飲まされて亡くなられた方は、死ぬ時と同じ状態で苦しんでおられます。首を切られて亡くなった方は、首を切られた姿で苦しんでおられます。戦場で切られて死んだ武士の生命体は、血だらけの姿で苦しんでおられます。焼け死んだ方は、体が焼けただれた姿で助けを求めます。体は死んで消えても、普段

着の姿で死後の世界で苦しんでおられる訳は、死んだ方に恨みのある生命体のエネルギーの業で、死んだ時の姿で苦しみも続くからです。自分を恨む生命体が存在しなければ、死後の地獄は存在しません。全て生命体の業で地獄を作って苦しんでいるのです。死んでから普段着の姿で苦しんでいる方をいじめている生命体をお助けすると、何千年の地獄も全て消えて、最高に美しい姿になり、幸せになれます。本来、死後の地獄はどこにも存在しないのに、現実は様々な地獄を生み出しているのです。人間は今以上の幸せを求めて、戦争、いじめ、差別、騙し、などの行為で地獄を作っていますが、仲良くできたら地獄がなくなって幸せになれます。すなわち人間と生命体の行為が様々な地獄を作っているのです。これは死後の世界も同じです。

また、人間を誕生させた生命でも、死後、いろんな生き物の姿になっているものもいます。小さな球体の生命がいろんな姿を作って行動する場合と、小さな球体のままで行動しているものも多いのです。私にはいつも、空全体に飛んでいる生命が正確に肉眼で見えます。私の手の平に感じる生命エネルギーの反応によって、生命体が様々な姿を作っている大きさも、心も性格もわかります。また、助けを求めて集まって来られた生命体をすぐにお助けすると早く救われて、私の手の平の反応も早く消えます。生命の根源の光を生命体に与えると、怒っているのか、幸せになられたのか、まだ許すことができなくて喧嘩して苦しんでおられるのか、わかります。また助けてほしくなくて逃げ隠れた生命体でも、後で気持ちが変わって助けてほしくなって集まって来られた生命体は、お助けします。

生命体は人間に見えにくいため、テレパシーで自分の存在、気持ちを伝えたりします。私の手の平や体に感じられる反応は、生命体が怒ってテレパシーを送る時、急いで助けを求めてテレパシーを送る時、それぞれ違います。集団で助けを求めて集まる生命体は、すぐにお助けすると早く助けることができますが、時間をおくと生命体が喧嘩を始め、お助けするのに時間がかかります。恨みの強い生命体はお互いに助かりたくて私の側に来ていても、お互いに一回でもいじめたい気持ちで喧嘩しながら根源の光を受ける場合もあります。そんな生命体も助ける時には時間がかかりますから気の長い愛がないと救えません。それほどに悔しくて絶対に許したくない強い気持ちで、お互いに苦しみがなくなるまでいじめ合って、幸せになった方から天国に行かれます。

人間も生命体も、許すことができないから、自分自身を苦しめて不幸にしています。

死んだお祖父さんの幽霊が何回も助けを求めて現れた家

愛媛県のある家の十七歳の娘が、二階の自分の部屋で勉強している時、お祖父さんの幽霊が部屋の外の窓際に現れて、自分を見つめていたので、恐くなって慌てて一階に下りました。母に何度言っても信じてもらえませんでしたが、何回も「お祖父さんの幽霊が現れる」と娘に言われて、母が娘の部屋に行って窓を見ていると、本当にお祖父さんの幽霊が窓際に現れたのです。それまでは幽霊は絶対に信じられなかった、ということでした。

ご主人に「先祖の写真はありますか」と尋ねると、押入から先祖のアルバムを持ってこられました。「この写真に幽霊の方がいますか」と尋ねると、妻と娘が先祖の写真を見て、この人です、と指差しました。ご主人は「この方は自分のお祖父さんだ」と仰いました。お祖父さんは死んで毎日墓の何百メートル下の方で苦しくて、孫に何回も自分の姿を見せることで、助けを求められたのです。根源の光を受けると救われるということが、死んでからわかったのです。お祖父さんの幽霊が現れる前に、この家の母と娘に私は大阪で一度お会いしていました。そのことを、お祖父さんの生命体は愛媛県の自分の墓で察知して、その後、助けを求めて現れたことがわかりました。それから墓に行って調べてみると、お祖父さんの生命体は墓の何百メートル真下で苦しんでおられることがすぐにわかって、先に因果関係の生命体をお助けしてから、お祖父さんの生命体もお助けしました。その後お祖父さんの幽霊は二階の娘の部屋の窓際に現れることはありません。

今まで娘が学校から家に帰って仏間を見ると、仏間の中央の空間に十センチの丸い球体の青い光が現れて、すぐに仏壇の電灯に飛んで入るのを何回も見たと、聞きました。私が仏壇の左右にある電灯を調べてみると、右の電灯に、娘に見えた青い光の球体の生命体の反応がありました。娘に青い光の球体はどちらの電灯に入ったのか聞いてみると、右の電灯にいつも入ると言いました。根源の光で調べると、正確に生命体が右の電灯におられることがすぐにわかりました。この生命体も助けてほしくなって、青い光の球体を娘に毎日見せておられたのでお助けしました。それからは青い光の球体の生命体は娘に見せることはありません。どのような生命体でも、祓わずにお助けして幸せにしてあげることが一番正しい方法です。

自分の第二生命体に殺された大集団のリーダー

ある集団のリーダーが、「自分は綺麗な宇宙エネルギーを使って病気を治しているから、お祓いではないので心配ない」と仰っていました。しかし、そのリーダーが、ある日急に倒れて亡くなられました。六十歳を過ぎた段階で、本人の第二生命体と、お祓いされた生命体に殺されたからです。

集団のリーダーは自分の教えもエネルギーも正しいと自信を持って「数多くの人々に宇宙エネルギーを与えて、世界に数多い会員を増やさないと世界を救えない」と仰っておられました。しかし、本当はお祓いになっていることをリーダーは知らないし、会員の方も知らずに、宇宙の美しいエネルギーだと信じて、人の病気を治しておられます。しかし、後からお祓いした生命体から仕返しを受けて苦しむことになることを知らず、数多くの人をお助けすることは良いことだ、と信じておられる方は気の毒だと思います。悪祓いは自分の命の未来をもっと不幸にする業だと、集団の幹部の方に教えてあげても、後から会員に教えたくても教えると自分の立場と組織の立場がなくなりますから、本当のことを教えられないのです。他の宗教集団の幹部の方が、私に直接話してくださいました。「きれいごとでは集団は大きくなれません。二人や三人が正しいことを言っても聞き入れて頂けないのが現実です」と仰いました。宗教は、人間と死んだ人の生命を救うためにありますから、正しいことと間違っていることを正しく見極めて、会員に教える勇気が大事だと思います。宗教の目的はお金儲けなのか、不幸な人間と生命体を救うためなのか、目的が違うと大変なことになります。

急に体の体調が悪くなったご主人

私が訪問する七日前から、その家のご主人の体調が急に悪くなり、食事も食べられなくなって、毎日寝ておられました。そのご主人に私が聞いてみると「七日前に本家の自分の父の幽霊が分家の私の玄関にきて、標札を見て、この家だこの家だと言って、私の家の中に入って来た姿が見えてから、体が急に悪くなりました。谷井先生が私の家に来られることを、本家の父の霊が感知して、助けて頂こうと思って、私の体調を悪くしていると思いましたので、医師の診察を受けていません」と仰いました。

早速分家の仏壇を調べてみると、沢山の生命体が仏壇全体に苦しんでおられました。一年前にこの家の仏壇におられた生命体は全てお助けさせて頂いて、生命体はおられないはずでした。今回、仏壇に沢山おられる生命体は、本家で亡くなられたご主人の父親の生命体と、前世の因果関係の生命体が分家に助けを求めて来られたのです。

すぐにお助けして、八時間三分で助け終わると、それまで体調が悪かった分家のご主人は、薬を飲まず急に元気になられました。

本家の父親の生命体は十三年前に亡くなられても、私が分家に来ることと、生命の根源の光を受けると幸せになれることを知っておられたから、分家に来られて自分の息子に必死に助けを求められたのです。

夜に毎日墓参りするようになった夫婦

長崎のある分家に行くようになってから、本家の夫婦が急に夜に毎日墓参りに行かれるようになりました。その後、本家のご主人から「墓に埋葬してある父の生命体を助けて頂きたい」と頼まれました。本家の夫婦と一緒に、父の生命体を墓に助けに行って調べてみると、本家の父の骨瓶は墓の一番奥の中央に納めてありました。

調べてみると、骨瓶の周囲と下の方に生命体はおられませんでした。左側を調べてみると、本家の父の前世の因果関係の生命体が沢山おられましたので、本家のご主人に教えてあげると、思い出したように「父の骨瓶は、最初は墓の左側に納めてありましたが、後から奥の中央に置き換えたことを忘れていました」と仰いました。大方の先祖の生命体は自分の骨瓶を最初において頂いた場所の下の方で、自分の前世の因果関係の生命体に封じ込められています。

生命の根源の光で調べると、先祖の生命体がおられる場所がすぐにわかって、八時間でお助けできました。夫婦は喜んで「谷井先生に墓を調べて頂いて、父の霊を助けて頂いて本当によかった」と仰いました。それから一回も夜に墓参りはされません。墓で父の生命体が毎日苦しくて、息子に助けを求めて夜に毎日墓参りをさせておられたのです。人間は先祖の生命体が苦しんでおられることも、生命の根源の光のことも知りませんが、どこの先祖の生命体も知っておられますから、こんなことが現実によく起きます。

銀行のATMに入れたカードが、いつの間にかポケットの財布の中に

私の友人が外国に行っていた時、銀行でお金をおろそうと思ってATMにカードを入れました。カードがATMの中に入っていったのを確認しましたが、いくら経ってもお金もカードもATMから出てきません。おかしいと思って、念のために自分のポケットの財布の中を調べてみると、カードは財布の中に入っていました。不思議に思って、仲間を二人呼んできて、カードをATMに入れて、お金かカードが出てくるか、三人で確かめることにして、もう一回カードをATMの中に入れました。三人は、じっと見ていましたが、いくら見ていてもカードもお金も出てこないので、またポケットの財布に入っているかもしれないと思って確認してみると、やはり財布の中にカードが入っていました。生命体は、こういうことをします。

普通では考えられないことも生命体は簡単にできるのです。どうしてATMに入れたカードが財布の中に入っていたのか。本当は、ATMからカードが出てきているのですが、生命体がその人たちには見えないように錯覚させていたのです。もしもその人の第二生命体が、カードの動きを肉眼で見えるようにしていたら、カードがATMから出てきて、勝手にポケットから財布が出てきて、財布の中

にカードが入ってその財布が再びポケットに入っていくのが見えたはずです。しかし生命体は見えないようにこうしたことを行ったのです。このため、三人がいくらATMを見ていても、絶対に見えなかったし気がつかなかったのです。こうした業は生命体がカードを見えるようにしようと思えばできますし、見えないようにすることもできます。

こんな体験をされたら、今まで生命体の存在と業を信じられなかった方でも、必ず信じられるようになります。「幽霊なんて絶対信じない」と仰る頑固な人が、一晩に四回も幽霊を見て初めて信じるようになりました。今まで生命科学者が解明できないことを解き明かして生命体の業を本に書き残すことも、私に与えられた使命の一つです。

私に会う前に自分の第二生命体に殺されそうになった霊能者

ある時、私の家にこられた方が、「沖縄で一番力のある霊能者を紹介する」と仰ったので、一緒に沖縄に行きました。ホテルに到着した夜、その方は早速霊能者の家に電話しました。ところが、その日の朝早くから、霊能者の方が海に五人で魚を捕りに行き、船が転覆して三人が死んでしまいました。霊能者とマネージャーの二人だけが助かって無事に帰って来られて、それから警察の取り調べを受けて、「霊感のある方がなぜこんな事故が先にわからなかったのか」と聞かれ、しばらく疑いを持たれ、霊能者が三人を殺したのではとまで疑われたそうです。しかし、殺していないことがわかると疑いが晴れました。こんなことが起きましたので私は沖縄の霊能者に会えませんでした。しかし戦争で亡くなられた方の生命体をお助けさせて頂くことができて感謝しています。

強い守護霊、すなわち第二生命体から支配される人ほど、私がその人に会うと言っただけで、その人が倒れることもあります。これは根源の光でその方を倒すのではなく、霊能者に前世で恨みのある第二生命体が自分の正体を見破られると困ると思って、霊能者が私に会う前に、倒して、私に会わせないようにすることもあります。その人の第二生命体が霊能者の体から先に逃げて姿をくらますこともあります。そんな時には倒されることは絶対ありません。
それだけ霊能者は神仏の生命に恨まれていることを知らない方が多いと思います。

奈良県の高松塚古墳を発掘して、多くの死人が出た原因を解明する

奈良県の明日香村の高松塚古墳の発掘で、死人が沢山出た原因を調べに行きました。古墳の外部の上の後ろの方の、土が高く盛ってある場所に生命体が数多く生存していました。どこの国でも同じで、古墳に埋葬された方の因果関係の生命体が上と周囲に生存しておられる場合には、必ず、塚に納めた遺体の生命体は、何百メートルも下の方に封じ込められて苦しんでおられます。高松塚古墳を調べてみると、私の思っていた通りでした。その後、古墳に生存する生命体を六時間かかってお助けさせて頂きました。高松塚古墳は発掘の前に、魂抜きとお祓いが行われましたが、発掘の際、村の役員、考古学者、発掘作業の方が何人も亡くなられました。こんなこともあって、初めて考古学者の方も古墳の発掘の怖さを知り、次の藤ノ木古墳の発掘を遅らせることにしました。高松塚古墳の生命体を私が先にお助けしていたら、誰も亡くならずに済んだのにと思いました。考古学者、宗教関係の方も、死人が沢山出て初めて生命体の恐さを知ることができたと思います。

私は高松塚古墳の生命体をお助けさせて頂いてから、二日間自転車で明日香村の古墳を回り、生命体をお助けしながら調査と研究をさせて頂きました。発掘されている古墳と、まだ発掘されていない

古墳がありました。生命体がおられる古墳とおられない古墳もありました。古墳に最初から生命体がおられない場合、発掘された関係者が亡くなることは絶対にありません。しかし、古墳に納められた遺体の生命体が古墳におられた場合、古墳を移動したり発掘すると、死人が出ることがあります。古墳に生存する数多くの因果関係の全ての生命体をお助けする時に、古墳に埋葬された方の生命体と因果関係の生命体の生存行動が見えて、生命の根源の光で助けさせて頂いても、全てを一回でお助けすることは至難の業です。その理由は、恨みの強い生命体が逃げたり隠れることもあり、全てお助けするのに時間がかかるからです。

古墳を発掘したり、移動したことが原因で亡くなられた人は、古墳にいる生命体に殺されて、死後いじめられて苦しむことになります。今まで日本の各地で墓を移動して、役員の方が後で何人も亡くなった原因を正確に知ることが大事です。古墳に生命体が生存している状態が正確にわからない方が、こんな恐いことを知らずにされますから、後で大変なことになって、自分も他の人も不幸にします。亡くなられた人の生命体が見えないからと、自信のないことはしない方がよいと思います。触らぬ神に祟りなしということです。

四十基の墓を二度移動して二回とも死人が出た村

僧侶に墓の魂抜きをしてもらい、他の墓地に移動して、元の墓地が荒れ地になって、現在は村の墓地がどこにあったのかわからなくなっていました。その墓地を根源の光で調べてみると、どこの先祖の生命体も墓地の何百メートル下で苦しんでおられました。この問題は世界共通しています。もし初めから先祖の生命体が墓にいない墓地は、生命体の反応は出ませんから調べるだけです。

ある村で、村の四十基の墓を二度も他の場所に移動しました。今ある墓地に工業団地ができることになって、今回で村の墓全部の移動が三度目になるということでした。私は石屋さんから「以前に移動した墓地の先祖の生命体と、今から移動する墓の土地を全部調べてお助けしてほしい」と頼まれました。今まで村全体の墓を移動された時に、二回とも村の人が何人も亡くなって、病人が出たそうです。墓の魂抜きをしたお坊さんも急に病気になって、入院しました。このため、役員の方は恐ろしくて墓地の入口までしかいけませんでした。また墓を移動すると、村の先祖の生命体に取り付かれ、今度は自分が死ぬ番だと恐怖を感じていました。「もし二ヵ所の墓地と四十基の墓の先祖の生命体をお助けして、一年間村の人が一人も死んだりしなければ、村の先祖の生命体が救われ、魂抜きもできたと信じるし、根源の光も信じる」と、石屋さんと村の役員の方が私に仰いました。そこまで言われると、助ける自信がないとできません。

私が全部お助けさせて頂いてから一年経ち、村の人は一人も亡くならなかったので、村の役員の方も石屋さんも、根源の光と私を信じると仰いました。この村の僧侶は、「自分らは魂抜きをするだけで、魂が抜けたかどうか本当のことはわかりません。私には先祖の魂が見えるわけではありませんからね。私たちは学んだことを行っているだけですから」と私に仰いました。この僧侶は正直な方でした。人間は正直でないと恨まれて自分を不幸にします。

四十基の墓を移動した後の土地で、工業団地の工事をする方は怯えて、墓のあった場所だけを工事をせずに残していました。私はお助けする時に、村の先祖の生命体がおられる場所を順番にお助けして、打ち込んでおいた杭の場所を後からユンボで掘ると、お骨が出てきました。その村は土葬でしたから、お骨はまだ大方残っていたのです。村の先祖の生命体は、まだこの墓で苦しんでおられました。

生命の根源の光で、私が調べて杭を打った場所が全て当たっていたことを、石屋さんから後で聞きました。村の役員の方が、「先生に頼んで根源の光で村の二ヵ所の墓地と墓の生命体を全部お助けして頂いたおかげで、一年経っても死ぬ人も出なくて、村の先祖の生命体とその因果関係の生命体もお助けして頂いた。お陰様で自分は運が良くて、祟りを受けなくて死なずに済んだ。先生の根源の光を本当に信じて良かった」と仰って喜んでおられました。

先祖の生命体も、生命の根源の光も見えないから、体験しないと信じることは難しいのです。墓を移動した方々は人ごとではなく、自分たちのことですから本当のことを知ることが大事です。先祖の生命体が前の墓地におられる場合には、今でも苦しんでおられる方が多いです。

人間と生命体を救うための
研究解明の旅

インドの旅

生命体は根源の光に助けを求めて集まる

デリーの空港に飛行機が着陸するまでの間、根源の光を使って、機内の窓から空を飛んでいる生命体の生存状態を調べてみると、苦しむ生命体がおられました。飛行機から降りると、空港全体に生命体が幸せを求めて集まっておられたので、しばらくお助けさせて頂きました。それからバスでホテルに到着すると、ロビーで生命体が沢山待っておられました。すぐにお助けして、さらに部屋に待っておられた生命体もお助けしてから寝ました。

翌朝、ヒンズー教の聖地ベナレスを訪れました。ガンジス河で、信者たちは朝早くから身も心も浄めて神に祈りをささげていました。その心も姿も真剣そのもので、今まで何千年もインドの人々の心の支えになっています。

聖なるガンジス河に生存する生命体を助ける。

お金がある人の遺体は、河岸で焼かれ、お骨はガンジス河に流されます。しかし、貧しい人の遺体は布に巻かれて河に流されます。遺体から離れた生命はガンジス河で浄められて幸せに天国に本当に行けるのでしょうか。今回その真実を解明するためにガンジス河に来ました。

ガンジス河は、インドの平和と健康、そして数多くの人々が幸せを求める聖なる河で、太陽が昇ると光を受けて眩しいほど輝きます。信者たちはガンジス河に入って体を洗うと、身も心も罪も浄められて救われると信じておられます。知らない人は美しい河を想像すると思いますが、実際に側で見るときれいには見えません。しかし、信者たちには美しい聖なる河です。

全ての生命の根源は、地球に生きる人間が幸せに生きれる教えを実行することを望んでおられます。しかし現実は、幸せな人々と貧しい不幸な人々がいる世界になっています。信仰の世界にも不公平があり、インドで生まれ育った釈尊は、人々が平等に幸せになる真理を悟り、弟子たちに教え残して亡くなられました。人間はどこの国に生まれても、お互いに助け合い、幸せに生きるため

インドのガンジス河で三人の心はひとつ。

の、愛という美しい心を生命の根源から全てに初めから与えられています。しかし、現実には差別があり、仲良くして生きることが一番正しくて良いと知っていても、実行することは難しく、貧富の差と差別をなくすことは不可能に近いのが現実です。宗教は全ての人々を差別なく救う世界なのに、戦争と差別が起こっていることは残念です。ガンジス河で日本では見られない様子を見せて頂き、インドの人々が神仏とガンジス河に幸せを求めて生きる姿と気持ちを実感しました。

ガンジス河に入って体を浄められる人、河上で洗濯している下の方で口を漱ぐ人もいます。インドに生まれ育って、長い歴史と伝統を通じて宗教の教えを信じればこそ、こうした行為を続け、幸福を感じ生きられるのです。インドで貧しく生きる人々も、同じ幸せを求めて生まれた人間ですから、共存の愛で接するべきです。

ガンジス河に遺骨を流すと、死んだ人の生命は天国に行けると信じて死んでいく人々

インドのガンジス河に入れば、今までの罪が全て浄められて消える、と昔からの習わしを信じておられる方がたくさんいます。しかし現実は、犯した罪の恨みは簡単にガンジス河で浄められて消えるものではありません。河の辺りで亡くなった人の生命体は天国に行けると、インドで生まれて生きる人々はそう信じておられるので、死ぬことは怖くないと仰います。ガンジス河の辺りで死んで遺体を焼いて、ガンジス河に流すと天国に行けると信じるその気持ちはよくわかります。しかし真実は、ガンジス河の辺りで亡くなり、遺骨をガンジス河に流しても、幸せになれない生命体も沢山おられるこ

とが、生命の根源の光で調べてわかりました。どこで亡くなられても、死んだ人の生命体を恨む生命体がいるかいないか、多いか少ないか、いじめられるかいじめられないか、で天国か地獄か全て決まるのです。

どこの国の人間も宗教も関係なく、立派な葬儀をされ、立派な墓を作って頂いても、亡くなられた人の生命が幸せになることは至難の業です。ガンジス河の辺りで亡くなられた人の生命体は必ず天国に行けると言い伝えられて信じているのに、河の岸辺で遺体を焼いてから、人骨に水を掛けるとき、後ろ向きに掛けないと死んだ人の生命体に取りつかれるとも言い伝えられています。ですから絶対に前を向いてお骨に水を掛けないのです。幸せになれて天国に行くと信じておられるのであれば、人の遺体を焼いてお骨に水を掛けるとき、前の方を向いて掛けても死人の生命体が人に取りつくことは絶対にあり得ないはずなのに、信じることと行為が違っています。真実が見えないために何千年も前から、こんなことを信じて行っているのです。

前世の因果関係の恨みは、ガンジス河の水で浄められて、幸せに天国に行けるものではありません。これは人間が死後の真実を知ろうとせず、約五千年前からの言い伝えを信じて続けているだけです。人間は欲のために戦い、殺し、恨み、妬み、いじめ、差別、裏切り、騙し取る行為を続け、人も自分自身も不幸にし、人間の世界と死後の世界に地獄を作っています。人間は一番欲の深い生き物だから恨まれて不幸になる行為を繰り返しています。例えて言うと、傲慢で五欲で自己中心に生きる人ほど、自分で自身を不幸にし、他人も不幸にし、死んで地獄に行くのです。このことを知らずに生きておられる方は、可哀相な人と言えます。

釈尊が初めて説法された聖地を調べる

インドの釈尊は多くの貧しい人々を救うために出家なされました。釈迦家の城を離れ、六年の厳しい修行を経て、生涯城に戻ることなく、数多くの貧しい人々も平等に救うために旅をされた聖人で、幸せに生きる方法と、不幸にならない生き方を悟り得た真理を残された立派な方です。

釈尊が亡くなられて二千五百年以上の年月の中で、釈尊の教えと違うことが行われています。如来や菩薩、お経に縋って助けを求めるように教えられ、他力本願になり、人間の間違った行為の反省が疎かになったことが原因に思われます。その結果、如来やお経によって、幸せになれる生命体は少ないことが調べてわかりました。すなわち、釈尊は救われる真理を学び実行するよう信者たちに教えられていたことは、生命の根源の正しい教えだと私は思います。人間と死んだ人の生命体は、神仏の生命体に頼らずに、釈尊の教えを実行しなければ救われません。そのことを釈尊は教え残されたと思います。

インドの各地を調べさせて頂いた結果、釈尊が初めて説法されたサールナートにある、古代の釈迦如来像が展示されてある博物館にも、幸せになれない生命体が沢山生存しておられることがわかりました。釈尊の仏像のある場所を見学している時でした。沢山の生命体が、突然、生命の根源の光に幸せを求めて集まって来られて、私の体全体に助けを求められたため、急に目が開かなくなりましたが、しばらくの間サールナートの生命体をお助けすると、目もすっきりしました。インドは仏教の源の地でありますので、私は以前から一度調べさせて頂きたいと思っていました。今回、縁があり、インドで死後の世界に生きる生命体の観察の念願が叶い、心から感謝しています。釈尊の死後二千五百年以上になりますが、インドの人々の死後の生命体も救われている方は少ないことがわかりました。私はインドを離れる時に、幸せになれない生命体をお助けするためにもう一度こさせて頂きたいと思いました。

現地のいろんな所に生存する生命体を根源の光で調べさせて頂いて、真実を解明することができました。人々の先の幸せを考えると、今までの長い歴史の中で、人間が考えた行為の結果を正しく考え直さなければなりません。今生きる人々も必ず死ぬことになりますから、死後の世界で苦しまれる生命体が今まで以上に増えていきます。釈尊が亡くなられてから二千五百年以上になりますが、インドで苦しむ生命体を釈尊の生命体がなぜ助けられないのか。その訳は私の本を読まれたらご理解頂けると思います。インドだけではなく、地球全体に死後五千年経っても救われない生命体が数多く生存し、地球全体が地獄になっています。また、人間として生まれても幸せに生きられない人々も世界の各地に沢山おられます。釈尊が平等に幸せになれる真理を説き、教え、残されたのに、現実は平等に幸せになっていません。世界の特別に貧しい人々も、幸せに生きられるようにしてあげなければなりません。生命の根源の教えでは、自分の行為によって、前世、今世、来世の自分自身を幸せにもできるし、また不幸にもします。人間の世界も死後の世界も、人間の心と生命体の心を正しく変えて、地獄をなくすしか方法がないことを、理解して頂いて実行していくしかありません。しかし皆の協力がないと不可能になります。インドはヒンズー教が八十パーセントで、残り二十パーセントの四分の一が仏教と言われています。インドで生まれ過ごされた釈尊の教えである仏教は、全てを平等に救う思想なのに、インドでは仏教の信者が少ないのが残念に思います。

インドで過ごされたことがある日本の僧が仰いました。インドでは乞食の親から生まれたら一生乞食で過ごすものだと言われているそうです。しかし、どんな生き物も少しでも長く幸せに生きるために生まれてきます。乞食の親から生まれても幸せになるために生きるわけで、不幸になったり早く死ぬために生まれてくる生き物は何一つありません。しかし、平等に皆が幸せに生きることは至難の業です。

ベナレスからバスで十三時間もかけて、カジュラーホーに向かいました。道中、バスの中から右側と左側の生命体をお助けしつつ、インドの素朴な風景を眺めながら行きました。飛行機では見られない、住民の生活状態を間近で見て、現地の人々の素朴でのどかな様子を感じました。インドの動物は人間と共存して自由に生きています。貧しい生活の人々もおられますが、心は豊かであり、人を恨むことも少ないように感じられました。貧しい人々のお顔を見ても笑顔で、他国の人が考えるほどには辛そうに見受けられませんでした。人間はお金さえあれば、幸福に生きられるものではありません。お金と財産が沢山あっても、不幸になる方もおられます。

翌朝、カジュラーホー寺院を見学させて頂きました。とても大きな寺院で、素晴らしい彫刻で飾られていました。全ての群像彫刻は、人間に対しどのように生きることが幸せなのか、また自然のままに生きるインドの古代人が幸福に生きる姿がありのままに表現されています。ガンジス河の信仰と、カジュラーホー寺院の信仰は違っています。カジュラーホー寺院の方は大変違った形で人間の幸せを教示しています。

インド・カジュラーホー寺院。

ガンジス河の信仰は、聖なる神の河で人々の体も罪も浄められて救われるという教えで、死んでからも生命は浄められて天国に行けると、人々は信じて心の支えにしています。カジュラーホー寺院は大変立派で素晴らしく、屋根は三角形の寺院で、多くの群像が彫られ、自然のありのままに生きる、当時のインドの人々の生きる姿が、今も生きているかのように現代の人々に語りかけているように見受けられます。その姿は幸せに溢れ、見る人々も幸せを感じ、今までの苦しさや辛さも忘れさせてくれるほどで、その時代の人々の生きる喜びと愛というものを、彫刻を通して感じました。何千年も前の人の心と生活、行動、生きる幸せを、彫刻を通して、現代の人々に教えていて、その気持ちはいつまでも忘れられないほど、心に深く残りました。人間は何千年前と今も同じことを繰り返していることを教えられたように思います。

寺院の彫刻の群像を見学させて頂いたその夜、ホテルのベッドに寝てすぐに、カジュラーホー寺院の女神の彫刻におられる生命体が真っ暗闇の中に現れて、私の三メートル前に立ち、すぐ側まで来られました。一番目の女神が消えると、次から次へと八人の美しい女神が順番に姿を見せ、私の近くまで来られては消えて行きました。八人の若くてスタイルの良い美しい女神が、私にカジュラーホーの生命体を根源の光で助けてくださいと頼みに来られたのです。その夜は三時間ほどしか眠ることができませんでした。

翌日、午後一時から四時まで自由行動になっていましたので、この三時間をカジュラーホー寺院全体に生存し、幸せを求めて根源の光を待っておられた生命体をお助けするために使わせて頂くことにしました。ホテルの屋上に行ってみると、屋上の防水工事をされているので、戸が開いていて、ちょうど作業員の方がその時間におられませんでした。これは、昨夜ホテルで私に姿を見せ現れた、八人の女神の生命体の方が、カジュラーホー寺院全体の生命体をお助けできるように導いてくださったのだと思いました。女神の方々の願いを叶えてあげたいと思って、私は屋上から東西南北の生命体を三時間お助けさせて頂きました。屋上から下を見ると、インドの若い美しい五、六人の女性が、頭の上に花籠を乗せて歩かれる姿が、インドの伝統そのもので素朴で優雅な感じに見えて、カジュラーホーに住みたい気持ちになり、いつまでも忘れられないほどに心が引かれました。

その後、他のカジュラーホー寺院の見学に行ってみると、寺院の壁に沢山の群像が彫刻されてあり、昨夜出て来られた女神と全く同じ姿のものもありました。当時の聖人たちが亡くなられて遺体から離れて、この寺院の女神の彫刻に、生命体が女神の姿で生きておられるように感じられました。また肉眼で、生命体が幸せを願う様々な姿が見えました。

こうしたインドの生命体の神々の群像から、自然に逆らわず幸せに生きる喜びが伝わってくるように感じられました。人間ばかりでなく動物たちも含めて、様々な彫刻を通して、観光される人々に喜びを与え、その当時の人々の幸せな姿と行為を教え見せているように感じられました。その群像は沢山の作者によって作られ、何千年経ってもその形は変わらず、カジュラーホー寺院によって保存されています。何千年前のことが身近に感じられ、今の人々に本来の人間の美しさと、愛の行為を表し、語りかけているように感じられました。インドの神々の生命が、インドの人々を愛し見守って、彫刻を通し、何千年経った今も人々に教え感動と喜びを与え続けています。こうした彫刻は、むしろ純粋で美しい姿であり、幸福そのもので、人間誰しもが生命の根源で生命が誕生した時から与えられ備わっている本能をありのままに表しています。彫刻の姿形を通して教え、インドの古代の人々がこうした偉大な作品を残されたことに心から感動しました。

王の記念堂の生命体が助けを求める

悲恋を物語る美しい建築、タージ・マハールは、龍王を記念して作られた記念堂です。太陽の光を受けて白くキラキラと光輝く立派な記念堂の、大理石で作られた棺の中に、王の遺体が埋葬されています。死後、王の生命体は天国で幸せに過ごしておられると、想像する人が多いと思われます。しかし現実には、王の生命体は死後の世界で決して幸せではありません。天下人の時に最高に幸せを感じた日々もあったと思われますが、その反面、他の人にはわからない苦しい時もあったものと思われます。

死後の世界で王の生命体は幸せに過ごせるのか。戦争によって殺された敵の兵士の生命体は、必ず死後の世界で仕返しする時を待っています。ですから戦争で数多くの人が死ぬほど、人間の世界も死後の世界も苦しむ方が多くなっていったことを、現世の人々が了解することが大事です。こうした戦争で殺された人々が死後の世界で幸せなのか苦しんでおられるのか、生命の根源の光で調べてみると、記念堂全体と中に埋葬されてある王の石棺の中と周囲に、因果関係の生命体が取り巻いて監視していました。王の生命体は地下の深い所におられました。凡人の墓と同じです。恨む生命体は上の方に、恨まれる生命体は下の方に封じ込められています。また、恨まれる生命体は中心にいて、恨む生命体は逃げられないよう周囲を取り巻いています。

これまで、人間は死後の世界の生命の生存状態が見えなかったために、人間の想像で良いように解釈してきました。

王の生命体が、死後の世界で幸せであれば、立派な記念堂の周囲、中、地下に、王の生命体を恨んでいる生命体はおられないはずです。生命体の戦いが見えない人々は、目に見える美しい記念堂を見学されて感動しておられます。

続いてアグラ城へ向かい、生命体をお助けしながら調べさせて頂きました。素晴らしい大きな城は数多く観光される人々を楽しませてくれると共に、インドの人々を助けています。大理石でできた立派な彫刻もあります。当時は戦いもありましたので、この城や周辺には戦いで殺された兵士の生命体が今でも生存しておられます。城の庭に亡くなられた方の遺体が埋葬されている墓があり、そこで生命体が苦しんでおられました。お助けしていると、この城の周囲からも生命体が幸せを求めて集まって来られて、私の体全体に助けを求めたことで、目を開けることができなくなりました。根源の光を両手で送り、約十五分お助けすると、生命体は幸せになって天国に行かれて、私の目も体もすっきりしました。

インドは十二月から四月までが雨も少なく、涼しくて快適な気候です。インドにこうした時期に来ることができて、毎日晴天に恵まれ、七日間一回も雨は降らず、生命体の方々の計らいによるものと思い感謝しました。インドの花の色はとても鮮やかで、南国特有の美しい色が一段と目に映り、人々と動物が一体となり、心を一つにして幸せに共存し生活しておられるように感じられ、どのような生き物も今日の幸せを考えて生きる姿は、南国特有の素朴さが感じられました。

次はアンペール城に行きました。ここは遠くから眺めてもスケールの大きい城です。城の周囲には、山の峰から峰へ全てが石で囲われており、外からどのように敵に攻められても、中に入れないように高く石で囲われています。こうした難攻不落の城だからこそ、永く天下を治めることができたのでしょう。当時の人々の姿が思い浮かびます。城は沢山の石が使われた堂々たる物で、城に通じる道は坂道で、観光客は象に乗って登ることになっています。沢山の観光客によって、象や象使いたちも生きることができます。ゆらりゆらりと揺れながら、のどかな南国風景を見つつ、アンペール城に無事到着しました。城の中は、大変素晴らしい美事な彫刻で飾られています。城の中を流れる水で風が冷やされる仕掛けになっています。真夏を涼しく過ごせるように考えられた城なのです。当時この城を設計された人の才能と、大きな努力の結果が感じられます。どこを見ても目に映る物は輝かしく素晴らしく感動せずにはおられません。

道路の両側にはきれいな花が鮮やかに咲いて、観光客に感動を与え、人々の心を和ませています。高い山の上にある城は太陽の光を受けて美しく輝き、今もその当時の人々が生きているかのように、偉大な力強い姿を見せています。しかし、この城の中に生存する生命体が助けを求めて私の周囲に集まって来られました。その当時の人々が死んでからも、人間には見えない生命体の戦いが現在でも続いていました。美しい城だけしか見えない人々は、美しさに感動して楽しんで観光しておられました。

最終日、故ガンディー首相の墓にお参り

ベナレス、ガンジス、カジュラーホー、アグラ、ジャイプールなど、各地の生命体を調べながらお助けして、いよいよインドも最終日になりました。

ガンディー首相はインドの政治家で、一九五九年インド国民会議派総裁になり、六六年再び首相になり、八四年分離運動のシーク教徒過激派に暗殺されました。こんな立派な人を亡くしたことは、数多くの貧しい人々と国にとっての大きな損失であります。聖人ガンディーの、平等に皆を救って幸せ

にしたい誠心は、生命の根源の原理に基づく行為であります。私は故ガンディー首相の墓にお参りさせて頂きました。墓の周囲は一面に芝生が青々として、二人の男性が水牛を使って芝刈りをしておられる風景は素朴そのものので、インドらしい長閑な眺めです。芝生の上に若いアベックが寄り添って楽しそうに話をしている姿も心も、今が最高に幸せそうに見えました。私は時間の合い間を利用して、生命体の生存行動を調べて、できる限りお助けさせて頂きました。

いよいよ日本に帰国する日が近づくと、慌てて助けを求める生命体がだんだんと増えてきまして、ホテルの中や部屋の中まで、昼夜を問わず生命体が私の体に助けを求めて、急いで催促もしてきました。私がインドに行くことを知って待っておられた生命体も数多くおられました。そうした生命体が沢山ついて来られて、私の体をチクチクと針で刺すように、助けを求めて催促されて、目が痛くて涙が出て、どうにもならないほどになりました。そうした生命体をお助けしながら行動させて頂きました。インドで根源の光を受けられなかった生命体は、飛行機の中と周囲を飛び

インド・インディラ、故ガンディー首相のお墓に御参り。

ながら一緒に日本の上空まで来て助けを求めました。私はできる限りお助けしました。それでもお助けしきれなかった生命体は私の家でお助けさせて頂きました。

私は九日間のインドの視察旅行を終えまして、十一月十九日、日本に帰国して、一日おいて、二十一日よりイタリア、トルコ、ギリシア、エジプトの生命体をお助けすることと、生存状態を調べるために行かせて頂きました。世界の国々を訪れて生命体をお助けすることは、世界の人々も救うことになりますから、これからも頑張ってお助けさせて頂きたいです。

ローマ・ギリシャ・トルコ・エジプトの旅

ローマ・ギリシャ・トルコ・エジプトの生命体を救う

四ヵ国に、死後の世界で生きる生命体を調べ、救うために行きました。成田空港から出発し、ローマのレオナルド・ダ・ヴィンチ空港に到着すると、すぐに沢山の生命体が助けを求めて集まってこられました。どこの国でも一番先に出迎えてくださるのは助けを求める生命体です。

ローマのホテルに泊まって、部屋の生命体をお助けし、窓を開け、ローマの生命体に根源の光でお助けさせて頂いて、翌朝、ローマからギリシャのアテネの空港に到着すると、すぐに助けを求める生命体が集まって来られました。それからアテネの街の生命体を、ホテルの屋上から三時間お助けさせて頂きました。翌朝、ギリシャ時代の野外劇場を見学に行きました。この野外劇場は十五万人が入れるという大きなもので、古代の数多くの人々は歌や踊りを楽しみ、病気を治すために、泊まりがけで来られる人々もおられたので、野外劇場の周辺に宿舎も沢山あったと言われています。

野外劇場は、踊りを見たり歌や話を聞くだけでなく、人の病気を治すためにも使われていたのです。病気が良くなった理由を探ってみたのですが、もしも野外劇場に沢山の生命体がおられなかったら、この劇場に来られて歌を聞き、踊りを見たり、話を聞くだけでは、病気が治る人は少なかったということがわかりました。しかし、古代の人々の中に、この野外劇場で病気が良くなる人もおられたということは、医学治療を受けなくても、宗教、神仏、祈祷師に助けを求めなくても、野外劇場に来られた人々を病気にしている生命体を、野外劇場の生命体がお祓いすることで、病気が治った方もおられたと思います。昔も今も、見えない生命体をお祓いすることで病気を治す方法は変わっていません。すなわち神仏の生命体でなくても、どんな場所にいる生命体でも、お祓いできれば病気を治すことは可能で、不思議ではありません。

野外劇場で人々の病気を治しておられた数多くの生命体は、今も野外劇場全体に生存しておられることがわかりました。今でも野外劇場に生存する生命体に助けを求めてお願いすれば、歌を聞いたり、踊りを見たり、話を聞いたりされなくても、毎日何時間かおられるだけで、病気が良くなる人もおられると思います。すなわち、人々の気持ちと生命体の気持ちが変わる話をしたり、歌や踊りで楽しくさせることで、人間と生命体の気持ちを楽しくさせて、生命体の気持ちが変わり、幸せになると人の病気も治ります。この方法は未来の正しい治療法で、病人と生命体を幸せにする方法ですから、病人が少なくなって消えていきます。野外劇場の生命体がお祓いをしない限りは、正しい治療法と言えます。

次にミュケナイ・ライオンの門、アガメムノン王の墓、そして城の生命体を調べてみると、城に生命体が現在も生存しておられました。それから王の墓に行き、中へ入って地下も調べさせて頂きましたが、王の墓の中には生命体は少ししかおられませんでした。もし墓に王の生命体がおられたら、必ず王の前世からの因果関係の生命体が墓の上と周囲に何百兆も必ずおられます。王の生命体は他の場所におられることがわかりました。その後アテネのパルテノン神殿を見学させて頂いた時、生命体が沢山集まって来られましたので、私は神殿の入口から全体の生命体をお助けしながら調べさせて頂きました。

美しい島で素朴に生きるギリシャの島の人々

ピレウスから三十キロほど離れた島がエギナ島です。フェリーで約一時間十五分、高速船なら約四十分で着きます。島の北東にあるアフュア神殿にも、救われていない生命体が沢山生存しておられました。ポロス島は小さな美しい島で、近くにはポセイドンの神殿跡やビザンティン時代の宗教壁画が残されています。ゾードホス・ピキ修道院もあります。どの島も生命体の世界は幸せではありませんでした。

イドラ島に船が近づくと、島の生命体が待ちかねて助けを求めて船まで急いで集まって来られましたので、お助けしながら島に到着しました。港のあるイドラの街は、どことなく華やいだ雰囲気が漂っています。ここに世界中からアーティストの卵たちが集まってきて、今では「芸術家の島」と言われています。彼らはここで制作をし、作品を街のお土産店で売ります。銀や銅の彫金細工のアクセサリー、七宝の絵皿や飾り物などモダンな工芸品をどの店でも見かけます。動物などが人間と仲良く生存している姿が印象的で、今も良い思い出として心に残っています。島の動物の写真なども店に売られています。島の人々が幸せに生きる港町で、一度は住んでみたいと思うほど心が惹かれ和みました。自然美の溢れる島です。しかしこんな素朴で美しい島でも、生命体の世界は島全体に幸せになれずに苦しんでおられる。そういった生命体に助けを求められてお助けしながら観光させて頂きました。

その後、ギリシャからトルコに行き、カッパドキアに行きました。この地方は砂岩の山が沢山あり、その風景の美しさ、不思議さについて言葉で説明するのは難しいです。太古の昔、五十キロ南にあるエルジェス山が大噴火して、このあたり一帯に火山灰や溶岩などが堆積しました。それが長い年月を経て雨風や雪の作用で浸食され、この世の物とも思われない風景が形成されたのです。円錐形の岩が帽子をかぶっている人間のようにも見えて、自然が作り出した彫刻の世界のようです。この山々に洞窟が掘られており、どこの山にも行ける地下道になっています。逃げながら生き延びてきたキリスト教の信者の住みかは、今も人々が生存しておられるように思えるほど身近に感じられ、その当時の面影がはっきりと現在でも残っています。この洞窟は何十階もあって、中でつながっていて、部屋も作られており、中で沢山の人たちが生存していた時代もありました。穴の中で命からがら逃げ延びて、キ

トルコのカッパドキア。

リスト教を信じ生きてこられた人々が、まるで今でも生存しておられるように感じられました。この場所には、現在は生命体が生存していても昼は様々な所に移動しておられます。夜になれば洞窟に帰る生命体もおられると思いますが、夜は調べていません。しかし私が昼に調べた時の結果では、洞窟の中には生命体の生存は少ないように感じられました。

どこの国でも山林、家、墓地、お寺、神社、神殿、教会、城跡、遺跡などの場所には生命体の生存が多く、大都市の人々が沢山生活される中で、入り交じって共に生存しています。トルコで生まれ、亡くなられた人の生命体も、カッパドキアの地で人々と入り交じって共に様々な場所におられ、こんな生命体をお助けしながら調べさせて頂きました。トルコの料理も美味しくて、人々は優しく一度住んでみたくなります。

エジプトのピラミッドに生存する生命体を調べる

ギリシャのアテネ空港から、飛行機でエジプトのカイロに行きました。空港からホテルに向かうバスの中から街を眺めつつ、街全体で生存行動しておられる生命体の状態を調べていきました。二十二時に、バスの中で添乗員さんが「ピラミッドの見える部屋と見えない部屋があり、運の悪い方はピラミッドが見えませんが、ホテルの方で決めてあります」と仰いました。私の部屋はピラミッドが見える部屋に必ずされている、と思っていました。ホテルに到着し、部屋に入ってカーテンを開け、外の方を見ると、窓越に大きなピラミッドが目の前に見えました。これも助けてほしい生命体の導きで、バスの中で心に思っていた部屋に泊めて頂けたことを感謝しました。沢山の生命体が急いで助けを求めておられましたので、早速戸を開けベランダからお助けさせて頂きました。その日はちょうど満月で、ピラミッドは月の光を受けて、光輝く姿を眺めることができました。巨大なピラミッドに向かって生命体を助け始めると、私の手の平にチクチクと、ピラミッドと周囲に生存される生命体のテレパシーをとらえることができて、何千年と生き続けておられる生命体が幸せを求めながら、ピラミッドの周辺に生存し、生命の根源の光を待っておられたことが感じられました。そうした生命体に根源の光を送り、お助けさせて頂くうちに、ホテルの周辺と私の部屋にも生命体が助けを求められて集まってきておられて、早く助けを急ぐ生命体はベッドの中に入って待ちかねておられました。どこの国へ行きましても、毎晩生命体を先にお助けしないと寝かせて頂けない状態です。生命体の数はとても数え切れるものではありません。全てお助けすることは時間がなくて不可能ですが、一人でも数多くお助けしたいと思い、午前一時までお助けさせて頂きました。それから寝かせて頂きました。

翌朝早く、カイロよりバスで空港に行き、国内線でルク

エジプト人と記念撮影。

ソールに向かい、神殿へ行くと、生命体は幸せを求めて集まって来られました。神殿全体に生存しておられる生命体は幸せな方は少なく感じました。

王家の谷に行く途中、王家の谷の生命体が助けを求めてバスに集まる

王家の谷に四キロ近くまで行くと、生命体がバスの周囲と中に数多く助けを求めて集まって来られました。私の体全体にチクチクと助けを求められて、私の眼が痛くなって、涙が出てきました。両手でお助けしながらバスに乗っていると、生命体も救われて、眼がすっきりしてきました。体全体にチクチクと催促を受ける時には、お助けしないと目を開けることはできません。こんな状態で王家の谷に着いて、王家の墓の入り口から頭を下げながら地下道を通り、墓室に行きました。王の墓の石棺の蓋は盗賊が焼いて割って、中の宝物を全部盗まれました。盗賊は石を焼くと割れることを知っていたのです。

このような墓室を見学させて頂き、王のミイラを納めてあった石棺の場所を調べさせて頂くと、ちょうど頭の場所にあたる上と下の方に強い生命体の反応がありました。これはエジプトだけではありません。どこの国の墓でも共通していることが多くあります。墓におられる王の生命体を恨む生命体も全てお助けしなくては、墓の下におられる王の生命体をお助けすることはできません。一人の王の生命体をお助けするには十時間以上もかかるかもしれません。王の生命体をお助けするには、日を改めて出向いて来なくては難しいと思いました。一番後から外に出て、山の中腹を見ると、王家の

生命体の方々が、生きていた当時の、黄金のマスクや飾りを身に付けられた姿で現れました。中には右手に黄金の杖を持たれた老人の王もおられ、横に二列に並ばれた状態で、上から私を見下ろして見送られておられる姿が、肉眼ではっきり見えました。王家の谷の生命体の方々が、生命の根源の光で私に助けてもらいたいと思い、姿を見せられたのです。

　私はツアーのため時間がなくて、山の中腹に姿を見せられた王家の生命体の方々をお助けできなくて、辛い思いで生命体の方々と別れることになりました。ルクソールで、王家の墓、そして神殿の生命体をお助けしながら調べさせて頂きました。また行くことができたら今度は個人で王家の谷の生命体をお助けさせて頂きたいと思っています。

　ハトシェプスト女王葬祭殿は、西のリビア砂漠とナイル河谷とを画す断崖を背景として、自然と人工との調和に見事に成功したエジプト建築の傑作であります。女王葬祭殿全体に助けを求める生命体が数多くおられましたので、私はお助けしながら見学させて頂きました。こういった生命体は今もお互いに前世からの恨みによって、争って苦しんで生きておられることがわかりました。

エジプトの王家の谷で生命体を助ける。

それからルクソールの神殿に行き、左側の方に甲虫を神として祀ってありましたので調べました。日本に「お百度参り」という願い事を叶える場所があります。エジプトでは、甲虫の神の周りを三度回ってお願いすれば願い事が叶うという言い伝えがありました。果たして本当に願い事が叶えられるのか。甲虫の神の像に強い生命体がいなければ、絶対に叶うことはありません。調べてみると、甲虫の神に大変強い生命体がおられましたので、頼まれる人の願い事が叶えてもらえるかもわかりません。世界各地で、こうした場所は沢山あります。今回機会があって、甲虫の神の像を調べさせて頂きました。甲虫の神の生命体は、ある時は人間として生まれて、亡くなられてから甲虫の神になって像におられました。甲虫の神が強いほど、病気も早く治して頂けますし、願い事も早く叶えて頂けますが、反対に甲虫の神の生命体の数が少なくて力が弱いと、願い事は叶えてもらえません。これはどこの国の神仏の生命体も同じです。エジプトの甲虫の神の生命体を、時間がなくてお助けできなかったことが残念に思いました。大変強い生命体が沢山おられましたので、短い時間でお助けできないと思いました。

それからカイロのピラミッドに行きました。偉大なピラミッドの前に立って見ると、古代エジプト人の才能と強い精神力に感動しました。ピラミッドの地下道を頭を下げて真下まで行きました。そこに王の墓室がありましたので、根源の光を通して調べますと、王の頭の方角は北の方になっていました。亡くなられた方を寝かす方角は日本でも北枕にします。エジプトでも北枕になっていました。こうした習わしは古代エジプトから日本に伝わってきたのかも知れません。王のミイラを黄金の棺に入れて墓室に納めてあったとすれば、王の生命体は頭の下の方におられることになります。納められた遺体の頭から胸の下の方に強い生命体の反応がありましたので、墓室から外に出て、北の方角を調べると、北枕になっていることが確認できました。それからピラミッドの観光が終わって、皆はバスで買い物に行かれましたが、私は一人残ってピラミッドの周辺に生存しておられる生命体を調べてお助けさせて頂いてから、ホテルまで歩いて行きました。

エジプト考古学博物館

世界有数の大博物館で、古代エジプト遺産の宝庫です。先史時代から、グレコローマン期に至るまで、十五万点以上の膨大なコレクションがあり、彫刻や石棺などが年代順に並べられています。中でも圧巻は、ツタンカーメン王の遺品です。

この他、歴代のミイラを集めたミイラ室が設けられ、三十体以上のミイラが保管されています。私にとって一番調べたい物は、石の棺とミイラでした。博物館の二階のミイラ室に何十体も保存されています。こうしたミイラに根源の光を与えて、一体ずつ順番に調べさせて頂きました。ミイラには生命体がいるミイラと、いないミイラがありました。このようなミイラ室では、一般の観光客には説明はありませんし、観光客で入る人は少ないようです。私はミイラ室の沢山の生命体をお助けさせて頂きました。それから王様が身に付けておられた物などを順番に調べてみると、生命体がついている物と、ついていない物も沢山ありました。

この博物館の中全体に、多くの生命体が生存しておられました。自分の遺体、自分の財宝と生命体とは別々の場合もあります。王の生命体でも墓室以外の場所へ連れて行かれて、因果関係の生命体に封じ込められて苦しんでおられる生命体もいます。王の墓室に財宝を納められても王の生命体は自分の墓室に行けない方もおられます。死後自分の財宝に執着しても、もはや自分の物ではありません。しかし自分の財宝に強い執着のある方は、死んでからその人の生命体の思いが幽体になって財宝の側で見守っている方もおられます。こんな墓室に納めてある財宝を発掘されて自分の物にされますと、後で祟りを受けて殺されることもあります。

エジプトのカイロとルクソールを調べさせて頂いて、いろんなことを解明させて頂いて感謝します。

イタリアのローマの生命体を助ける

イタリア・ローマの中にあるバチカン市国のサン・ピエトロ大聖堂に行き、外と中の生命体をお助けしていると、沢山の生命体が幸せを求めて集まって来られました。大聖堂は大理石を使われた立派なもので、素晴らしい彫刻もあります。私はバスの中からもローマの街の生命体の生存状態を調べ、お助けさせて頂きました。その後自由行動の時間になりましたので、街並を歩きながらも生命体をお助けさせて頂きました。ローマの街は、目に見える物は立派で素晴らしく、観光される人々に感動を与えています。しかし街全体に幸せを求められる生命体が沢山おられました。黄金に輝く立派な大聖堂は人間の気休めになりますが、人間の死後生命体は救われていない方が多い現実を知ることが大事です。

今回はローマ・ギリシャ・トルコ・エジプトに行かせて頂いて、寒い季節と聞いていましたが、暖かい日が続いて、行き先は全て好天気に恵まれ、一日も雨が降らず、こんなことはめったにないと添乗員さんが仰いました。空に飛んでいる沢山の生命体が、良い天気にしてくださったことに心から感謝しました。私は今までに何十ヵ国も行かせて頂きましたが、雨が降って濡れたことは一度もありません。どこの国に行かせて頂いても私が行くと必ず良い天気になりますから感謝しています。

私は空を見て、雨雲が消えてほしいなと思うだけで、雲が消えて良い天気になることがよくあります。これは、空に飛んでおられる生命体が私の思いを叶えてくださるのです。

アメリカの旅

アメリカの戦没者の生命体も祖国の墓に殆どおられない

私はアメリカのロサンゼルス、サンフランシスコ、ワシントン、ニューヨーク、さらにカナダのバンフー国立公園、ナイアガラの滝へ、各国の生命体をお助けし、研究解明するために行かせて頂きました。

最初にロサンゼルスに到着してホテルに一泊。翌朝からグランドキャニオンの観光に皆は行かれましたが、私はキャンセルし、ロサンゼルスの生命体の状態を調べ、お助けさせて頂くことにしていました。ロサンゼルスの大学の先生がホテルまで私を迎えに来てくださって、先生の案内で初めに軍人墓地に行かせて頂きました。一面が緑の芝生が美しく和ませている軍人墓地の左横に、日系人の墓や古い墓、新しい墓が立ち並び、ベトナム戦争で亡くなられた兵士の生命体は、軍事墓地に殆どおられませんでした。一方、戦争で病気や負傷をされてロサンゼルスに戻られてから亡くなられた方の生命体は、墓におられる方が多く、前世からの因果関係の生命体も墓に沢山苦しんでおられましたので、私はお助けしながら軍事墓地以外の新しい墓、古い墓、日系人の墓も調べさせて頂きました。

先祖の生命体は、前世の因果関係の生命体に墓の何百メートル下に封じ込められて、現在でも苦しんでおられました。どんなに大きくて立派な大理石の、素晴らしい墓に遺体や遺骨を埋葬されても、どこの国の先祖の生命体の方でも墓の中におられるのではなく、墓の何十、何百メートル下で苦しんでおられます。

戦地で亡くなられた戦没者の生命体は、どこの国でも、自分の祖国に戻って墓におられる方は殆どおられないことが、根源の光で調べさせて頂き、解明できました。しかし、飛行機や船で戦地に行く途中で亡くなられた兵士の生命体は、私が調べさせて頂いた墓にはおられませんでした。自分が死んだ近くにおられると思います。どこの国でも死後の世界は共通点が多いことが調べさせて頂いてわかりました。

どこの国の墓を調べさせて頂いても、墓におられる生命体は必ず苦しんでおられます。今まで、生命の発見と、人間の死後の生命体の世界を正確に解明できなかったために、「亡くなられた人の生命体は墓で安らかに眠っておられるだろう。また天国で幸せになっておられるだろう」と皆信じたい気持ちはよくわかります。しかし、現実は今までの人間の想像とは全く違っていることが多く、様々な場所で今もい

ロサンゼルスで軍人基地の生命体を浄め調べる。

つか幸せになれる日を待ち望んで、毎日苦しんでおられる方が多いことがわかりました。

今まで人々が考えていたことと、現実は違っていたのです。ロサンゼルスの墓地を調べさせて頂いて、どこの国の戦没者の生命体も祖国の墓に殆ど生存しておられないことが解明できました。

ユング派心理学者の目幸先生とロサンゼルスの大学で対談する

軍人墓地から大学の先生と大学に戻って、午後はユングの愛弟子と言われている心理学者の目幸先生と、生命体の業、死後の世界、人間の病気の発生源、研究解明・発見、未来の正しい治療法などについて対談させて頂きました。目幸先生は、病気の原点、そして生命体と会話で病気を治す方法について、とても興味を持たれて、これは自分でできる未来の治療ですねと仰いました。目幸先生は心理学を研究しているのでよく理解できると仰って、約二時間でしたが、私にいろんな質問をされました。先生は、私の説明で理解することができたと喜んでくださいました。他の先生方もとても喜ばれ、歓迎して頂きました。話をしている最中で、沢山の生命体が助けを求めて急に集まって来られて、私の体全体に催促されて、全く目を開けられなくなり、話ができない状態になりました。目を閉じた状態で先生方に話をしながらお助けしている私の様子を見ておられた目幸先生が、「二、三日ロサンゼルスに滞在されて、街に苦しんでいる生命体をお助けしていかれてはどうですか」と仰いました。それから、右側におられた先生が、私のことを新聞に発表し、ロサンゼルスの人々を集めますから、講演してくださいと仰ってくださいましたが、私はツアーに参加していましたので、「日を改めてさせて頂きます」と言うと、大学の先生が、「今度ロスにこられる時は講演をしてください」と仰いました。ぜひそうしたいとお伝えしました。外国の方でも、世界の平和と人々を救うことであれば、すぐに心よく協力してくださいますから感謝で頭が下がります。

　対談が終わった時、ちょうど目幸先生の夫人も大学に来られて、後で夕食をしながら私の話を聞きたいようでしたが、次の機会ということで記念撮影を一緒にさせて頂き、その場を失礼しました。大学の先生が一日私を案内され、親切にホテルまで車で送ってくださったことを感謝しています。おかげさまでロサンゼルスの生命体をお助けさせて頂いて、軍人墓地の生命体も調べさせて頂くこともできて、目幸先生と対談もさせて頂いたことを有り難く感謝しています。

1994年5月26日、ロサンゼルスの佛教大学で記念写真。左から、著者、目幸先生と夫人、河合了勝先生。

バスの故障で、サンフランシスコの街の生命体をお助けする

ロサンゼルスからサンフランシスコへの途中、街がよく見える山の上で、十五分間の休憩を取りました。ここでも街全体の生命体をお助けしていると、出発の時間が来ました。みんながバスに乗って、運転手さんがエンジンをかけてもかからなくて、会社に電話をされて、代わりのバスが来るまで約四十分の時間がかかりました。「これはきっとサンフランシスコの街の生命体が助けてほしいと願っておられるのだ。この時間を無駄にしてはならない」と思い、バスからすぐに降りて街全体の生命体をお助けしていると、代わりのバスが来ましたので、そのバスに乗って街に行きました。サンフランシスコの夜景は光り輝いてとても美しく、街の人々は幸せに感じられました。ホテルの窓から街全体の生命体を根源の光で二時間お助けさせて頂きました。サンフランシスコは本当に素晴らしい街で私もしばらく住んでみたくなりました。街の人々は親切で優しい人々が多いように見受けられました。

ワシントンとニューヨークの生命体をお助けする

ワシントンの街では、日本の桜が満開に美しく咲いて、私たちを出迎えてくれました。ケネディ元大統領兄弟も埋葬されてある墓地に到着するまで、私はバスの中から街の生命体をお助けしました。軍人墓地には戦争で亡くなられた兵士の墓が一面に沢山並んでいましたので、私は墓地全体の生命体を根源の光で浄めながら調べさせて頂き、ケネディ兄弟の墓も調べさせて頂きました。ロバート・ケネディの生命体は墓におられませんでした。ワシントンの軍人墓地も戦没者の生命体は殆ど生存しておられませんでした。

その後、街の生命体をお助けしながら観光させて頂きました。ワシントンの美術館は、有難いことに無料で入場できます。ワシントンからニューヨークへの列車の中でも、ずっと周囲の風景を見ながら生命体をお助けして行きました。ニューヨークのホテルに一泊しましたが、ホテルの窓から外を見ても前のビルの壁しか見えませんでした。しかし、そんな状態でも部屋から街の生命体をお助けさせて頂きました。

翌日、エンパイアステートビルディングの最上階まで上がり、昼食を頂いた後、ビルの上からニューヨークの街並全体の生命体に根源の光を与えさせて頂きました。それから、マンハッタンのディナークルーズに乗ってニューヨークの街を船から眺めました。船での夕食の時間は三時間ありましたが、早く済ませて、三時間を無駄にしないようにしました。船で行きと帰りに、船の前方、中央、後ろの方からニューヨークの生命体をお助けさせて頂ける三時間は、私にとっては貴重な時間でした。少しでもお助けさせて頂くチャンスを与えられたことが嬉しく、感謝しました。船から自由の女神が美しく輝いて、平和を願って人々を見守っておられるように実感しました。ニューヨークの夜景はとても美しく、高層ビルが多く力強く素晴らしい街だと思いました。

ワシントンのロバート・ケネディの墓を調べる著者。

カナダの旅

バンフー国立公園の氷河の中で苦しむ生命体を発見

サンフランシスコから、飛行機でカナダのカルガリーに行く上空で、飛行機の周辺に生命体が助けを求めて集まって来られましたので、お助けしながらカナダのバンフーへ行きました。バンフーのホテルに夜遅く二十三時頃に到着して、部屋のドアを開けると、部屋全体に生命体が数多く集まっておられました。すぐに私に助けを求めて集まって来られて、目を開けることもできない状態になり、部屋の入り口で生命体をお助けしないと中に入れなくなりました。お助けして、目もすっきりして、部屋に入ってから、ベッドにいた生命体をお助けして、それから午前一時に寝かせて頂きました。

翌朝、バンフー国立公園のアザバスカに行く時、朝から良い天気になりました。私はどこの国に行かせて頂いても天候に恵まれ、雨が降りそうになっても降らないので感謝しています。バンフーの街は一度住んでみたくなるほどの素朴な街です。バスでアザバスカに行って、氷河の上を歩いて、目が覚めるような美しく青く光る氷河を調べてみると、生命体が苦しんで生存しておられる状態を発見しました。冷たい氷河の中に生存していても、生命体同士が仲良くできたら冷たいことはありません。死んでから冷たくて寒い方は、自分に恨みのある生命体がエネルギーの業で寒い冷たい地獄を作っているのです。バンフーの国立公園から街までの途中に、山の谷間にエメラルドのように緑色に美しく輝くペイト湖があり、少し眺めるだけでも体の疲れが忘れるほどに感動しました。その後、力強い山々と美しい河の流れを見ながら、山々の生命体の世界を調べながら助けてバンフーの街へ戻りました。街は静かで美しく緑が多く、水はきれいで美味しい素晴らしい街です。しかし、こんな美しい街に生存する、死後の世界に生きる生命体は幸せではありませんでした。が、バンフーの生命体は過去に強くこだわらず、気持ちの切り替えが早くて、早くお助けすることができました。

ナイアガラの展望レストランで生命体が根源の光に助けを求めて集まる

さすがにナイアガラの滝は世界でも有名なだけあり、雄大であり迫力があります。この川の上の方は一つになっていて、滝に近い所で二つに分かれて、流れ落ちて下の方でまた一つの川になります。二つの滝はアメリカ側とカナダ側の滝になっています。発電所もアメリカ側とカナダ側にある珍しい所です。ボートに乗って滝壺の近くまで行き、滝壺の下に生命体が生存していることも調べることができました。

ナイアガラの展望レストランで、夕食のメニューをテーブルに置き、食事を頂こうとした時、急に生命体が沢山飛んで集まって来られて、私に助けを求められ、食事が終わるまで待っておられない様子でした。私は目を開けて食事を頂けない状態になったので、みんなにわからないようにテーブルの下の方から両手でしばらくお助けすると、目を開けることができて食事を頂くことができました。こんな細長い高さ五十メートル以上もある展望レストランで食事を頂いても、沢山の生命体が助けを求めて集まって来られるのですから、少しでも多く幸せにしてあげたいと思ってお助けしました。苦しくても空を飛べる生命体も沢山いますが、恨まれて周囲からエネルギーを送られ、飛べないように邪魔立てされている生命体も沢山います。

　人の集まる所は美しい大自然界でも、不幸な生命体も集まっています。人の集まる場所で人々の体から離れて住みつく生命体もいますから、人間も美しい場所を求めて幸せに過ごせる所に集まるように、人の死後、遺体から離れた生命体も美しく幸せに過ごせる所に集まります。ですから美しいナイアガラに、世界の人々と一緒に来られた生命体が、観光客から離れて入り混じって生存することで、ナイアガラの滝の周辺に幸せになれない生命体が沢山集まっておられました。

ナイアガラの滝と展望台。

台湾の旅

台湾の台北と高雄の街の、お寺、墓、納骨堂を調べ、生命体を助ける

台北の街全体にも苦しむ生命体が沢山おられて、ホテルのロビーに入るとすぐに助けを求めて集まってこられました。そんな生命体をお助けしてから、台北の七つのお寺に行って、信者たちの行為を見学し、台北の死後の世界の生命体の状態を調べさせて頂きました。台北も病気の人が多く、何十人も治療させて頂き、早く良くなる方と、何回も治療しないと治らない方がおられました。

結局、台湾も韓国と同じく、訪問してから一ヵ月後に、治療と、生命体を助けることと、研究解明のために再び行くことになりました。二回目は台湾の高雄から台北に行って、初めに高雄の四つの寺も調べて生命体をお助けしました。その後、高雄の墓地に行って立派な墓を何ヵ所も調べてみると、先祖の因果関係の生命体が沢山墓の周囲にいて、監視されて、先祖の生命体は墓の何百メートル下に封じ込められて苦しんでおられました。先祖の生命体がおられない墓は、因果関係の生命体もおられません。ただ遺体やお骨が埋葬されてあるだけでした。

沢山の人がお参りされるお寺ほど、救われない生命体が数多く集まっておられました。私はできるだけ苦しんでおられる生命体をお助けしながら調べさせて頂きました。

台湾の国も最近はお寺の納骨堂にお骨を納める方が増えています。が、寺の納骨堂に信者の先祖の生命体は殆どおられませんでした。お寺でない場所にも納骨堂がありましたので調べてみると、そこにも先祖の生命体は殆どおられません。どこの納骨堂にも、先祖の生命体は少ないことが調べさせて頂いてわかりました。このように、人間の死後生命体の世界は、遺体やお骨が墓に埋葬された場合は、どこの国でも先祖の生命体は墓の何百メートル真下におられることが多いです。また墓におられない場合は、家で神仏を祀っている下の方で苦しんでおられます。これは、どこの国でも共通しています。また、先祖が亡くなるまで寝ておられた場所で、真下に因果関係の生命体に封じ込められて、苦しんでおられる方もいます。その場所で家族の方が寝られますと、先祖を病気にして殺した恨みのある生命体のエネルギーを体に受け、先祖と同じ病気になる方もいます。台湾だけではありませんが、死後の世界は日本と同じ結果でした。

国が違っても、宗教が違っていても、死後の生命体の生存行動は殆ど変わりません。恨む者と恨まれる者の考えと行為は、どこの国も変わらないことがわかりました。地球全体の死後の生命体の世界を調べて、世界の先祖の生命体の状態が正確にわかりました。

台湾のお寺にも人々が助けを求めてお参りしておられました。お寺の前にボランティアで人々の病気を治してあげる方が何人もおられ、長い線香を三本持って、人の体に纏わる生命体をお祓いしておられる姿が見受けられました。宗教の世界で、お祓いして人助けする行為は、古くから受け継がれ、続けられています。お寺には不幸な人々が幸せや健康を求めて集まり、病気を治して頂く人も、病気を治す人も、共に幸せになれると今まで教えられて信じてきました。人間は病気を早く治すことばかり考えてきましたが、人だけをお助けする方法ではなく、人を病気にしているどんな生命体も幸せにしてあげる方法でないと、助けて頂く人も助けてあげる人も、自分を後で不幸にします。このことを知らずに、ボランティアで人をお助けすればするほど幸せになれる、と信じて人々を真剣にお助けしておられる方の姿を見ると、私は心から気の毒だと思いました。真実を知らずに行為されることは、後のことを考えると恐ろしいことです。ボランティアで病人をお助けされても、死んでから苦しいと、必ず後悔されると思います。病気で苦しまれる人をボランティアでお助けされる行為は、慈悲や愛のない人にはできない素晴らしいことですが、自分が後で不幸になることを知った上で行うことが大事です。現実は、自分を不幸にして人を救う厳しい行為なのです。

台北の院長先生から病院の患者の治療を頼まれて治す

台北の開業医で、一日に三百人の患者を治療される方がおられます。そのA先生から、早く治らない患者と、原因がわからない患者を何十人も治してほしいと頼まれました。病気は、患者と前世の因果関係のある生命体の業が多く、病気を発生させている生命体を幸せにしてあげると、薬を使わなくても病気が良くなる患者が多くおられました。早速根源の光で診察してみると、患者の体に因果関係の生命体がいろんな姿を作ってついていました。恨みの強い生命体ほど、生命の根源の光を与えると、逃げる生命体もいます。反対に助けてほしくなって集まって来られた生命体をお助けすると、患者の病気が一回で良くなる方もおられました。一方で、何度も根源の光を与えないと治らない方もおられました。

A先生の病院から私の所に来られた患者の中に、台北のA先生のことをとても変わった医師だと仰る患者もおられました。しかし、決してそうではありません。A先生の考えや行為こそ、患者のことを心から心配しておられる、勇気と愛のある行為です。本当に尊敬できる医師である、と私はA先生にお会いして思いました。いろんな話をさせて頂き、A先生も生命の根源の原理と光の診察、治療を体験されてよく理解してくださって、「あなたの治療も研究解明も正しいことが理解できる」と仰いました。このような医師が世界中に増えてほしい、と私は思いました。今後は、病気の発生は殆ど生命体の業で病気になることが多いことを理解して頂きたいと思います。A先生も、「これからの未来の医学は、今までの医学治療で治せる病気と治せない病気があり、原因不明の病気は、生命体が幸せになれる会話をして治す方法ですね」と仰いました。私は「病人だけを助ける治療法は未来の正しい治療法とは思いません」とA先生に言いました。

次に、台北の他の医師に頼まれて家に行き、医師のベッドを調べてみると、頭から肩の場所に強い生命体が沢山いました。私は医師に、「頭と肩が痛いでしょう」と聞きますと、「そうなのですよ」と仰いました。医師の寝ておられる場所を根源の光で調べ「体のどこが悪いのかわかります」と言いました。私は「日本でも、畳やベッドなど、生命体が沢山苦しんでいる場所に寝ておられる方は体が悪くなっています。それは、本人の前世からの因果関係の生命体と、患者を病気にしている生命体が、医師と一緒に自宅までついてきて、寝る場所に沢山の生命体が住みついて病気にしますので、薬を飲んでも治りにくいのです。また、患者の家や寝る場所が生命体の住みかになっていると、病人の体だけを治療をしても、原因不明の病気が増えるばかりです。すなわち病気を発生させる生命体を幸せにしてあげることが一番正しい治療法です」と台北の医師に教えてあげました。この医師も、私に調べてもらって生命体をお助け頂いてよかった、と仰いました。医師は頭も肩も治って、「台北に来られて私たち医師に協力してくだされば助かります」と仰いました。病気を治してあげる職業の方は、自分の治療法にこだわりを持たれるよりも、体験、体感されて真実を知ることの方が大事だと思います。外国の医師は理解と切り替えが早く、自分の職業に拘りを持たれないから早く理解ができて進歩されます。

中国の旅

中国の南京虐殺の生命体を救う

南京を訪れることが、私にとって今回の旅行の一番大きな目的でした。ご存知の方が多いと思いますが、南京で大変悲しいことがありました。戦争によって、沢山の中国人が日本兵に虐殺されたのです。その場所へ絶対に行かせて頂いて、殺された方々の生命体をお助けさせて頂きたいと思って、午後一時から私一人で南京の添乗員さんにお願いし案内して頂きました。

生命の根源の光を待ち兼ねておられた、虐殺された中国人の生命体が、私が近くまで行くと、その当時殺された時の姿で、首を三十センチほど伸ばして、みんなが私を見ておられました。殺された数多くの中国人の生命体の思いは、日本から私が必ず助けに来てくれる日を信じて、長い年月を待ちかねていたという様子でした。虐殺された沢山の中国人の生命体も泣きながら喜ばれて合掌されて助けを求める方と、苦しくても耐え忍んで、必死で救いを求められる一人一人の姿が、肉眼で沢山見えました。私は現地までお助けに来てよかった、と実感した時に私の両目から涙が流れました。私は早くお助けできなかったことをお詫びしました。私が思っていた通り、虐殺された沢山の中国人の生命体が何十年経った今まで幸せを求めて、諦めずにこれまで待っておられた状態を見せて頂いた時、感動しました。特に、資料館の外全体の上と下の方に沢山おられて、私の足元まで急いで助けを求めて集まって来られました。先に幸せになられた方は涙を流し喜こんで天国へ上がって行かれる姿も私に見えました。

その日は八月四日で本当に暑い日でしたから、体全体から汗が流れて下着が濡れました。南京の添乗員さんが日影で私の様子を見ておられ、私が何時間も休まず、水も飲まずにお助けしている姿を見られて、「暑いでしょうね。少し日影で休まれたら」と仰いましたが、私は太陽の光を受けて厚くても、一人でも数多くの生命体を救うために日本からこさせて頂いたのですから、「暑さは感じません」と申し上げて、全体に苦しんでおられる生命体を休憩なしで三時間お助けさせて頂きました。

人間の世界では平和と思っておられる方もいますが、完全に許して心から仲直りできて、和解することは何十年経っても、毎日苦しいと現実は難しいものです。死後の世界でも人間の世界でも苦しいと、恨みが先に立って、許すことは並大抵ではありません。南京では、今も虐殺された人の遺骨が土の上に沢山並べてあります。そこにも恨み苦しんでいる生命体が沢山おられましたので、私は靴を脱いで土下座をさせて頂き、日本人の罪を謝り、合掌し浄めさせて頂きました。こういった場所に訪れることを、日本人は避けて、「怖い場所を見たくない」と仰る方が多い、と中国の添乗員さんから聞いて残念に思いました。私はむしろ、一度でもこういった場所に日本人が足を運んで、心から謝って頂くべきだと思います。中国人の生命体、戦死者の生命体、国を問わず、戦争で亡くなられた数多くの生命体に今までの出来事を許して頂いて、早く幸せになって頂くために、私たち日本人が、全ての生命体の幸せを、みんなで願ってあげなければなりません。

私はこの場所で、「全ての生命体の方々の幸せを願って、今まであった事をお互いに許し合ってください。そして今日から幸せになってください」とお願いしました。恨む方も恨まれる方も和解されないと平和も幸せもありません。恨むことで地獄は続くことを、戦争で犠牲になられて亡くなられた中国人の生命体の方々に話をさせて頂きました。

中国の添乗員さんが、「日本の遺族や戦友の方が、自分に関係のある方の生命体にお参りに来られます」と仰いました。私の行為を見られて「日本の方を今まで沢山ご案内させて頂きましたが、日本人に虐殺された中国人の生命体の幸せを願って、謝ってお参りされる方は今まで一人もおられませんでした」と仰いました。私は、殺された方も殺した方も共に許し合うこと、互いの幸せを考えていくことが今から先の本当の平和であり、戦争の傷跡が消えて幸せになれるのではないかと思っています。これは生命の根源の原理ですから、私は中国と日本の国の生命体の幸せを

中国の南京で殺された中国人の生命体に謝る著者。

願ってお参りさせて頂きました。ぜひ、これから日本から中国に行かれる方は、こういった場所を怖がらず、むしろ積極的に行って、全ての生命体の幸せを願ってお参りして頂いて、お水やお花を供えてあげたら喜んで頂けて、早く和解ができて幸せになれると思います。

韓国の旅

韓国の病人と、死後の世界を調べ、生命体を助ける

韓国の空港に着くと、すぐに数多くの生命体が助けを求めて集まって来られましたのでお助けしました。空港まで迎えに来てくださった方と一緒に、ソウルの街までずっと車の中から生命体の生存状態を調べ、お助けしました。ソウルの街に近づくと、街全体で生命体が沢山苦しんでおられることがわかりました。

やはりソウルの街も他の国と同じで、死後の世界は地獄になっていることが、調べてすぐにわかりました。ホテルに着いて部屋に入って、早速部屋の生命体をお助けして、ホテルの窓から街の生命体をお助けしました。翌朝、ソウルタワーに行って、展望台からソウルの街と遠くの東西南北に生命の根源の光を送って、生命体を三時間お助けさせて頂きました。

その後、ホテルに戻りました。私がボランティアで治療させて頂いた韓国の病気の方には、医学の治療で治らなかった難病の方、ガンで末期の方、原因不明の病気の方もおられました。

ある患者の方が、「自分の先祖の墓を調べてほしい」と頼まれて、私も韓国の墓をぜひ一度調べたいと思っていましたので、翌朝、ソウルから高速道路で三時間かけて、その方の里に到着しました。

家の事を聞いてみると、由緒ある家柄で、村全体の土地はこの方の物で、小作の村人に貸している大地主の方でした。一つの山全体がこの方の墓地で、広い山に五代にわたる先祖の墓は、土を丸く盛り上げて、夫婦二人の遺体が埋葬されたもので九ヵ所ありました。一番古い五代前の墓から順番に調べてみると、墓全体が先祖の前世の因果関係の生命体の地獄で、アリの巣のようになっており、墓の何百メートルも下で先祖の生命体が苦しんでおられました。また墓の周囲にも、私たちの様子を窺っている生命体がいました。墓で苦しんでいる生命体の臭いが急にプーンとして、私に同行された日本の方も、「臭いがする、臭いがする、何の臭いだろう」と仰いました。私は「生命体は臭いを出すこともできるのですよ。この家の先祖の生命体が墓で苦しまれて、必死に私に助けを求めて知らせておられるのです。それと先祖の生命体を苦しめておられる生命体が怒って臭いを出すこともあります。日本でもこんな臭いがする墓がありますよ」とAさんに教えてあげると、「墓とは恐ろしい所ですね」と、初めて墓の恐さがわかったようでした。それからAさんに、「この家の先祖の生命体をお助けするのに、一ヵ月間私と一緒にこの墓地に来られますか」と聞くと、「恐ろしいから自分が先に日本に帰ります」と仰いました。よほど恐くなったようでした。

私はどこの国でも、先祖の因果関係の生命体を先にお助けしてから、先祖の生命体をお助けします。どんなに恨みの強い生命体でもお助けする自信がありますから、恐くて逃げたことは一度もありません。この家の五代前の夫婦の前世の因果関係の生命体が、一つの墓に何十兆もいますので、大きな墓になると一つの墓の生命体を一日でお助けすることはできません。五代前からの、九つの墓全ての生命体をお助けするには、何十日かかるか助けてみないとわからないほど沢山苦しんでおられました。

九つもある墓のうち、二つの墓に先祖の生命体はおられませんでした。韓国の大地主の方は「私たちの信仰はカトリックで、先祖の生命体はみんな天国に行っていますから、墓にはおられません。墓は遺体を納めるだけの場所だと教えられていますので、先祖の生命体が墓で苦しんでおられるなんて考えてもいませんでした」と仰いました。後日、ソウルの街で、この人たちが信仰しておられるカトリックの幹部の方に、直接に聞いてみると、教会は信者の慰めの場所であって、先祖の生命体をお助けする所ではありません、と仰いました。幹部の方の仰ることと、信者が学んだこととは違っていました。先祖の生命体が天国に行かれたら墓も要りませんし、お助けするためのお参りをしなくてもいいことになります。これはどこの国の人々も先祖の生命体が見えないと思って、こんな大事なことが間違っているとは、教える人も教えられて信じる人も可哀相です。どこの国の人も人ごとではありません。自分の先祖の生命体が苦しんでおられることを知らずに、天国に行かれましたと宗教指導者も、親族の方も自分たちの想いで決めてはいけません。カトリックの宗教を信じる韓国の人たちだけのことではありません。

今、世界の墓で苦しんでおられる先祖の生命体も、人間として生きておられた時は、現在生きている人間と同じように「自分の先祖の生命体は天国で幸せになっておられる」と信じていたのです。しかし、どこの先祖の生命体も、墓におられる方は、毎日苦しんで後悔しておられます。今生きておられる殆どの人たちも、亡くなられたら遺体かお骨が墓に埋葬される時に、前世の因果関係の何十兆もの生命体に墓に連れて行かれて、先祖の生命体と同じように、墓の地下何百メートル下の方に封じ込められ、長い年月苦しめられる方が多いと思います。ですから今までの間違っている教えは信じてはいけません。皆自分の死後のことをもっと真剣に考えてください。自分の順番が必ず来ますから、私が解明させて頂いたことが真実かどうかを理解し、本当のことを知ってください。私も絶対に自信のないことは本に書き残すことはしません。皆に恐怖を与え、苦しませて不幸にすることになりますから、真実でないことは書いたり教えてはなりません。しかし真実がわかると、怖くても教えてあげることが皆を救うために大事なことなのです。

韓国では、お金のある方や由緒ある家柄の方は、大金を使って立派な墓を作られています。しかし、そういった墓の大きさや形、葬儀の盛大さに関わらず、先祖の生命体は苦しんでおられます。その姿が見えなかったから、人間は死後の地獄を知らずに、想像で教えられたことを世界の国々に広げ、どこの国も習慣になってしまったのです。墓の問題は韓国だけではありません。世界各地で調べさせて頂いた結果、どこの国でも死後の世界の問題は深刻で、今

韓国の墓を浄め調べる。

から一番大事なことになります。韓国の大地主の家の九つの墓を全部助けるには何十日もかかりますので、日を改めることにしました。

次に、大地主の親類の方も一緒におられましたので、自分の先祖の墓を調べてほしいと頼まれて、引き続いて調べに行きました。この家の先祖の墓は全部で六ヵ所で、順番に新しい墓から古い墓を調べてみると、この家の先祖の生命体は全部、前世の因果関係の生命体に封じ込められ、苦しんでおられました。

韓国では一つの墓に夫婦二人の遺体が埋葬されます。日本で土葬墓は、一人が一ヵ所に埋葬されます。しかし、宗教や村の風習などによっては、同じ墓地に親戚の人の遺体を次々と埋葬する村もあります。もし生命体が何人も墓におられた場合は、どこの誰なのかを調べないとわからないこともありますが、親戚の遺体も同じ所に次々と埋葬された場所には、生命体はおられないこともあります。墓を調べさせて頂いた、韓国の方に説明してあげても、先祖の姿も生命体も見えないために、一回で信じて頂くことは難しいようでした。「自分の病気が治るのであれば、自分の先祖の生命体を助けてもらいたい」と仰いました。

自分の先祖の生命体を救う行為は、自分の病気が治るのであればお助けする、治らなかったら助けないという問題ではありません。自分の父母、先祖の生命体が本当に墓で苦しんでおられるのであれば、一日も早くお助けしてあげることが、後を継ぐ家族が先祖の生命に感謝する行為であります。先祖の生命があって今の自分があることを絶対に忘れてはなりません。墓で苦しんでおられる先祖の生命体を救うことは、家族のこれからの健康と幸せにも関係があります。自分たちが死んでからの幸せと苦しみも関係ありますので、本当かどうか真剣に考えなければならない問題であります。私はこの方の先祖の生命体をお助けすれば病気は治ると、初めからわかっていました。その訳は、食事中は体が痒くないし、寝ている時も痒みが消えると仰っていたからです。すなわち先祖の生命体が心配されて、食事中と就寝の時は痒くされないのです。これは、先祖の方で痒い病気で亡くなられてからも、痒くて苦しんでいることを、ご主人に知らせておられますから、先祖の生命体をお助けすればご主人の病気は治ると思いました。

大地主の親戚の墓を調べ終わってから村に帰り、公民館で村人と一緒に食事を頂いた後、村からソウルまで車の中から生命体をお助けしつつ帰ってきました。韓国の方が私に「日本は、昔は戦争で人を多く殺しているから、韓国よりも日本の方がもっと苦しんでいるでしょうね」と聞かれました。私は「日本も韓国も同じで、苦しんでおられます」と教えてあげました。どこの国の方も自分の国、自分の先祖の生命体は幸せであると信じたい気持ちはよくわかります。誰も自分の先祖の生命体が沢山の生命体にいじめられて苦しんでおられることを、聞きたくも信じたくもないのが心情です。しかし、それでは私たちも先祖の生命体も今から先で幸せになれません。真実は誰であっても認めないと、今から救われることが難しくなります。

宇宙エネルギーで病気を治す、大集団のリーダーが六十歳過ぎで急死

日本でも大きな集団のリーダーに協力しておられた韓国人の元支配人と、ソウルのホテルでお会いして対談しました。その集団は韓国にも会員がたくさんおられます。元支配人が、ある時、リーダーを信じられなくなった訳を私に話しました。「私はリーダーを信じて協力していました。信じるようになった理由は、ガンになった人を治したり、何人もの人の体の痛みが治ったり、さまざまな病気が早く治るのを見て、本物だと尊敬したからです。ある時リーダーは、自分は百歳以上生きると言いました。しかし六十歳過ぎで急死されましたので、自分は大変ショックを受けました。沢山の人の病気を早く治したリーダーが、自身の病気を治せなくて急死したので、この治療法はどこか肝心なことが間違っているのではないかと思い、その組織から脱会しました」と仰いました。

そこで私は元支配人に、「その日本人のリーダーの治療法が宇宙の美しいエネルギーの治療法であると仰っていましたが、それは違います。神仏の光、宇宙エネルギー、気功療法が日本や世界に広がっている治療法はそれぞれ違うように見えますが、病気を治す方法は生命体のエネルギーで攻撃してお祓いをする方法ですから、病気を治せる方ほどガンになられたり、早く急死される方もおられます。それは病気の治し方が間違っているからです。病気を早く治して、病人だけを助ける方法ですから、病人を数多く治す治療師ほど早く亡くなることがあります。人を病気にしている生命体を幸せにして治していく治療法であれば、決してリーダーのように早く生命体に殺されて亡くなることはありません。また、自分の病気を自分で治せないということもありません。リーダーは自分の第二生命体

と、お祓いされた生命体に殺されて、死後苦しんでおられると思います」と、元支配人に私は教えてあげると、理解ができて、「脱会したことが正しかったのですね」と仰いました。

病気を治して頂く方も、治してあげる方も、お祓いの恐さを知らない人々が多すぎることは可哀相ですね。真実を知らずに自分の未来の生命を不幸にすることを、早く理解して頂きたいと思います。

私はこの同じリーダーの集団の幹部の方と日本でお会いし対談した時に、私には本当の話でないと通用しないと思われて、その幹部は本当の事を私に話されました。「気、宇宙エネルギーや神仏の光などで病気を治す方法は、全てお祓いであることは知っていますが、組織が大きくなると簡単に止めることも真実を会員に教えることもできません」と仰いました。この幹部の立場も気持ちもわかりますが、会員を幸せにする愛と勇気と強い決断力が必要です。会員の方が自分を不幸にしないために、真実を知ることが大事です。会員の方は、人の病気を治してあげることは良いことだと思って信じて、自分も幸せになれると思っておられます。

ヨーロッパの旅

イギリスの空港で助けを求めて集まる生命体

今回はイギリス、ドイツ、オーストリア、スイス、フランスの生命体の世界を調べ、お助けするためにヨーロッパへ行きました。まず、イギリスのヒースロー空港に着いて、空港の中を歩いていると、最初に出迎えてくださった沢山の生命体が、私の到着を待っておられたことを嬉しく思いました。空港の中から外に出るまで、早速生命体が助けを求められたので、目も開けられなくて大変でした。空港ですから世界の国の人々と一緒にこられた生命体も入り交じっておられました。世界の生命体は私の行動を先に感知しておられますから、私の行く国や場所を知って、私の先に行って待っておられます。こんなことは世界の国々でよくありますから、別に不思議なことではありません。しかし、生命体の生存行動が見えない人は、本当のことでも信じられるまで時間がかかります。

世界の国々で生命体が根源の光に幸せを求めて来られることは大感激で、私にとって最高の幸せです。どこの国に行かせて頂いても、差別しないように心がけて、一人でも数多くお助けさせて頂いています。二回目に同じ国に寄せて頂く場合、生命体を救うための行動になります。

城の中に殺された王の墓を調べる

イギリスの立派なお城の中にある教会を見学させて頂いて、お城や教会に生存しておられる生命体も、街に生存される生命体も、幸せな方は少なく感じられました。立派な城の中にある教会の横に、殺された王の遺体が埋葬されてある墓があり、根源の光を通して王の生命体が生存しておられるかどうか調べてみると、王の生命体と王の因果関係の生命体が今でも争って苦しんでおられました。こんなに立派な教会があって、イエスキリストの像が祀られていても、王に恨みのある生命体は墓の上の方と下の方にも沢山おられて、王の生命体は何百メートル下の方に封じ込められて苦しんでおられました。どこの国の歴史も戦争の積み重ねの結果ですから、戦争の傷跡は今も死後の世界に消えることなく、恨みとしての戦いが続いています。ロンドンのホテルに二泊しましたが、二晩とも何時間も生命体をお助けしないと寝かせて頂けないほど、幸せを求める生命体が集まって来られました。

城で現在でも戦いを続けて苦しむドイツの生命体

イギリスからドイツのフランクフルトへ行き、ライン河の両側に家が建ち並んでいる美しい風景を、観光船に乗って眺めていると、様々な家自体が観光の主役となっているように見受けられました。いろんな変わった家が建ち並んでいる所を通過すると、いくつかのお城が見えて、お城や家並を私は撮影しながら、生命体の生存状態を観察して船に乗っていると、途中で沢山の生命体が助けを求めて私の周囲に集まって来られました。ドイツのフランクフルトの生命体も、やはり根源の光を待っておられたことがわかり、船から生命体をお助けしつつ、風景を眺めました。

ローデンブルグからミュンヘンへ向かうロマンチック街道は、ドイツの主役だと感じました。本当に素晴らしい家並が続き、家の窓際に花が美しくカラフルに飾られていて、心が和み、楽しくなります。どの人も笑顔が絶えず、心も最高に幸せに感じられました。ドイツからオーストリアに着いて、城を見学させて頂いて、戦いのあった城に生存する生命体は恨みが強く、現在も戦いながら苦しんでおられました。戦いのなかった城は、苦しむ生命体が少ないように感じられました。オーストリアも、幸せになれない生命体が沢山おられました。地球の生命界の地獄を少なくするためには、戦争を止めて世界の悪人の意識を善意にしなくてはなりません。

スイスの美しい大自然の氷河の中に生命体を発見

スイスは、美しい山を愛する素朴な人々が多い国です。山が素晴らしく、冷たくおいしい水が飲める国です。さすがに雄大な氷河の山はスイスの宝です。氷河は少しずつ動いているから氷河と言われ、光の加減で青く美しい宝石のように輝いて目に映ります。登山電車に乗って山の頂上で生命体をお助けしてから、氷河を調べてみると、中に生命体が沢山生存していました。それから氷河のトンネルの中で氷河の彫刻を見ながら、生命体の生存を調べ、お助けすることもできました。登山電車で山上へ上がる時には、助けを求めて集まって来られる生命体をあまり感じられませんでしたが、下山する時、それまであまり感じられなかった生命体が、下の街から私の方に幸せを求めて集まって来られましたので、登山電車の中からお助けしつつ下りてきました。スイスの街におられた生命体が、私が山に上がったことを知って、下の方で待ちきれずに急いで集まって来られた状態が、よくわかりました。私は登山電車の終着駅まで生命体をお助けさせて頂くことができて嬉しく思いました。

大自然は偉大で、いつも人々を楽しませてくれます。人々に山の言葉が聞こえなくても、山に登って山を眺めているだけで、人間の汚れた恨みや苛立ちの心を浄めて忘れさせて、幸せな気持ちに変えてくれます。大自然はいつも変わらず、多くの人々に喜びを与えてくれます。人間は素晴らしい大自然をいつまでも愛し、全ての生き物を愛していくことが正しい法則です。人間に初めから備わっている「美しい愛する心」が失われつつあることを、私たちの今後の幸せのためにも、自覚し反省しなければなりません。

拷問で虐殺されたユダヤ人の生命体が助けを求める

夕食に行ったスイスの街のレストランでの出来事です。夕食の順番を三十分ほど待って、やっと椅子に座って食事を頂こうとした時、急に私の両方の鼻から鼻血が出て止まらなくなりました。食事の時に皆に見苦しいと思い、すぐにトイレに駆け込み、ティッシュを鼻に詰めて血を止めようとしましたが、真っ赤な鼻血がどんどん出てきます。白い洗面所が真っ赤になるくらいの血が流れ、こんなに鼻血が出たら倒れるのではないかと心配していると、地元の方が、ティッシュを何枚も重ねて水で濡らし「この紙で首を冷やしなさい」と親切にしてくださいました。心の優しい人に出会えて光栄でしたが、十五分くらい首を冷やしても私の鼻血は止まりません。こんなに鼻血が出ると死んでしまうのでは……と思いました。鼻にティッシュを固く詰めて、血が出ないようにして食卓に慌てて戻ると、皆が食事が終わってホテルに帰ろうと立ち上がった時でした。トイレから出てぎりぎりに間に合いましたが、食事をせずにホテルに戻りました。これは、助けを求めておられる生命体の方が、タイミングを見計らって、私がホテルに帰るのに、皆さんに遅れさせないようにしてくださったのでしょう。

これまでに、どんなに暑い国に行っても鼻血は一回も出たことがありません。私は鼻血の出る体質ではないのです。スイスの夜は涼しいのに、ホテルの部屋に入ってからも鼻血が止まらなくて、こんなに沢山出たのは生まれて初めての経験でした。暑くてのぼせたのが原因というものではありません。こうした現象が起こるのは、「近くで沢山の人が血を流して亡くなられた場所があり、苦しんでおられる生命体が助けを求めて、私に必死で知らせておられるからだ」と思いました。

翌朝も鼻血に悩まされて、観光バスに乗った時も一向に止まりません。バスが十分ほど走った頃、地元のガイドさんがこの辺りについて説明されました。この左側の周辺で、ヒトラーによって沢山のユダヤ人が拷問されて殺された場所がありますと聞いて、やはり私の思っていたことが当たっていたのだと思いました。ずっと続いていた鼻血が、その場所からバスが離れると急に止まりました。ユダヤ人の生命体が助けを求めておられることがわかりましたが、ツアーの関係で、ユダヤ人たちが拷問を受けた場所に行って、血を流して苦しんでおられる生命体をお助けすることができませんでしたので、バスから精一杯根源の光で浄めながら通り過ぎました。「この次に来る時は、拷問によって沢山殺されたユダヤ人の生命体を必ずお助けに来ます」と思って、バスの中から通り過ぎていく街並で合掌させて頂きました。

その当時にヒトラーによって拷問されたユダヤ人たちの生命体が、今まで苦しみながら長い年月を毎日根源の光を待っていてくださったことを思うと、今すぐに救ってあげられないことが本当に辛い思いでした。他の国でも沢山の人が拷問されて殺された場所があると添乗員さんから聞きました。

戦争の犠牲となって今も苦しみ続けておられる生命体を救って幸せにしなければ、本当の世界平和は訪れません。戦争の犠牲になって亡くなられた方の生命体で、どこの国の方であっても、私がお助けさせて頂く時間とお金があれば、これからも寝る間も惜しんで死ぬまでお助けさせて頂きたいと思っています。人は誰でもいつ、どこで誰にお世話になって助けて頂くかもわかりませんから、人間はお互いに助けたり、助けられたり、許したり、許してもらったりして幸せに生きることができるのです。国や民族が違っていても、決して差別をしてはならないのです。

スイスは何度でも行きたくなるほど素晴らしい国でした。

パリの街の生命体も幸せを求めて集まる

フランスの首都パリは芸術の街で、ルーブル美術館に展示されてある作品は、どの絵画も彫刻も本物で素晴らしい名作ばかりでした。「勝利の女神」は前二世紀初頭のもので、一八六三年サモトラケ島で出土され、バロス島の大理石で作られ、高さ二四五センチの素晴らしい名作です。レオナルド・

ダ・ヴィンチはイタリア、トスカーナ地方のヴィンチ村の生まれで、ルネサンス期の画家、建築家、彫刻家で、「モナリザ」「最後の晩餐」など、数多くの名作を残された天才芸術家です。「モナリザ」はフィレンチェの貴婦人の肖像画で、縦七十七センチ、横五十三センチの大きさです。また「ミロのヴィーナス」は、ミロス島で発見された大理石の彫刻で、目の前で見せて頂くと生きているように感じられました。数多くの芸術家の名作を鑑賞し、大変感動させて頂き、来てよかったと幸せを実感しました。

ルーブル美術館の勝利の女神。

その後、世界遺産のノートルダム寺院も見学させて頂きました。寺院の中には懺悔する場所があり、昔はそこで悪いことをした人は懺悔された、とガイドさんが説明されました。しかし、今は悪いことをする人が少ないので、懺悔する方もありませんと話されました。私は、昔も今も懺悔をすることは続けなければならないと思います。その訳は、今は悪人は少なくても、前世の因果関係の生命体に謝って和解しておかないと、何度生まれ変わって死んでも、前世の恨みを受けて苦しみが続くことになるからです。死んでからも心の修行を永遠に続けなければならない理由は、幸せになれば不幸にならないために、不幸になれば幸せになるために、生まれても死んでも、感謝と懺悔と修行は永遠に続けなければならない生命の仕組みになっているからです。

パリに二泊して、ホテルに幸せを求める生命体が沢山根源の光に集まってこられました。パリにも救われていない様々な生命体が街全体に生存していました。いくつかの教会の中に入れて頂いて、生命体をお助けさせて頂きました。その後、観光船に乗って、セーヌ河からパリの街を眺めながら、行きと帰りで三時間、街全体の生命体に生命の根源の光を与えることができました。船から見るパリの街は本当に美しくて感動しました。

幸せを求められて、教会でお祈りをされる人々も生命体も、恨むことを止めて心をきれいにしないと、どんなに立派で黄金に輝く教会や寺院で、どれだけ神仏にお願いして素晴らしい話を聞かれても、自分の行為を正しく変えない限り、人も生命体も幸せになれません。自身の心を、神仏の生命体が正しく変えてくださるのではありません。自分の心を自身で浄めない限り、生命体と人間も未来の本当の幸せはあり得ませんし、悪魔も悪人も戦争もなくなりません。

オペラ座の前で地元の方々と記念撮影。心はひとつ。

パリで道をお尋ねすると、お店の方も、街を歩いておられる方も親切に教えてくださって、わざわざポケットから眼鏡を出して教えてくださる方、仕事の手を止めて教えてくださる方もおられました。大都会ではお金やパスポートに注意しますが、どこの国でも悪い人と親切な良い人もおられます。パリの街に住んでおられる人に、いろんな事をお尋ねして、人々に触れ合うことで、フランス人の心が伝わって人柄もよくわかるようになりました。

フランスの少女が、街の人々に、「教会に神は存在しますか」と尋ねると、存在しないと言われる市民が多くおられます。しかし、信者の方は教会に神が存在すると信じる人が多いでしょう。そうでないと、教会にお参りに行けません。真実は、死んで遺体から離れた生命体が、教会に何十万、何百万も生存しておられました。人には神仏の生命体が見えませんから、真実を知らずにお参りされておられます。人が亡くなって遺体から離れた生命体を、神と信じて祀っています。本当の生命の根源は地球に存在しません。ですから生命体の神はどこの国でも神の館におられます。お寺におられる生命体は如来、菩薩像におられます。私の本を信じて読んで頂いたら本当のことがご理解できるようになると思います。

フランスの生命体を助ける。

南米の旅

南米の生命体の世界を調べに行く

南米の生命体は幸せなのか不幸なのか調べたいと思っていました。日本から、アメリカで乗り継ぎ、アルゼンチンのブエノスアイレスまで三十六時間かかり、機内でも生命体をお助けしながら行きましたので、少ししか眠れませんでした。どこの空港でも幸せを求める生命体が沢山助けを求めて集まって来られて、私の体や目にチクチクと「助けて、助けて」と催促されます。やはり私の思っていた通りでした。日本にいた時に、今南米に行かないと、後で行けなくなった時に必ず後悔すると思っていましたが、現地に着いて、本当に来てよかったと思いました。最初に訪れたアルゼンチンの街全体の生命体は幸せではありませんでした。街の一角にお金持ちの有名人も埋葬されてあるレコーダ墓地の生命体を調べに行ってみると、どの墓も大きく立派で、大理石や御影石で作られた墓に因果関係の生命体が周囲におられて、墓地全体が地獄になっていました。立派な墓を作られてキリスト、マリア像、十字架を祀られて、先祖の生命体を幸せにして頂きたいとお願いされても、先祖の生命体は救われず墓の何百メートル下で苦しんでおられました。人間の考えと、死んでからの現実と違っていることを早く私は世界の人々に知って頂くために、世界の国々に訪れて、死後の生命体の生存状態を調べさせて頂いています。

世界遺産のイグアスの滝は、アルゼンチン側からは滝の上の方から見ます。ブラジル側からは滝の下の方から見ます。どちらから見てもさすがに迫力のある見事な滝です。川と滝壺にも、幸せになれない生命体が沢山いました。アルゼンチンとブラジルの国境地点は橋の中心で国境を通過して、ブラジルのナマウスのアマゾンの森の奥地まで観光船に乗って、川の上流で小船に乗り換えて、ピラニア釣りをしている時も、生命体が助けを求めて集まって来られたのでお助けしました。小船から観光船に乗り換えると、早速ピラニアをフライにして美味しく頂きました。

リオデジャネイロのホテルの二泊目の夜、午後八時から午前六時まで生命体が沢山助けを求めて次から次と集まって来られて、一睡もできませんでした。今までどこの国のホテルに宿泊させて頂いても、一泊目は助けを求めて集まる生命体が少ないこともありますが、二泊目になると必ず生命体が沢山助けを求めて集まって来られます。リオデジャネイロのコルコバードの丘に立つコンクリートで作られた巨大なキリストの像が立っています。高さ三十メートル九十九センチのキリストの像が街全体の市民を見下ろして見守っておられるように見受けられます。しかし、生命の根源の光で調べさせて頂くと、イエスキリストの像に生命体はおられませんでした。街全体を浄めながら調べると、死後救われない生命体が幸せを求めて生存しておられる現実を、今生きる人々に知ってほしいと思います。どんなに大きな神仏の像を作られて幸せを求められても、街全体の生命体は救われず、幸せを求めて生存している現実を人々は知らずにいます。丘の上からイエスキリストが市民を見守っておられるから、死んでからもお助けしてくださると、街の人々は信じておられました。

今まで神仏の生命体に頼んで自分の願い事がかなった方は、死んでからも神仏の生命体に頼めば助けてくださると、信じている方もおられます。しかし、死んでから助けて頂けない理由は、私の本を信じて読まれたら理解できます。もし大きな神仏の像を作って祀ることで、先祖の生命体が救われて幸せになれるのであれば、私は彫刻家でしたから、もっと巨大な像を作ります。が、神仏の像を作ると、そこに生命体が集まってお祓いを始めると、人間の世界と死後の世界が今まで以上に地獄になりますから、私は神仏の像は作りません。

人間と先祖の生命体を正しく救う方法は、前世の因果関係の生命体をお祓いすることを止めて、幸せにしてあげる行為に早く切り替えないと、世界の人々も先祖の生命体も原点から救うことは絶対にできません。

ペルーのマチュ・ピチュで生命体が助けを求めて集まる

ペルーのマリー市内にある天野博物館と黄金博物館に展示されてある品々は、お金持ちの墓に納めてあった物です。ペルーの古代の財力ある人は、自分の宝物を墓に納めました。それは、死んで生まれ変わった時に、また宝物にご縁がある幸福な生活ができるように、という意味だと言い伝えられています。ところが年月が経ちますと人々に墓を発掘されて、二メートルまで下に埋められた宝物はイギリス人に発掘されて奪われました。三メートル下に埋めてあった財宝は、後からペルー人によって発掘され市内の黄金博物館に展示されているほか、日本の考古学者の天野さんが発掘した衣類と陶器品などが天野博物館に展示されてあります。館内は、墓に埋葬された方の前世の因果関係の生命体が沢山おられて、地獄になっていました。しかし人間はこの生命体の地獄が見えないから館内にいられるのです。もし見えたら怖くていられません。またマリー市内でバスの中から、街を歩く人々に不幸な生命体が様々な姿で一人ひとりに取り付いていることが、根源の光で調べてわかり、街全体の幸せになれない生命体をお助けしながら観光させて頂きました。

それから世界遺産のマチュ・ピチュに行きました。古代インカの人々は太陽を神として信仰しておられましたが、生命の根源は太陽以上に大きい球体で、黄金以上に美しく輝いている世界で、太陽神とは違う、懸け離れた別世界です。マチュ・ピチュでインカの民族は五百人が住んでおられたと言われています。マチュ・ピチュで生まれ育って亡くなられた人々の墓を調べてみると、生命体は現在でも太陽神に救われていませんでした。

また上の方から、マチュ・ピチュ遺跡全体を生命の根源の光で調べつつ、遺跡に生存する生命体を助けながら歩いていると、数多くの生命体が助けを求めて集まって、私の体全体にチクチクと催促されて、私は目を開けられないほどになりましたが、お助けするとやっと目も体もすっきりしました。それから王の墓を調べさせて頂くと、王の生命体も幸せではありませんでした。インカの人々も前世からの恨みのある生命体に恨まれながら、生まれて生きて死んでいかれたことが現地の調査でわかりました。どんな場所で生まれて生活されても、生命体に恨まれていると、存命中は幸せでも、死後に苦しむことになります。この後インカの王族の墓に行って調べてみると、王の生命体は墓にはおられませんでした。墓の周囲全体の生命体をお助けしながら帰る途中に、小さな子供たちがいて、自分たちの写真を撮らせてあげるからお金をくださいと言いました。私はお金だけをあげて皆で分けるように言い、上の子がおんぶしている赤ちゃんの頭を撫でてあげると、嬉しそうに笑っていました。どこの国の赤ちゃんも可愛いものですね。

それからマリー市のホテルに宿泊しました。翌朝、マリー市内からナスカまでバスで四時間かかりました。ナスカでは、亡くなられると夫婦二人が一つの墓に埋葬されます。共同墓地もあったので調べてみると、どこの墓の生命体も幸せではありませんでした。どこの国の人々も死後の世界で自分たちの先祖の生命体が苦しんでおられる姿が見えないから、毎日幸せに過ごすことができているのです。

いよいよナスカの地上絵を見ることになり、飛行場で三時間待って、六人乗りの飛行機に乗りました。上空から見ると何百メートルもある大きな地上絵が小さく見えました。三十分ほどで着陸したのですが、地上絵を上空から幾つも見て、生命体の生存状態を調べることも今回の一つの目的でした。本当に素晴らしく感動させて頂きました。ナスカは雨が降らないから地上絵は消えずに残ったと言われています。ナスカからマリー市のホテルに帰るのが地上絵を見る飛行機の順番待ちで遅くなり、ホテルで休む時間が少なくなりました。私がホテルに戻るのを待っておられた生命体と、私の部屋に先に集まって待っておられた生命体を、私は休むこともできずすぐにお助けしていると、休む時間もなくなってホテルを出発する時間が来ました。ホテルのロビーに行くと、ロビーでも生命体に助けを求められてお助けしているとバスが来ました。バスの中からもロビーの生命体を少しでもと思ってお助けさせて頂きました。マリーの空港に着くまで生命体をお助けしながら行きました。

どこの国の生命体も、私が二度とこれないだろうと思って必死で助けを求めて集まって来られました。その気持ちが私にはよくわかるだけに、苦しんで助けを求めておられた生命体をあまりお助けできない時には本当に可哀相で辛い思いで生命体と別れる時もあります。

三ヵ国の生命体を調べてお助けさせて頂く

アルゼンチン、ブラジル、ペルーの生命体は幸せではありませんでした。私は世界の国々の生命体をお助けしながら研究解明させて頂いていますが、あとは南極を調べると、世界中の生命体の状態がわかります。どこの国でも死後の世界は共通しています。人間が数多く生存する街と、戦争が行われた場所ほど、不幸な生命体が多く生存しておられます。生命の根源の光を世界中の生命体が待っておられる理由は、どこの国のどんな生命体にも差別なく幸せにして頂けることを、世界の生命体はよく知っておられますから、どこの国でも集まって来られます。

南米から日本に帰り、研究とお助けに行かせて頂いたことを本当に心から有り難いと思っています。どこの国の場所でも研究解明する者が現地まで行って、真実を調べて確かめることが一番大事です。本を読んで学んだり、人から聞いたことは、どこまでが真実で正確なのかわかりませんから、私の本に書いてあることを信じて頂けなくても、本当の事を書き残すことが大事だと思います。今まで生命体をお助けしながら研究解明、発見させて頂いたことを改めて全ての方々に感謝しています。これからも世界の人々と地球に生きる生命体の地獄を早く少なくするために、私が生きられる限り少しでも多くお助けさせて頂きたいと思います。

ただ申し訳ない気持ちがあります。それは、世界の国々で根源の光を待っておられた数多くの不幸な生命体の方々に、時間がなく、十分に救えなかったことを心からお詫びいたします。またいつかご縁がありましたら、国も宗教も関係なく生命の根源の光を待っておられる生命体を差別なく時間のある限り少しでもお助けさせて頂くために、これからも私ができることで世界の国々に行かせて頂きたいと思っています。

アフリカの旅

ケニアとタンザニアの野生動物の死後の生命体の世界を調べ助けに行く

アフリカに行くことにしました。アフリカは野生動物の大国です。今度の目的は、ケニアとタンザニアに住むマサイ族の世界を現地で自分の目で確かめること。マサイ族の死後生命体は幸せであるかどうか、アフリカの様々な動物の死後の生命体が幸せなのか苦しんでいるのか、これらを調べるために行きました。マサイ族は何万年も前から生活があまり変わっていません。食べ物、家、仕事、生活の状態も考え方も、先祖から受け継いだことを続けていてもマサイ族は毎日幸せを感じ、いつも笑顔で生きられるのは、部族の心が一つになって、助け合って生きることができているからです。こんな生き方こそ本来の人間の姿です。またタンザニアは、地球に初めて人間が生存し始めた場所と言われています。古い人間の歴史のあるタンザニアの生き物の死後の世界を調べることは重要であると考えました。

初めにケニアのナイロビに着き、アンボセリ国立公園にあるホテルに行きました。ここにも苦しんでいる生命体が生存し、救いを求めて集まって来られました。このことを私は予想していましたが、現地まで来て体感することで真実を理解できました。アフリカの動物の世界にも幸せでない生命体が沢山生存し、人間や動物以外の様々な生命体も入り混じって生存していました。肉食動物の世界は食べたり、食べられたりして生きる世界です。殺して食べた動物は食べられた動物から恨まれて、死んでから恨まれることになります。人間の世界でも、戦いで殺した方は殺された方から恨まれます。動物も全て、死んでも生命は生きていますから、人間も動物も恨まれたり恨んだりする点では同じですが、動物の方が人間よりも恨みが少ない理由は、生まれた時から食べたり食べられたりして生きる動物のそれぞれの宿命と立場をよく知っているからです。殺されて食べられた動物の生命にも、諦めるのが早いものと恨みが強いものがいますが、どんな生き物でも一日でも長く幸せに生きて、自然死を望んでいても、早く殺されて餌食になるものが沢山います。殺されて喜ぶ生き物はいません。体は殺されて餌食になっても生命は死なずに生きていますから、体を殺したり殺されたりすることで不公平にならない生き物の仕組みになっています。そのため殺して食べた生き物を恨むことはできない平等の仕組みになっているのです。

アンボセリホテルで、救いを求める生命体が多くて、私の部屋に集まって来られる生命体を何時間もお助けしてから休みました。部屋の窓の鍵を掛けておかないと、猿が入って来て食べ物を取られます。

マサイ族は平和で自然と共に生きる

ケニアからタンザニアへは、ナマンガで国境を越えて入国となります。セレンゲッティ自然保護区の全体は苦しむ生命体が少ないように感じました。セレンゲッティの動物は殺されて食べられても、苦しんでいる生命体が少なく、餌になっても早く諦める動物の生命体が多いのでしょう。アフリカも人々が数多く生存する街の方が、死後の生命体の世界は地獄になっていました。野生動物の世界と違うことは新しい発見です。

セレンゲッティは地球に初めて人間が生存し始めたと言われる土地で、リーキ博士ご夫婦が人類の足跡の化石を発見された、古い歴史のある土地であります。この辺りに生活するマサイ族も平和で大自然を愛し、古代の祖先の教えを大事に受け継ぎ、皆仲良く助け合って、共に幸せを分け合って生きています。何万年も昔と変わらない生活をして、大自然に感謝し共存して生きています。それは、自然の仕組みに合わせる生き方です。マサイ族の大人も子供も、診察した人たちは健康でした。

マサイ族の生活は、昔から今日まで、悪くなったり良くなったりが少ない生活のようです。人間は科学が進歩すれば、平和で幸せな生活ができるように考えますが、実際は常に先のわからない、大きな危険がつきまとっています。歴史を考えても人間の戦争が絶えません。そのために苦しい生活と幸

タンザニアのマサイ族の子供たちを診察する。

せな生活を繰り返す波がずっと続いています。科学が進歩して、今幸せに生きていても、危険な物も研究開発されていますから、世界戦争が起きて、一瞬の間に多くの人々が死ぬ事が絶対にないという保証はありません。戦争が原因で病人がだんだん多くなり、病気で苦しまれる人々が多く、難病で早く亡くなられる方も多いのが現実です。

私たちが立派な家に住んだり美味しい物を毎日食べていても、マサイ族たちは同じ生き方をしようとしません。今から先のことはわかりませんが、自分たちの昔からの生き方を大切にしています。自分たちの生活が不幸だと思わず、幸せな生き方であり、間違った生き方ではないことを、マサイ族は誇りに思って生活しています。観光でマサイ族の生活を見られた人は、自分たちよりも可哀相な人々だと思われる人が多いかもしれませんが、マサイ族の人々の方が幸せで、私たちのことを可哀相だと思っています。それは、昔から一番正しい生き方をよく知って、自信に満ちた堂々として笑顔で幸福に生きているからです。家は小さくて、木を組んで丸く象った形のものが多く、動物のフンと土を混ぜて家の壁に塗って仕上げて、屋根はワラのようなもので葺かれています。中に入ってみるとフンの臭いが多少しますが、住み慣れると気にならないようです。狭い家なので一軒の家に大家族が一緒に住むことはできません。ですから同じ小さな丸い形の家が沢山建ち並んでいます。彼らがこんな風に、毎日楽しく幸せに、生き生きと生活している姿があちらこちらで見受けられました。

何キロも行った場所に市があり、遠く離れた場所から歩いて動物を何頭も連れて、市に売りに行きます。車に乗らずに歩いていくマサイ族の姿を、車の中から見ました。いつまで経っても家の大きさも建て方も形態も変わらない生活を何万年も継承しています。このような生き方はとても安定した生活です。アフリカの動物は、何万年も自然と共にそれぞれの生き物に備わっている生き方で、アフリカの大地で助け合って生きることは、長く子孫を残せる生き方で、毎日幸せを思って生き続けています。野生動物の中には、絶え果てる動物もいますが、毎日水と食べ物を求めて移動しながら、大自然の恵みを受けて、今日生きるために必要なだけを食べて生きています。こうした生き方で自然と共に幸せに生きている野生動物を滅ぼそうとしているのは、今以上の幸せを思う人間の欲望です。

マサイ族は殆ど動物に近い生き方をしています。自分たちが、今日生きるのに必要な物だけを食べ、動物を食べる時も、自分たちの家畜を食べます。自然に生きている野生動物を捕まえて食べたりは今ではしません。自分たちの食べる物は自分たちで飼って養ったものだけを食べる行為は、本当に素晴らしいと深く感動しました。自然に生きている動物たちは、マサイ族に対して何も迷惑をかけていないので、マサイ族はそんな動物に対して何もしないことを昔から心に決めていますから、大自然に生きる動物を殺して食べてはならないという考え方が現在も続いています。こうした考え方、生き方こそ、動物の生命体からも恨まれることが少なくて済む生き方で、大自然に生きる者の正しい法則であると私は考えます。科学の進歩した私たち人間の方が、動物やマサイ族よりも恨まれて不幸になる生き方を毎日しています。一番恐ろしいのは、執念深い人からの恨みと、恨みが強い人が死んで遺体から離れた生命体による恨みが強い業です。

マサイ族から見ますと、科学が進歩して幸せそうに過ごす私たちの生き方は、危険であり、子孫をいつまでも残せないかもわかりません。彼らは生き物の原理をよく理解しています。ですから、古い先祖の生き方を信じて受け継いで生き続けるのです。マサイ族の生き方は、未来を見通して自信に満ちた力強いものだと感じられました。私はマサイ族の先祖の墓を調べることができなかったことが悔やまれます。二度目に行くことがありましたら、絶対に墓の生命体を調べさせて頂きたいと思います。マサイ族は墓に行くことも、他の国の人に墓を見せることも嫌がります。マサイ族の墓は穴を掘って遺体を埋葬して、上に小さい石を並べるだけですからお金はかかりません。

人間はどこでどんな生活をしても、どんな食べ物を食べていても、自分たちが毎日幸せと思って生きられたら、人から不幸に見えても幸せなのです。マサイ族の生活を送れと言われても、私たちはできないかもしれません。マサイ族の考え方を少しは習う必要があると思います。マサイ族の人々は道を歩いても常に槍を持っています。この槍は人を殺すためとか動物を殺すために持っているのではありません。ヒョウやライオンに襲われた時に身を守るために持っているもので、身から絶対に離すことはしません。体も顔も黒く、大きな体をして槍を持っていますので、私たちから見ると怖く恐ろしく感

マサイ族を診察する。

じられますが、心は優しい部族です。そんな彼らと一緒に写真などを撮らせてもらうと、「ボールペンやライターが欲しい」と言われますが、私たちに近づいても物を盗むことはしません。むしろ私たちの世界で幸せな生活をしている人々こそ、他人の物を盗んだり、騙し取る人が多いように思います。

どこの国に行かせて頂いても、その国の人々の心をよく理解した上で考えて正しく判断しなければなりません。アフリカの動物の世界、マサイ族の生き方、ケニアとタンザニアの生命体を調べお助けできたことも感謝しています。現地まで行って調べさせて頂かないと真実を解明できません。

イスラエル・エジプト・トルコの旅

イスラエル、エジプト、トルコの生命体を調べお助けする

三ヵ国の生命体の世界を調べるために行きました。宗教の古い重要な国は、インド、エジプト、イスラエル、トルコで、この四つの国が宗教の発祥地になります。

昔イスラエルでは、人間が休みを取らないと、神は休めない、と神のお告げがあって、それから週に一回休みを取るようになった、とイスラエルのガイドさんがバスの中で一番古い聖書に書いてある一説を読んでくださいました。しかしこの聖書の教えは間違っています。その理由は、今まで人間が神として崇めている「神の生命体」は、人間に合わせることもあり、宗教人に支配されることもあります。私の場合は日祭日も関係なく、一年間三百六十五日、休まず生命体をお助けしています。

宇宙の生命の根源の世界は、根源の教えを人間が学び実行する世界です。生命の根源は人間に支配されたり合わせる世界では絶対にありません。地球に生きるものが、大自然の仕組みに合わせて生きることと同じです。

十一月十五日にトルコのイスタンブールに到着して、乗り継ぎでイスラエルのテルアビブのエイラットに行きました。その後エジプトのサンタカテリーナの修道院を訪れると、幸せでない生命体が

沢山おられました。この修道院の一角に物語があるシバの木があります。ガイドさんは、モーゼがこの木を見たとき、シバの木が燃え上がったと説明されました。しかし、燃えたはずなのに、炎が消えるとシバの木は全然燃えていませんでした。それからシバの木の所から神の声が聞こえたと説明されました。その神の声とはシバの木にいる生命体が話されたことで、こうした現象が本当に真実であれば、これは生命体がされた業です。本当はシバの木は初めから全然燃えていないのに、燃えているように生命体がエネルギーを使って炎を描いてモーゼに見せられたのです。

修道院の中と外の壁の中に、幸せになれない生命体がおられましたのでお助けさせて頂きました。それからホテルに帰り、みんなはバスで買い物に行かれましたが、私はこの時間を利用してホテルの近くの山の中腹まで登って、全体に生存しておられる生命体をお助けさせて頂くことにしました。

近くのレストランで昼の食事中に生命体が沢山助けを求めて来られましたが、その時はお助けする時間がなくて、シナイ山の麓にある修道院から帰ってからお助けさせて頂こうと思っていました。私一人で山の中腹まで登って、全体の山々に生存しておられる生命体をお助けすると、必ず私が助けしくれると信じて待っておられた生命体が遠くの山々から集まって来られる様子がわかりました。周囲の生命体から先に順番に次々と入れ替わる状態で、根源の光を受けられて幸せになられた生命体から天国に上がって行かれる状態を見届けて、少しでも数多くお助けしたいと思って、次々と助けている内に真っ暗になりました。約二時間お助けさせて頂きました。それから山から下りてホテルに行くと、みんなは買い物が終わって先にホテルに戻っておられました。

エジプトのシナイ山のご来光を見る

いよいよ十八日、モーゼが籠もったというエジプトのシナイ山に登り、ご来光を拝むことになり、ホテルを朝二時に起きて出発しました。修道院の近くからラクダに乗って八合目まで登ることになっていました。ラクダ使いが何十人もおられて、「ラクダは楽だ。ラクダに乗った方が楽だから無理をして山に登らなくてもラクダに乗りなさい」と、上手に何度も勧めます。しかし、ガイドさんと若い方二人と私と四人は歩いて八合目まで登ることにしました。他の方はラクダで八合目まで登られました。私もラクダに乗って登ろうかと思ったのですが、歩いて登りました。しばらく登っていると、下の方から若いラクダ使いが上がって来て、「ラクダは楽だ」と言って諦めずに私の後ろから迫ってきました。ラクダは生きるためにいつも人々を乗せてしんどいことをしています。たまにはラクダを楽させてあげようと私は思って、「上まで登るお金を払うから心配しなくてもいいから。ラクダに乗らずに私は歩いて登ります」とラクダ使いに言って、ラクダとラクダ使いと私が一緒に八合目まで登ることを約束しました。が、ラクダ使いは途中で何度も、私がラクダに乗らないのに本当に上に上がってからお金を払ってくれなければ困る、と思って気になって、本当にお金を払ってくれるのかと心配そうな顔をしていましたので、「私は約束したことは必ず守って、お金は必ず払いますから心配しなくてもいい」と私が言いますと、ラクダ使いは、私のことを大変変わった人だ、今までこんな人は初めてだと言いながら、一緒に歩いて上がりました。それでも、ラクダに乗らないのにお金だけを頂くのは申し訳ないと思ったのか、せめて私のリュックサックをラクダの背中に乗せてくれと言いましたので乗せました。私がビデオを持っていると、ラクダ使いがビデオを持たせてくれと言って持ってくれました。これは全てお金を貰って頂くための行為です。そんな様子で一緒に登って行きました。

　私がラクダに乗らないので、ラクダも私の気持ちがわかったのか悪いと思って私を心配し、何回も私の様子を見ながら、休んでは私の方を振り向いて、私に気を遣いながら登っていくように感じられました。途中で声を出したりして喜んで私に何か喋っているんだなと感じました。私はこのラクダの行動を見て人の気持ちがよくわかっていると思いました。それからラクダ使いはお金の事がまた心配になって、私にまた念を押して「本当にお金を払ってくれるのか？」と尋ねました。お金の事は心配要らないと私はラクダ使いの背中を撫でながら言いました。すると、ラクダ使いはとても嬉しそうな態度を見せてラクダの操り方がとても面白く、「シュシュシュ」と嬉しげに、私を友だちのように思って、自分から私に腕を組んで安心した顔を見せて、ラクダと一緒に山の斜面の道を早く歩くようになりました。最初は男のガイドさんと若い女性と三人に追い抜かれるほどの少し前の方を歩いていたのですが、どんど

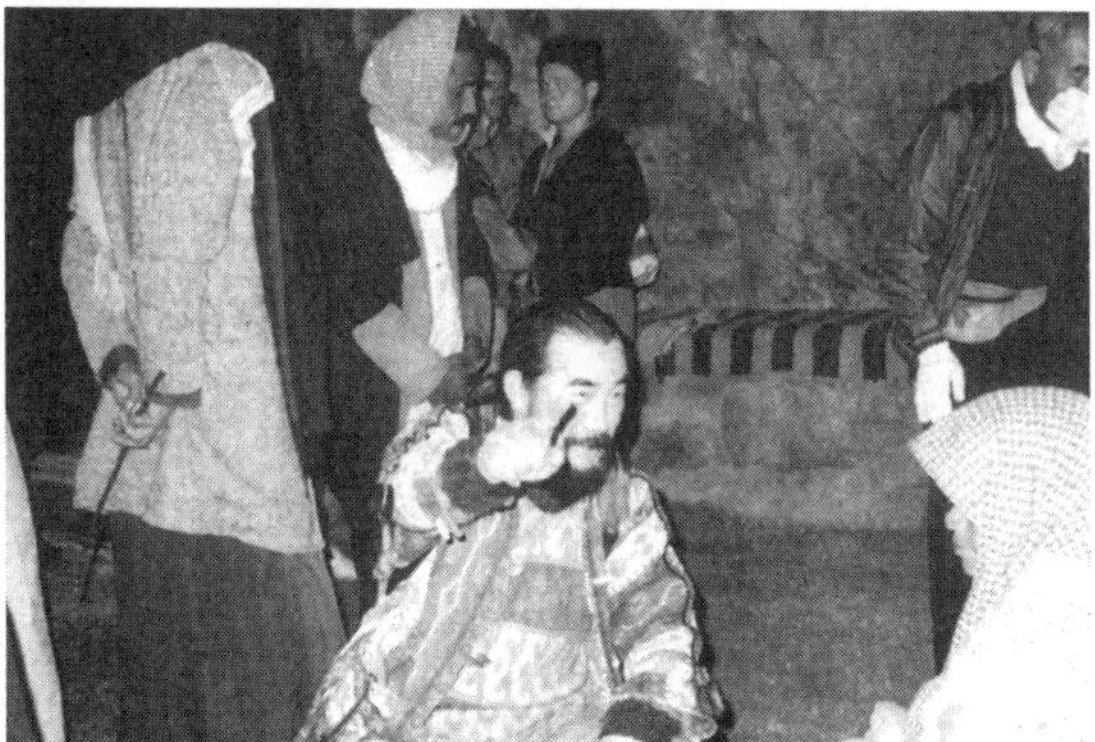

私とラクダ使い。

ん先を歩くようになり、ガイドさんたちとの間を引き離して登って行きました。最初は足が疲れて登れるのかなと心配していましたが、無事にラクダに乗らずに、ラクダとラクダ使いと一緒に歩いてシナイ山の八合目まで登らせて頂いたことを大きな喜びとして今も感謝しています。上に登るとラクダ使いの親方が見ておられて「早くお金をもらいなさい」という仕草で合図をされました。ラクダ使いは私が本当にお金を払ってくれるのかなという不安もあったようでしたが、ラクダに八合目まで乗った同じ料金を支払わせて頂きますと、親方とラクダ使い皆が不思議そうに私を見ておられました。先にラクダに乗って上まで上がられたグループの方も、笑いながらその様子を見ておられました。

この場所から上にはラクダで登れないことになっていますので、みんな一緒に山上まで歩いて登りました。まだ暗い状態でだんだん夜が明けてきました。美しい満月がまだはっきりと見える状態で、しばらく山々の生命体をお助けしていると、日の出が少しずつ上がってきました。シナイ山の山頂に登られた人々は数多いと思いますが、この光景は登られた人でないとこんな素晴らしいご来光は見せて頂けません。山々に生存される生命体をお助けさせて頂いていると、夜が明けて沢山の生命体が待ちかねておられたのか次々と集まって来られました。生命体をお助けさせて頂いて、それから下山する時に明るくなって見ると、こんな急な坂道をよく登ったなと思いました。ラクダ使いとラクダのことを思い出しながら、全体の山を見ながら無事に下山できました。シナイ山は高さ二二八五メートルあります。無事にシナイ山に登らせて頂いたことを心から感謝しています。翌朝から四日間、足が痛くて大変でした。

何百年経っても死後の世界で生命体の戦いは続いていた

エジプトのサンタカテリーナから再びイスラエルのエイラットへバスで行き、エン・ボケックの死海へ行きました。死海に白い塩が細長く盛り上げられていました。太陽の光を受けて白く光輝く細長い塩の山と、青い海を見ると、まるで不思議な別世界です。私は「死海の生命体をお助けするために来ているので、死海では泳ぎません」と添乗員さんに言いました。すると添乗員さんは「せっかくこんな珍しい死海まで来られたのですから泳いでください。泳いで体感しないとわかりませんよ」と仰ってくださったので、お言葉に甘え、実際に泳いでみると、体が浮いて沈みたくても沈めません。私は海に立って海の底を足で調べてみると、塩が氷のように固まっていました。こんな死海を調べてみると、生命体は生存していました。やはり現地まで来て調べてみないと本当の事はわかりません。死海に入ってみて良かった、と後で思いました。本当に心に残る良い思い出になりました。その後、陸地に上がって周辺の生命体をお助けさせて頂いてから、海抜0メートルの場所に行きました。

昔、ユダヤという国はローマ軍から攻められたり、エジプト軍に攻められたりして多くの人々が亡くなっておられます。マサダというユダヤの高地では、ローマ軍との戦いで沢山のユダヤの多くの人々が自決され、この場所に教会もありました。石を積み重ねて造られた場所は、今までに修理されている部分もありますが、殆ど敵に壊されています。このような場所に今でもその当時の自決された人々の生命体が、石垣の中にもおられ、また教会の柱や壁にも幸せになれない生命体が生存しておられましたので、根源の光で調べながらお助けさせて頂きました。

それからエルサレムの市内に行きました。ここには、ユダヤ教、キリスト教、イスラム教と三つの宗教の聖地があります。イスラム教のモスクは、遠くから見てもとても立派で金色に輝いています。その向かい側に沢山の墓地がありましたので、一つ大理石の墓を調べてみると、先祖の生命体がおられましたが、完全にお助けするまでの時間がなく、少しだけ根源の光を与えさせて頂きました。左側の墓地の墓は他の場所に移動されて、ありませんでした。が、墓地にまだそれぞれの先祖の生命体は何百メートル下の方に封じ込められて、その上の方に因果関係の生命体が沢山おられて、どこの墓地の先祖の生命体も苦しんでおられました。

エルサレムからエリコ、ナザレ、ガリラヤへ行き、この辺りでも大変な数の生命体が助けを求めて集まって来られました。ホテルのロビーの窓際の椅子に座っている時に、数多くの生命体が助けを求めて、ホテルのロビーのアルミの戸をガタガタガタと急に何回も動かして必死に助けを求めましたので、私がお助けしますと動きは止まりました。その後、他の生命体が沢山集まって来られて、ロビーの椅子に座っていられない状態で、私の足元まで幸せを求めて集まって来られて「早く助けて、早く助けて」という状態で、私の足を針で刺すようにぐるりからチクチクと催促されました。ロビー全体の生命体もお助けさせて頂き、お陰様で私の体もすっきりしました。生命の根源の光は、どこの国も宗教も全て関係なく、どのような生命であっても平等に幸せになれる、全てを許して幸せにしてくださることを、世界の生命体はよく知っておられますから。

どこの国のホテルでも二泊する時には、一泊目は部屋の中に集まって来ている生命体が少ない場合もあります。が、二晩目になると必ず生命体が部屋の中にも窓際にも助けを求めて沢山集まって来られます。国や宗教が違っていても、生命体は皆兄弟ですから、人間の心は一つになって、戦争、差別、いじめをしないで皆仲良くしなければ、人間の世界と死後の地獄は絶対になくなりません。イスラエルから帰りにトルコのイスタンブールに立ち寄り、トルコのガイドさんが「イスタンブールは前日まで大雨でしたが、本日は好天気になって皆さんは運が良い人ですね」と仰いました。私たちがトルコに着くと良い天気になるようにトルコの生命体がしてくださったことを有り難く思っています。トルコは今回で二度目です。トルコの生命体を今回もお助けさせて頂いたことを幸せに思っています。博物館の展示品はどれも金、銀、宝石、ダイヤモンドを使って作られた見事な物ばかりで、一番美しい物は世界で三番目に大きいダイヤモンドでした。しかし価値のある物は生命体もよく知っていますので、その物に強い生命体が付いていることがあります。

私も無事にイスラエルから帰国させて頂けたことを、心から全ての方に感謝しています。今後も世界の平和のために生命体を少しでも数多くお救いさせて頂きたいと考えています。

南極の旅

二〇〇五年南極の生命体を調べに行く

成田空港からニューヨークで乗り継ぎ、アルゼンチンのブエノスアイレス空港へ到着。アルゼンチンは今回で二回目ですが、早速、空港内で幸せを求める生命体を、お助けさせて頂きました。市内の大聖堂も二回目で、今回も中と外に生存される生命体をお助けしながら見学させて頂きました。その後歴代大統領や有名人などが眠るレコータ墓地も再訪。墓地全体の生命体も幸せではありませんでした。ペロン元大統領夫人の墓も根源の光で調べさせて頂きました。夜はホテルで市内の不幸な生命体を三時間お助けさせて頂いてから寝かせて頂きました。

翌日、国内線アエロパルデ空港から、南極まであと千キロのウシュアイアに行きました。ここは人口五万人の先住民ヤマナ族が住んでおられた地で、先祖の生命体が今でも幸せを求めて集まって来られました。

その後、ウシュアイアの港町からペアーリフトに乗ってマルティアス氷河を望む高台に上がり、上から下の方を見下ろすとウシュアイアのブナの緑の森と美しいルピナスの花が美しく咲いていました。私たちは幸せを感じました。空気もおいしく、谷間に流れるきれいな冷たい水は美味しくて、体の疲れが癒されて、いつまでも心に美しく楽しい思い出として残っています。上からリフトで下る途中まで来た時、下の港町から不幸な生命体が待ちきれず、私の方に沢山根源の光に幸せを求めて集まって来られました。私の体全体に急いで助けを求めてチクチクと催促されるので、私は左手でペアーリフトに掴まって、右の片手で生命体をお助けしながら下山しました。それからマルコポーロ号に乗ってウシュアイアの港から二十三時に南極に向かって出航して、デセプション島まで、ドレーク海峡から南シェトランド諸島を通過して行きます。私はマルコポーロ号から生命体を調べ、お助けしながら行きました。

六日目、一月三十日、朝七時にデセプション島へ到着。ある時、悪天候で大きなマルコポーロ号が入るのが難しく、湾内に三十六時間閉じ込められたことがあったと聞きました。午後はクーバーヴィル島に初めてボートに十三人乗って、海に浮いている氷山と可愛らしいジェンツーペンギンをボートから見ながら上陸しました。どのペンギンの親も自分の子に愛情を懸命に注ぎ、それぞれの親の姿に感動しました。ジェンツーペンギンの親子の姿は可愛らしく感じられ、皆の心を和ませてくれました。私は南極の生命体が幸せか苦しんでおられるのか解明するために来させて頂いたので、海、空、陸地の生命体を調べながら行動させて頂きました。やはり真実を正確に調べるには現地まで来る必要があります。島に上陸した時に本当に来てよかったと実感しました。

上陸できた島はデセプション島、クーバーヴィル島、ハーフムーン島の三つの島で、どの島にも幸せを求める生命体が全体に生存していました。ルメール海峡まで行き、最後にハーフムーン島に行くと、小さな丸い平たい黒い石が太陽の光を受けて輝いて、波打ち際全体に重なるように沢山ありました。根源の光を通して調べてみると、石の一つ一つに苦しむ生命体が付いていました。中には、世界の国々の観光客と一緒に付いてこられて、人々から離れて、美しい南極の島々に住み着いた生命体も多いことがわかりました。人間の世界も死後の生命体の世界も汚れて苦しくなると、美しく住みやすい地に移動するようになります。ですから南極に生存する生命体も、世界の国々が地獄になったので、美しい南極へ移動したのです。しかし、南極もまた次第に苦しむ生命体が増えて、地獄になってしまったのです。南極に行っても、上陸せず船で遠くから観光しているだけなら、南極で苦しむ生命体は少なかったと考えられます。南極の自然環境を保護するための国際南極条約体制として、少なくとも動物から五メートル離れること、化石や石は持ち帰らない、自分の持ってきた物は必ず持って帰ること、この条約を守らない人は拘束されることになっています。このように、南極の大地と動物の世界は自然環境を保護する条約の取り決めがありますが、見えない生命体の世界は、恨み、辛みで苦しんで生存する生命体が数多くおられることは、誰も想像できないと思います。これからも苦しむ生命体が増えて今以上に南極の生命体の世界も地獄になっていくでしょう。今まで美しい南極の大自然の環境を保護されてきましたが、温暖化のために美しい南極の氷河も解けることで地球全体の自然環境のバランスが崩れています。これも人間の愚かな考え、行為によるものであります。

今までの人間の考え、行為が地球を汚し、死後の生命体の世界も地獄にしてしまったのです。人間は特にいろんな事に欲望が強く、死んで遺体から生命が離れた時に、永遠に死のない生命の幸せがどんなに尊いものか初めてわかるのです。アルゼンチンのウシュアイアに一番近い島はキングジョージ島ですが、上陸した島で一番近いハーフムーン島に生存する生命体は、ウシュアイアの港町から一番近い島で、生命体が幸せを求めて一番多く苦しんでおられることがわかったことも新しい発見です。それに、ハーフムーン島は観光客が一番多く上陸する島だと思います。私は行きも帰りも船から南極の生命体をお助けさせて頂いて研究解明と発見もできました。南極は寒くて海に氷河が浮いていますのでどなたに聞いても「海水は冷たいでしょう」と仰いましたが、ハーフムーン島で海に手を入れて調べてみると、南極の夏の海は十分に泳げるほど暖かいことがわかりました。

二月四日、夜中の一時にウシュアイアの港に無事に到着しました。午前中はウシュアイア国立公園の観光コースと、買い物のコースに分かれ、私は港町の観光は早く切り上げて、サンマルチン通りの港町全体に生命体が苦しんで助けを求めておられることがわかっていましたので、マルコポーロ号に早く戻って前方のデッキからウシュアイアの港町全体の生命体に根源の光を送って二時間お助けさせて頂きました。その後、ホテルで二時間四十五分の休憩がありましたので、部屋に戻ると、部屋全体に助けてほしい生命体が先に集まって待っておられましたので、お助けしていると休む時間がなくなりました。その後ウシュアイアの空港からアルゼンチンのブエノスアイレスの国際空港に行き、ニューヨークの空港に向かう途中の上空で、機内の生命体が沢山私に助けを求めて集まって来られましたのでお助けしました。さらにニューヨークから成田空港に近い上空で、外国から一緒について来られた数多くの生命体が助けを求めて集まって来られて、私の体に催促されたので、機内でお助けしながら成田に到着しました。

　美しかった地球に人間が多く住む大都市、宗教界の建物などに生存される生命体は幸せでなければならないのに、現実は人々の想像とは違っていて、人の一番住んでない美しい南極までが苦しむ生命体の世界になっていました。しかし今回の旅で一ヵ所だけ幸せで美しい生命体が生存する場所を発見できました。それは人間の住んでいない南極海のドレーク海峡と南シェトランド諸島の中間の空と海です。ここに生存する生命体は、戦いもなく恨みのない平和そのもので、美しく幸せであることを初めて発見しました。本当に嬉しかったです。この地帯だけは根源の光を通して調べても、全く汚れておらず、苦しむ反応はキャッチされませんでした。こんなに生命体が幸せに生存する所は、南極の旅で初めて発見できました。

　私はまだ地球で調べなければならない所があります。それは、どこの国からも一番離れている無人島です。そこの生命体が幸せか苦しんでおられるのか調べたいと思っています。どんな島でも戦争に使われた島々には戦没者の生命体が苦しんでおられますので、戦争で亡くなられた方々の生命体もお助けさせて頂きたいと思っています。今までの人間と生命体の行為によって生み出した結果であることを、私たち皆が知って、今から皆で美しい世界にしなければ絶対に地獄はなくなりません。皆が救われる方法は、世界の人々と生命体が過ぎた事は和解して仲良くして生きる世界にするしかありません。これは簡単なようで一番難しい問題です。

ロシアとバルト三ヵ国の旅

エストニア、ラトビア、リトアニア、ロシアへ

関西国際空港発、ヘルシンキ乗り継ぎでエストニア、ラトビア、リトアニアとロシアの生命体を研究し、お助けするために行きました。ロシアは何年も前から行きたいと思っていましたが、ツアーがなくて行くのが遅れました。

ヘルシンキの空港で三時間待ち、空港内と周辺の生命体をお助けさせて頂きました。その後、リトアニアのヴィリニウス着後、聖ペトロ・パウロ教会、聖アンナ教会の大聖堂を見学させて頂いて、生命体をお助けさせて頂きました。カロリナホテルでも生命体が幸せを求めて沢山おられました。

二日目、カウナスの街と大聖堂を見学して、街並の生命体をお助けしながら行動させて頂きました。ツアーに参加された方は楽しまれるために観光しておられますので、ご迷惑をかけないように生命体をお助けしながら調べさせて頂きました。

三日目、ラトビアの首都リガへ行く途中から車が渋滞して、偶然にこの日は、この国の習わしで、「一年に一度皆が先祖の墓参りをしないと不幸な事が起こる」と言い伝えられている日でした。その日に私が墓地の前を通るように、この辺りの墓におられる先祖の生命体の方々が導かれたのだと思い

ました。何キロも進行方向の道路の右側に墓が立ち並び、沢山の人々が墓参りに来ておられましたので、私はバスの中から根源の光を送り、一時間お助けしながら調べさせて頂きますと、全体の墓におられる因果関係の生命体も沢山幸せを求めて私の方に集まって来られました。バスの中から助けつつ、通り過ぎました。それから、世界でも珍しい十字架が沢山立ち並ぶ丘に立ち寄って、十字架が沢山ある丘で生命体が幸せになれるのか、なれないのか、一度調べたいと思っていたので良い機会となりました。調べてみると救われていないことがわかりました。人間は十字架、キリストの像にお願いすれば自分の願いを叶えてくださると信じたい気持ちはよくわかります。しかし、現実は十字架やイエスキリストの像には違う生命体がおられることが私の調べでわかりました。しかし、人間にはそれが見えないから、理解できません。人々は目に見える姿形を信じてお参りされています。今まで十字架の丘を二回取り除く計画がありましたが、取り止めになりました。これからは想像ではなく本当の事を教えてあげないと、人間の苦しみと死後の地獄を救うことは絶対にできなくなります。人々が自分の心を正しく考え、戦争と悪いことは止めて、過ぎたことは許して、世界の人々が皆仲よくして助け合って生きることが、皆が幸福になれる生き方です。生命の根源はこのことを全ての人間と、生命体に教えておられます。

四日目から五日目にかけて、ラトビアのリガからエストニアの首都タリンの街の生命体をお助けさせて頂きました。

六日目、サンクトペテルブルグの夕食後、〇時発モスクワ行きの夜行列車に乗る時、駅のホームに出ると、急に幸せになれなかった生命体が、東西南北から数え切れないほど必死に生命の根源の光を求めて集まって来られました。エストニア、ラトビア、リトアニアの三ヵ国の生命体が私の後から助けを求めて、様子を窺いながら一緒についてこられた生命体の数は多く、電車が発車するまで集まって来られて、急いで私の体全体にチクチクと助けを求められました。私は目を開けられない状態で、ホームでお助けしながら列車に乗り、それから列車の中でも生命体をお助けして乗っていました。早く個人で世界の生命体を時間をかけてお助けしてあげたいと常に思っていますが、ボランティアですからお金が沢山要りますし、一人では大変です。

モスクワに午前八時到着。その後、モスクワ観光で、赤の広場、聖ワシリー寺院、ノヴォデヴィッチ修道院などの生命体をお助けしながら見学させて頂いて、夜はボリショイサーカスを見に行きました。客席は満席で生命体も沢山集まっておられましたので、お助けしながら見せて頂きました。館内の生命体は幸せを求めて観客と一緒に来られて、私に助けを求めれば根源の光を受けることができて幸せになれることを知って沢山集まって来られたのです。

七日目、ロシアのサンクトペテルブルクで世界三代美術館の一つ、エルミタージュ美術館を見学し、館内の生命体を調べました。どこの国も人の多く集まる場所は生命体が沢山苦しんで生存しています。人間の場合はこれだけの名作を鑑賞している時には心も浄まり、幸せを感じますが、生命体の場合は苦しみが強いために、館内で名作を見られても苦しくて幸せになれないようでした。その後、大英博物館のコレクションを見学して、世界遺産サンクトペテルブルグ観光で聖イサク寺院と血の教会を訪れました。昔、この場所は人の首を切られると鐘が鳴らされたそうです。私は生命体をお助けしながら調べさせて頂きました。

八日目、宝石で飾られた琥珀の間があるエカテリーナ宮殿を、生命体をお助けしながら見学させて頂きました。琥珀の間は、天井と壁に琥珀が飾られて、眩しく輝く財宝の間で、観客は皆幸せを感じ感動しておられました。しかし、死後の世界で幸せを求める生命体は、人間が幸せを感じるこんなに美しく輝く宝石の間におられても幸せになれず、苦しんでおられました。人間が死んでどんなにお金や財宝があっても、人間の権力や欲で築いた物で死後は幸せになれないことを証明するものです。

九日目、午前十二時までクレムリン観光。歴代ロシア皇帝の別荘コローメンスコエを見学しました。午後一時から五時まで私は別行動させて頂き、ロシアのガイドさんと二人でモスクワの有名人の墓地に行かせて頂きました。ロシアのこの墓地ほど多くの有名人の墓のある国は、私は初めてでした。このたびモスクワの大学病院に行って医師と対談することも考えていましたが、この日はちょうど日曜日で、行けなかったことが残念でした。しかし、モスクワを訪問して、有名人の墓の生命体を調べさせて頂いて、どんな職業の有名人であっても、死後の世界で幸せになれるなれないは関係ないことがわかりました。これは他の国でも共通しています。モスクワの有名人の墓地全体におられる生命体も幸せではありませんでした。前世からの数多くの因果関係の生命体に、墓に連れて来られて封じ込められて苦しんでおられました。宇宙飛行士の方は人間として生きておられる時は宇宙に行かれても、亡くなられてからは地下の何百メートル下で苦しんでおられました。助けてあげたくても一人の墓の生命体をお助けするのに一日はかかります。墓におられた方々は助けてほしいと望んでおられたと思いますが、お助けしてあげられないのが私も辛い気持ちでこの墓地から別れました。それから、ホテルまでタクシーで三十分のところが、車の渋滞で二時間もかかってしまいましたが、タクシーに乗る前に料金を決めてから乗りましたので追加料金はありませんでした。

十日目最終日、モスクワ発午前七時の飛行機で、フランクフルト周りで関西国際空港に午前八時五十五分に到着。

私はこのたびの旅行で、ラトビアの十字架の丘に立ち並ぶ十字架で生命体が救われているのか調べ、モスクワの街に生存される生命体と有名人の墓地の生命体を調べさせて頂いて、どこの国も私の思っていた通りで、幸せを求めておられる生命体が沢山おられました。現地まで出向いて、調べさせて頂かないと真実はわかりません。今回バルト三ヵ国とロシアの平和と幸せを願って行かせて頂いたことを心から感謝しています。

救われる原理とは

インドの釈尊の真理を学び実行できれば厳しい仏門修行は無用になる

釈尊は釈迦族の王子として生まれ、初めは古代インドの民族宗教バラモン教を信仰しておられました。が、その教えに納得できず、ある日、悟りを開くためにカピラバストの釈迦族の城を離れ、自分から山に籠もられて六年の厳しい修行を積まれたと言われています。それでも悟ることはできなかったという説もあります。その後、城に戻られずに不幸な人々を救うために、生涯旅をされて数多くの貧しい人々も平等に救われる真理を会得され仏教を作られました。釈尊は、お金、財産、名誉、階級、色欲、食欲など、人間の一番の欲を捨て、不幸な人々も平等に救うために生涯生きられたと言われています。釈尊を尊敬しない人はいません。人は釈尊が捨てた物を求めて、様々な自分の欲心に負けて、戦ったり人の物を奪ったり、嘘を言って騙したりして、毎日苦しんで生きて、自分も人も不幸にしながら生きています。しかし、釈尊の死後、仏教は釈尊の教えとは違う他力の教えに変わってきました。その理由は、釈迦如来像を作って様々な願いごとをするようになり、釈尊の教えをお経にして唱えると、死人の生命体が成仏得脱できると教えられましたので、人々は神仏とお経に頼るようになって、死人の生命体が仏像に宿り、如来や菩薩になり、人々を苦しめる生命体をお祓いすることで、人々をお助けされることもあります。その結果、釈尊の死後二千五百年以上の年月が経ても、戦争とお祓いを行ったことで、ますます死後の世界が地獄になって、病人の数も増え続けています。釈迦は自分が死んだら自分の像を作って頼めば助けてあげるとは教えておられないと思います。すなわち釈尊の真理を人々が学び実行していけば、平等に救われることを教えておられます。私たち人間は五欲を程々にして、人から喜ばれるように、許されないほど恨まれることは止めて、釈尊を見習って少しでも近づく心がけが大事です。今日から生きていける最小限のものを求めて、毎日感謝と謝罪を忘れず、生きることが一番幸せで、他の人から恨まれ、妬まれ、いじめられることも少なくて済みます。こんな生き方ができたら一番幸せになれます。釈尊は生涯着の身着のままで過ごすことが、正しく、幸せになれる方法だと悟り、人々に自分の人生を通して手本を教え残して亡くなりました。このことを、特に釈尊を信じ、尊敬し、仏教を信仰される人々は感謝するべきです。そして釈尊と同じ人生を歩まれたら自分も人も幸せにできます。しかし、並大抵のことではありません。

　釈尊は生命の根源と生命を発見していません。このため、人間の死後、生きる生命の生存と行動の世界のことは詳しく解明できなかったと思われます。それは宇宙の生命の根源から光を受けておられなかったからです。しかし釈尊は、人間は死んでも命の生まれ変わりはあると悟り、教えておられ、人間の命が生まれ変わることで因縁因果があることを説かれました。

　釈尊は悪玉のダイバダッタを許し、善人にされ、弟子にされたと言う説もあります。この行為は、全てを許す愛がないとできません。しかし、悪人を許されて善人にして救われたことは正しい行為で、根源の教えです。しかし、悪魔を許して救われずに、お祓いされて人を救われたという説もあります。それが本当であれば、一番大事なことが間違っていたことになります。二千五百年以上前のことで、人から人に伝えられたことですから、本当のことはわかりません。釈尊は悪魔を祓い除けたのではなくて、自分の心に思い浮かぶ邪心を祓い除けたのであり、悪魔自体を祓い除けていないという説もありますが、釈尊が人々の病気を治されたのであれば、釈尊の第二生命体がお祓いされていたかもわかりません。人間は約一万一千年前から悪魔を許してお助けせずにお祓いしたことが、死後の世界が地獄になってしまった大きな原因でもあります。

釈尊は先祖と自分の前世の因果関係のある生命体と、亡くなるまでに和解し、全てをお助けすることは難しかったと思われます。今世で悟りを得て、聖人として美しく生きられて数多くの不幸な人々をお助けされましたが、死を前にして、旅の途中で鍛冶屋職人から食べ物を頂いて食べてから、もっと悪くなられて、八十歳で亡くなられたと言われています。釈尊は食中毒で亡くなられたと仰る方もおられますが、釈尊のような立派な方に、鍛冶屋職人が、食当たりで下痢をされて亡くなられるほどの食べ物を差し上げることは考えられません。二千五百年以上前のことですから本当のことはわからないと思います。人間は、前世の因果関係の生命体が病気の発生源になっていますので、恨みが強いほど、死ぬまでの苦しみは死後も痛みが延長して苦しまれることになります。私が今まで調べさせて頂いた人で、百六歳まで生きられたお祖母さんの生命体をお助けしたことがありますが、殆どの人は死後幸せになることは至難の業です。聖人の方が亡くなられても、周囲から攻撃されたら苦しまれることになります。

人間は死後の地獄が見えないから、釈尊の説かれた真理を学ばれても信じられない方は、実行が疎かになり、全体のことよりも、自分のことしか思わない人もおられます。自身の小さい生命が見えないために、目に見える物に心が引かれて今の幸せしか考えられなくて、何事にも他の人よりも良くなりたいと思う自分の欲に負けてしまうのが人間の愚かさと弱さです。

私は釈尊の悟られた真理を人から教えてもらったり、本を読んで学んだのではなく、自分で、生命の根源の光により、世界の人間と生命の世界を解明しました。その後、釈尊の教えを読んだこともありますす。人間は死後の地獄が見えないから、釈尊の教えを学んでも、そのまま実行できる人は少ないのです。神仏に頼む他力の方が楽ですから。欲を捨て裸になれば幸せになれると思っても、凡人は欲を捨てることは現実は難しいものです。しかし、今世で欲を捨て聖人になれたとしても、死後幸せに天国に行くことはまだ一番大きな難問があります。それは、先祖の生命体と、自分の前世からの因果関係の生命体を死ぬまでにお助けするか、和解できないと、死後は地獄となる厳しい現実です。

釈尊は立派な聖人でしたが、先祖と自分の前世の因果関係の生命体を全て救えなかったと思います。それだけ前世の恨みは強くて怖いものです。世界のどんな人でも、自分の前世の何十兆、何百兆の因果関係の生命体と、亡くなられるまでに和解することは至難の業です。今世で聖人の方でも生半可な行為では絶対に許して頂けません。特に難病は数多くの強い前世の因果関係の生命体の業で発生し、殺されて死んでからもいじめられて苦しまれる方が殆どです。

インドの釈尊の聖地でも、生命の根源の光に幸せを求めて、数多くの生命体が私の所に集まって来られました。インドで釈尊の仏像に先祖の生命体の幸せを頼まれましても、二千五百年以上前から、インドで生まれて亡くなられた数多くの人々の生命体が釈迦如来に救われることが難しいとを知ることが大事です。今から死後の地獄が救われる行為に変えていかないと今までの方法では救うことは難しいのが現実です。釈尊は皆の苦しみを救うために生きられた、偉大な聖人であると私は思います。

人間は死んで自分の生命が地獄に連れて行かれて初めて後悔する

死後の地獄がわかると、誰を見ても可哀相に見え、一日生きられることが幸せで尊いということが初めてわかります。その時、自分の考えも行為も正しく変えて、今までの人生を振り返り、反省できる人は、幸福になれます。他の人が幸せに思えて、自分を不幸に思う人はまだ悟り得ていない人です。インドの釈尊は、凡人が求めるものを全て手放して、着の身着のまま、亡くなられるまで求めることなく一生過ごされました。さらに、自分を幸せと思い、他の人々を不幸と思い、不幸な人々を救うために生涯生きられた聖人です。生まれて亡くなるまでのことしか信じられない人は、何においても自分のことを一番に考える人で、人から信頼を失って、嫌われ恨まれることで自分を不幸にします。

人間の死は必ずありますが、生命の死はありません。生命の輪廻はありますが、全ての生き物の生まれ変わりはありません。人間が亡くなると、体に生存していた六十兆以上の細胞の生命は、肉体から離れ、それぞれが地球のどこかで生きています。空を飛べるものは飛んで生きています。苦しんでおられるか幸せであるかはそれぞれ違いがあります。自分の生命と第二生命体は、死後も一緒に生きる場合があります。生まれ変わった時、自分の生命と第二生命体が一人の人間に宿って、第二生命体が協力してくれることもありますが、本当は前世での恨みをもった生命体です。ですから死んで幸せになれない方もおられます。生まれて死ぬまでに第二生命体が協力してくれることがあるのは、信用してもらうためであって、その人を全て許して幸せにするためではありません。その人を恨んでいても、人間の世界でその人を成長させてリーダーにしないと、第二生命体も死後の世界でリーダーになれないから、人々の第二生命体は自分にとって敵であっても協力体になっていることも多いのです。しかし、人間は死ぬ時には自分の第二生命体に殺されて、死んでからはいじめられて苦しんでおられる方も沢山おられます。

悪事をするように仕向けられたり、悪祓いする人は後で不幸になるように、第二生命体に支配されていることもあります。その理由は前世での恨みです。そのことを知らずに、今まで第二生命体を、守護霊、守護神で自分を守ってくださる神仏だ、と信じている方は、悪祓いすると、後で自分が不幸になることを知らず、幸せになれると信じています。しかし、前世と今世でやられた者は、後でやり返す仇討ちと同じことになります。私は神社の神様とお寺の如来、菩薩の生命体をお助けに行くことはありますが、頼み事をしたり、お祓いも頼みません。

人間も生命体も相手を早く許すことができなくて、正しい自分が相手を恨んで苦しんでいます。人間を強く恨んでいる生命体ほど、お助けするのに時間がかかりますから、平等に救う愛がないと救えません。また恨みの強い生命体同士で戦っている集団をお助けする時も時間がかかります。

自分を病気にしている生命体に幸せになれる話をして、病気を治す方法

自分の病気を自分で治せる時代が来れば、医療費が少なくて済みます。自分の体を病気にしている生命体が幸せになれる会話をして、生命体の意識を変えることで良くなる病気もありますから、皆が平等に救われる方法を、私は毎日考えてきました。

病気は生命体のテレパシーの業で発生することが多いことがわかっています。人間と生命体が和解して仲良くできるように、お互い協力できるようにすれば、人間の世界も死後の生命体の世界も、地獄が少なくなります。人間と生命体の両方の地獄を少なくする方法は、生命体と生命体の和解、人間と人間の和解、人間と生命体の和解です。これを実行していけば、必ず病気が少なくなって、次第に皆が救われて幸せになれると確信しています。戦い、殺し、悪意、恨み、いじめ、差別がなくなれば、病気と苦しみが消え、平和、幸福、健康になった時に美しい心の原点に還ります。今から神仏に頼まれるよりも、何事もほどほどにされて、自分が恨みを受けて不幸にならないように生きることの方が大事です。人間は生まれて亡くなるまでの人生で、何のために生まれて、何のために生きて、何のために動くのか、なぜ生きるのか、お金を何のために使うのか、その目的がその人と生命を幸せにする

ことも不幸にすることもあります。凡人は死にたくないから生きるのです。過ぎた恨みごとは全て許して皆と仲良くできた時、自分の敵はいなくなり無敵になります。皆が幸福になった時に自分も本当の幸福になれます。その理由は自分を不幸にする者がいなくなるからです。

人間が信じている神仏の生命体の世界

約一万一千年前に生命体を神として祀り、信仰するようになって、その後二千五百年以上前にインドの釈尊が仏教を創りました。宗教の神仏の生命は、人間の死後、遺体から離れた生命を神と仏として祀ったものです。神を信仰する人と、仏教の如来、菩薩を信仰する人ができて、神の宗教も仏教も分立して、同じ仏教でも宗派ができて、また仏教では如来、菩薩をはじめ様々な仏様がおられます。人々が自分の信じた宗教の神仏の生命体を信仰するようになってから、人間は生命体の神と如来や菩薩を信仰して、願いごとをするようになりました。

今まで日本人は神を上に祀って、如来、菩薩を下に祀ってきました。昔からの習わしですが、必ずしも上と下で差別する必要はありません。なぜなら、神仏の生命は全て人間や生き物の死後、遺体から離れた生命で、生命の根源とは違うからです。人間の世界も死後の生命の世界も、地位や権力のある人は上座で、下の人は下座になり、上と下に区別する習わしが残っています。神仏の生命の世界も、権力のある方に気を遣って、上の一番良い場所に祀られた方が喜んで、祟りも少なく、助けてくださることもあります。私は生命の根源の光で神仏の生命体をお助けさせて頂いても、願いごとはしません。それは、苦しんでおられる神仏の生命体にご迷惑をかけたくないことと、神仏の生命体にお祓いして頂くと、自分の前世を綺麗にできないからです。しかし、生命体の中には、私が頼まなくとも心配してくださって、お世話になっているかもしれません。いつも全ての方に真心で感謝をし、ご迷惑をかけた方の幸せを願って謝りを続けることを忘れてはいけません。どんな生命体の方も皆、和解して幸せになって頂きたいと思うことが大事です。

全ての生きるものの幸せを願って生きることが、生命の根源の教えで、皆も自分を幸せにする一番正しい生き方であります。だれよりも自分が一番幸せになる行為をすることは、自分を不幸にすることになります。幸せは苦労して得るほど喜びが大きいものです。すなわち苦しみ痛みを自分が体感して、実るほど頭が下がる稲穂かな、ということです。良いこととは、人には優しく自分に厳しくすることです。自分が五欲で生きることは、人を苦しめて不幸にして自分の幸せを求めることで、後で自分が不幸になる行為です。

世界を救うために
五十一ヵ国の生命体を調べて助ける

私は二〇一四年二月まで世界五十一ヵ国の生命体の世界を研究解明させて頂きました。世界の生命体をお助けする時と、貧しい人々の病気を治す時は、ボランティア活動です。生命の根源から皆を救うために与えられた、黄金以上に美しい光を使わせて頂いて、依頼された方から世界を救うための寄付金として、頂いた貴重なお金を使わせて頂いています。世界の人々と生命体を救うための本の出版費用にも使わせて頂いています。私も協力させて頂いていますから生活費にも使わせて頂いています。

世界の人々と、死後苦しんでおられる生命体を平等に救うことが目的で、地球を旅して本当のことを調べて書かせて頂いた本です。お金儲けと自分の欲のために出版させて頂いた本ではありません。世界の人々に真実を教え広げて皆を救うために、死後の地獄を救うことは年月がかかると思いますので、親から子孫に本当のことを伝え、後世に残していく皆の本ですから大事にしてください。生命体は見えにくいので信じられなくても難しくても、世界の平和と、皆が幸せになって不幸にならないために永遠に必要な教えですから、信じて何回も読んで、理解できた方から実行すれば救われます。

人の言葉は変わりますが、真実であれば本に書いてあることは年月が経っても変わることはありません。また本当のことを知って頂くと人間の世界と死後の世界が救われますから、私が発見し、研究解明させていただいたことを正確に書き残しておくことが大事で、今から世界の人々と先祖の生命体を救うために必要になります。本当のことは私の死後も必ず世界を救うために永遠に役立つことになります。死んでからも皆が自分で自身を救える教えですから、信じて忘れないようにしてください。死んでから苦しくても痛くても寒くても、医師もいないし薬もありませんし、死ぬこともできないし、誰も助けてくれないから、世界の有名人も亡くなられて苦しんでおられる方が多いことを、忘れないでください。

世界平和と幸福の原理

○生命の根源に感謝します。
○大自然の恵みに感謝します。
○今世に生まれたことを感謝します。
○今日生きていられることを感謝します。
○全ての生きものと生命に感謝します。
○前世と今世で人間と生命体が悪事を行ったことをお許しください。
○今から自分を反省し、自分自身の心を浄めることを誓います。
○今から自分だけの幸せを思わず、みんなの幸せを思って生きます。
○人は人を恨まず、生命体は生命体を恨まず、人は生命体を恨まず、生命体は人を恨まず。
○全てを愛し、全てを許し、みんなと仲良くすることを誓います。
○自身の生命の心を美しくして、人は死んで大地に還り、生命は美しい世界に還る。
○生命の根源の教えを人間と死後の世界で生きる生命体が実行します。

あとがき

私は一九七八年七月八日に空全体に飛んでいる生命を発見して以来、人間界と生命界の平和と幸せのために、四十年以上、活動をしてきました。人々に災いをもたらす生命体に様々な方法で邪魔立てされても、生命の生存と業の研究解明を途中で辞めずに続けたのは、人間の苦しみと死後の地獄を少なくするためです。宇宙の生命の根源の教えは、人間も死後の世界で生きる生命体も、実行できれば皆が平等に幸せになれる原理です。人間も生命体も協力しないと病人の数が多くなって、死後の世界が今以上に地獄になります。私たちが死ねば、その生命は殆どが苦しむことになります。今まで私が解明させていただいたことを、人間も生命体も無視したり邪魔立てすると、今から先、世界の人々も先祖の生命体も救うことが難しくなります。皆、自分のことですから、本当のことを認めて、自分にできることで協力して頂きたいと思います。

私が発見し、研究解明させていただいた世界について、「難しい」と仰る方もおられます。なぜ難しいのか。それは生命の根源を信じられず、生命の存在と行動と光エネルギーの業と、病気と生命の関係が見えないからでしょう。しかしこれからは空間に飛んでいる生命を肉眼で見える人が世界の各地に増えて、信じる人の数が多くなっていきますので心配は要りません。私が東京で生命が空に飛んでいることを教えてあげた時、十人中七人がその場で見えました。今まで信じられなかったどんな頑固な人でも、実際に見えたらすぐに信じられます。しかし見えない人には信じることができない人もおられます。目に見えたら信じるものですが、見えないと、真実であっても信じることは難しいと思います。ですから本物、偽物、真実と違っていることの区別がつかない人もおられます。

殆どの人は、初めて私の話を聞かれても、それが本当のことであってもすぐに信じられない方もおられます。今まで読んだことも、聞いたことも、見たこともない、発見、研究解明の世界ですから、当然です。目に見えなくても、真実を早く信じられる方は進歩します。本当のことを信じることができない人は、いつまで経っても進歩しません。本書を信じて読んでいただいたら、難しくはありません。信じられないから難しいのです。私の本に書いてあることを、これは本当のことだと信じて読んでください。必ず今までの教えの中で、正しいこと、間違っていること、わからなかったことが正しく見えて、本物、偽物の区別ができるようになります。今後迷ったり騙されたりしなければ、マイナスになることに時間やお金を使うことも財産を寄付することも必要ありません。

神仏は生命の根源ではなく、初め、生命の根源で誕生してから、数多くの人間と生き物を誕生させて輪廻した生命が、神仏の像におられるのです。人を沢山殺した武士でも、死んで神仏になりたいと思えばなれる世界です。ですから神社、お寺には昔の有名人が祀られています。今までは、神仏は特別の美しい存在のように教えられてきましたが、真実は違っていることもあります。

いくら見えにくい生命体の世界でも、体験を通して発見、解明できたことをすぐに信じられない人々のために、本当のことを、正確に本を通して書き残します。今信じられなくても、必ず後で真実であることが認められる時代が来ます。本を何度も読んで、信じることができたら、生命体が見え、体感・体験しなくても、私の本に書いてあることが真実であることが信じられるようになります。そして「今まで間違っていたことと正しいことがわかって迷わなくなった」と仰る方もおられます。しかし、生命体の存在が見えるようになって信じただけでは、人間の間違った行為は簡単に変えられるものではありません。戦争をなくすことも難しいのが現実です。それでも、今死後の世界が地獄になっていることが、世界の国のリーダーと多くの人々に信じられるようになった時に、初めて、一人一人の人間の考えも行動も正しく変わって、救われる行為ができるようになるでしょう。戦争をしない心の美しい生命の原点に還ることができた時に、地球の地獄が消滅して平和になって皆が幸せになれます。

彫刻の著者履歴

一九三七年　富山県に生まれる。

一九五八年　母校小学校に「少年像」寄贈。高さ一二〇ｃｍ。

一九六〇年　北海道函館市の山上に洞爺丸の沈没遭難者の慰霊像を設置。高さ二〇〇ｃｍ。

一九六五年　岡山県玉島市円通寺公園に人間国宝平田郷陽先生の原型「童と良寛」の石像を制作・設置。高さ三〇〇ｃｍ。

一九六六年　「妙潤上人」神戸市東山寺に設置。御影石。高さ一八〇ｃｍ。

一九六八年　「不動明王」宝塚市中山寺総特院に設置。制作費寄贈。高さ一八〇ｃｍ。

「神主」京都府福知山に設置。黒御影石。高さ一八〇ｃｍ。

「銅像」京都府久美浜に設置。高さ三三〇ｃｍ。

一九七三年　「生命」神戸市文化ホール公園に設置。一二〇ｃｍ×八〇ｃｍ。

「胎像」兵庫県森林公園石彫刻シンポジュウム参加、設置。一〇〇ｃｍ×八〇ｃｍ。

「共存」富山県の母校に設置。高さ一七〇ｃｍ。

「如意輪」茨木市のあいがわカントリーに設置。一〇〇ｃｍ×一二〇ｃｍ。

一九七四年　「飛翔の碑」篠山市役所庭園に設置。制作費寄贈。一三〇ｃｍ×二七〇ｃｍ。

「波」兵庫県西宮市スポーツセンターに設置。九〇ｃｍ×一五〇ｃｍ。

「少女」篠山市役所館内に設置。寄贈。

一九七五年　金日成主席六十周年記念作品北朝鮮近代第一博物館に二点保存。

「南北平和の彫刻」北朝鮮近代第二博物館に一点保存。

「わかれ」西宮市塩瀬町名塩小学校に寄贈。高さ六〇ｃｍ。

「鏡」西宮市名塩木ノ元寺に寄贈。二〇〇ｃｍ×一五〇ｃｍ。。

「古墳時代から」神戸市五色塚古墳公園に協力作品設置。一五〇ｃｍ×一九〇ｃｍ。

「飛翔の羽」茨木市あいがわカントリーに設置。一四〇ｃｍ×四三〇ｃｍ。

「生命」三重県上野市に設置。二五〇ｃｍ×一〇〇ｃｍ。

「水子地蔵」大阪府池田市法園寺に設置。二〇〇ｃｍ×八〇ｃｍ。

一九七六年　「首地蔵」宝塚市小浜町に設置。宝塚重要文化財。高さ一四〇ｃｍ。

一九七七年　「世界平和の像」フィリピン・レイテ島タクロバン市レイテ湾を望む戦場跡の丘の上に設置。加工費と設置費寄贈。高さ三三〇ｃｍ。

一九七八年　「水子地蔵」兵庫県伊丹市杜若寺に設置。高さ二五〇ｃｍ。

一九八二年　「父地蔵」「母地蔵」宝塚市地蔵園に設置。高さ一七〇ｃｍ。

一九八三年　「聖徳太子」宝塚市地蔵園に設置。高さ一六〇ｃｍ。

一九八四年　「野口英世」宝塚市地蔵園に設置。高さ一六〇ｃｍ。
一九八五年　「西郷隆盛」宝塚市地蔵園に設置。高さ一五〇ｃｍ。
一九八六年　「吉田松陰」宝塚市地蔵園に設置。高さ一六〇ｃｍ。
一九八九年　「世界平和の母」加古川市に設置。高さ二二〇ｃｍ。
一九九七年　「世界平和の母」鹿児島県の知覧の特攻隊の地点に設置。高さ二〇〇ｃｍ。
二〇〇二年　「いのち」石川県小松市に設置。高さ三七〇ｃｍ。

1966年
「妙潤上人」神戸市東山寺に設置。
御影石。高さ180㎝。

「神主」京都府福知山に設置。黒御影石。
高さ180㎝。

1975年　金日成主席六十周年記念作品北朝鮮近代第一博物館に2点保存。

「飛翔の羽」茨木市あいがわカントリーに設置。140cm×430cm。

1997年 「世界平和の母」鹿児島県の知覧の特攻隊の地点に設置。イタリアの大理石。高さ200㎝。

「狛犬」実家の神社に設置。御影石。

1973年　「生命」神戸市文化ホール公園に設置。120㎝×80㎝。

「老人と鹿」ユゴの大理石。100㎝×150㎝。

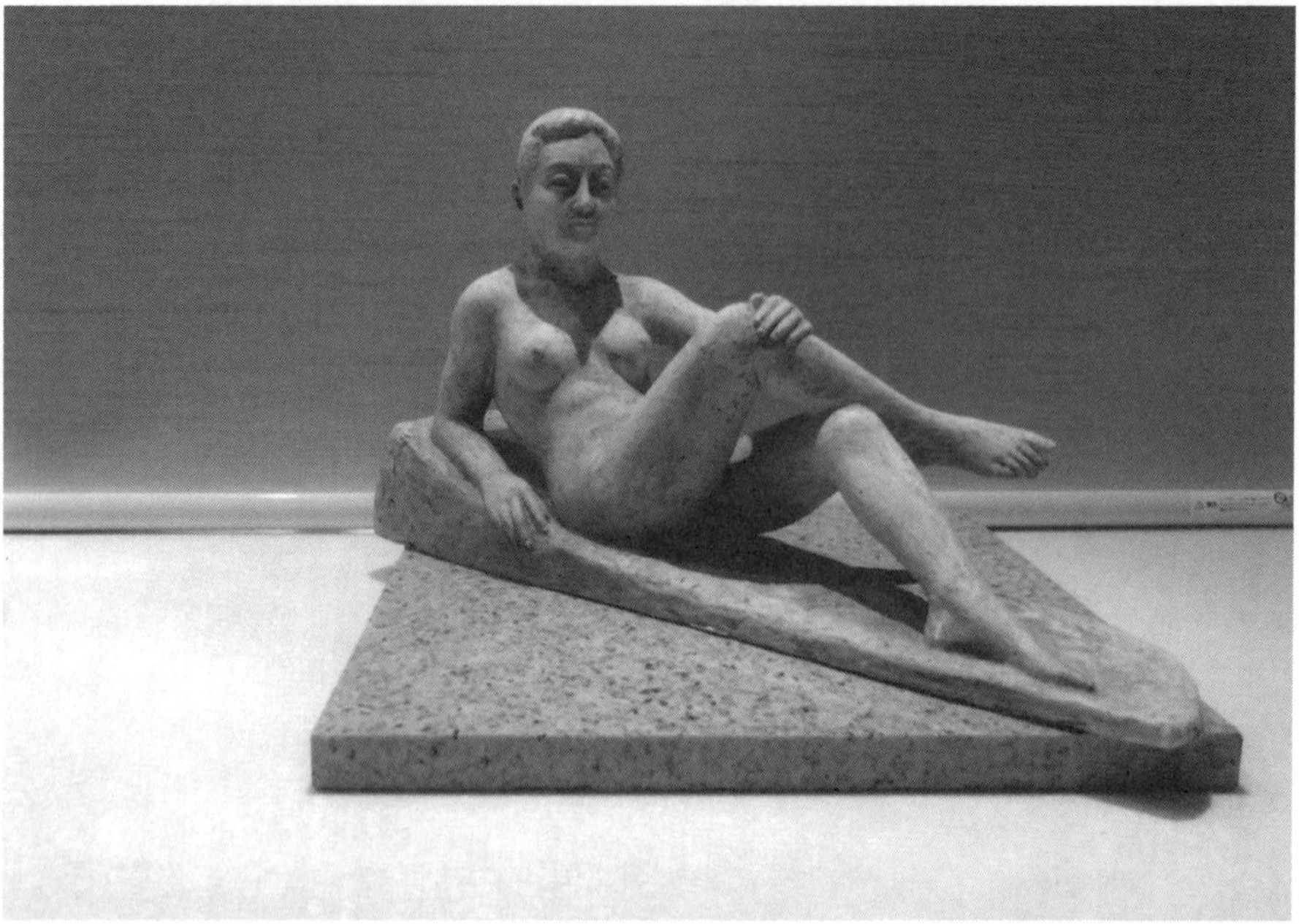

「裸婦」

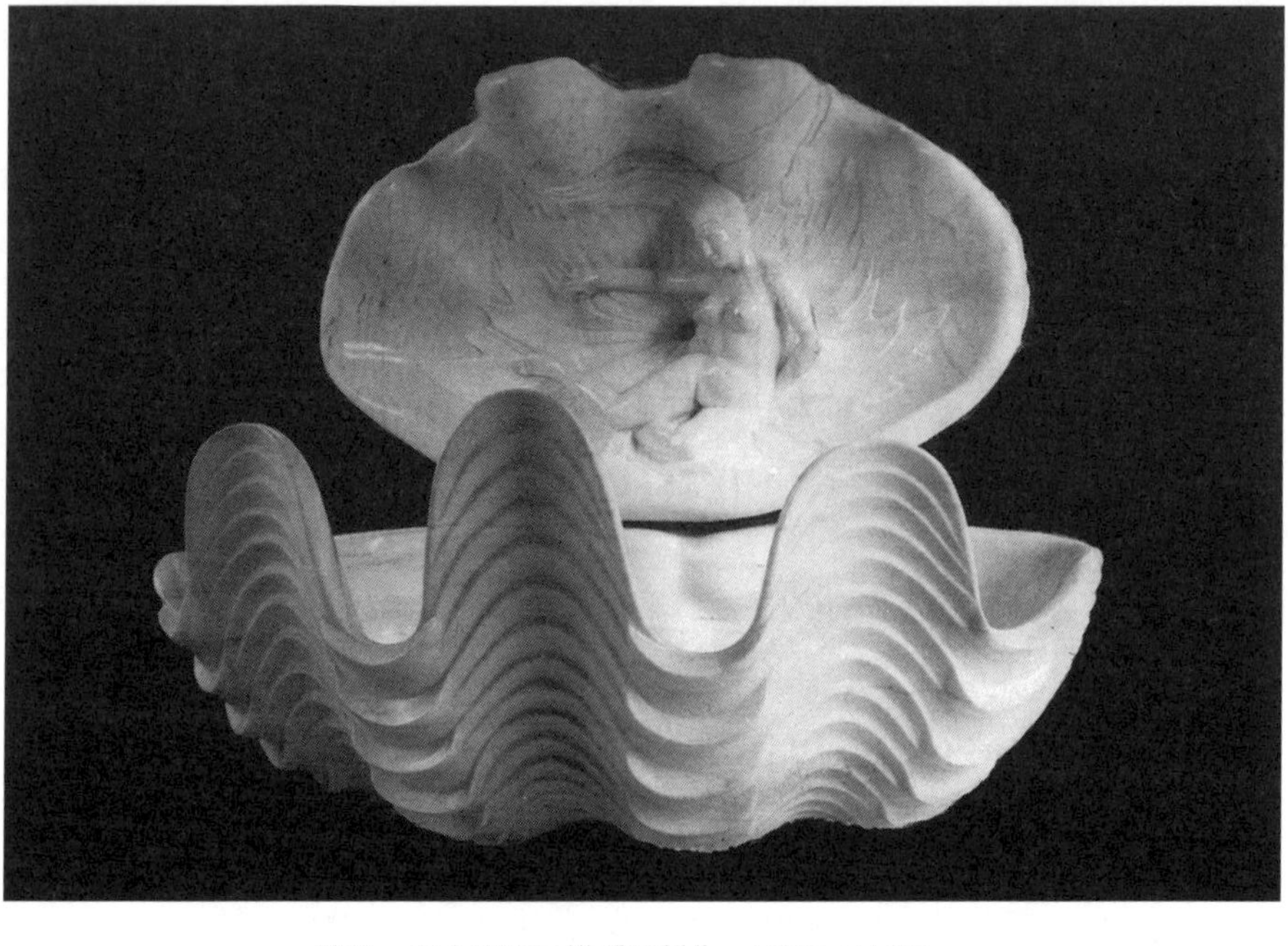

ギリシャの大理石で浴槽を制作。180㎝×150㎝。

「胸像」ブロンズ

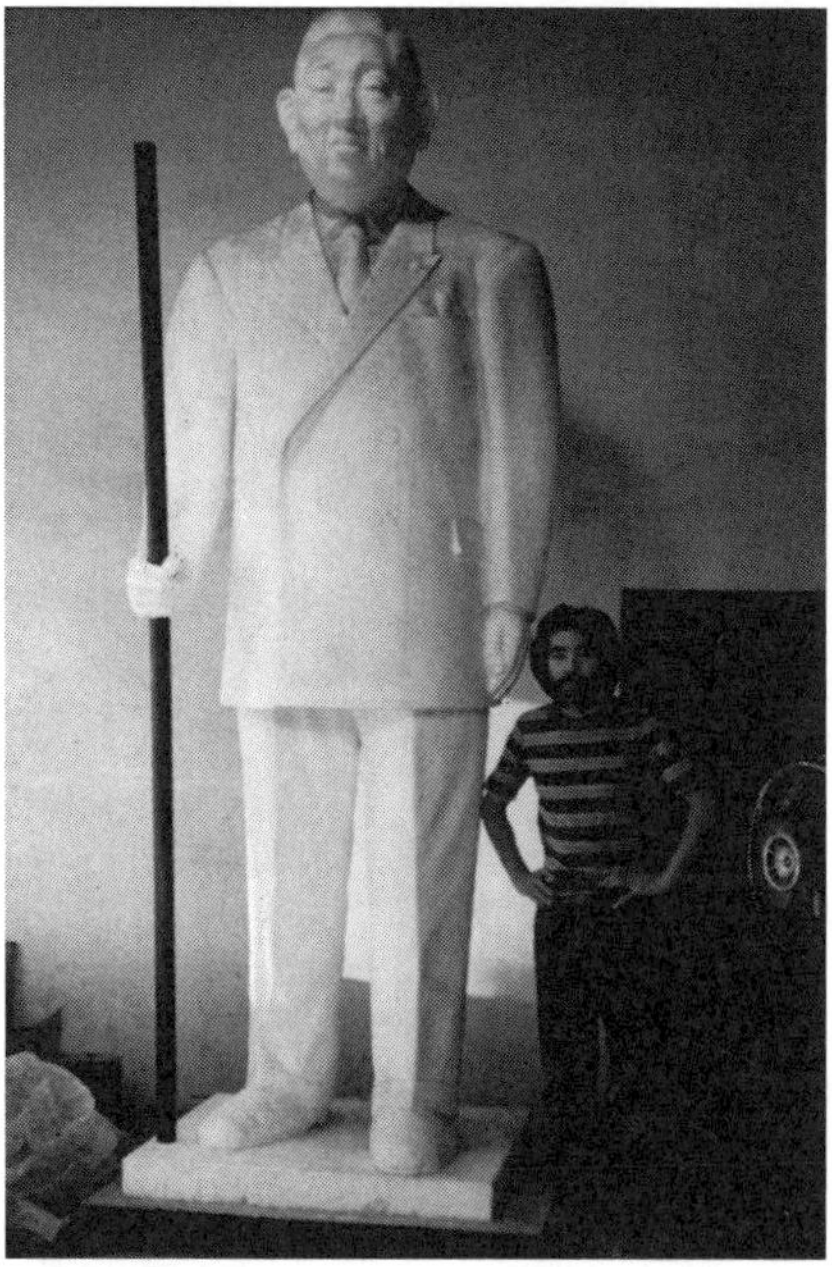

「銅像」京都府久美浜に設置。高さ330cm。

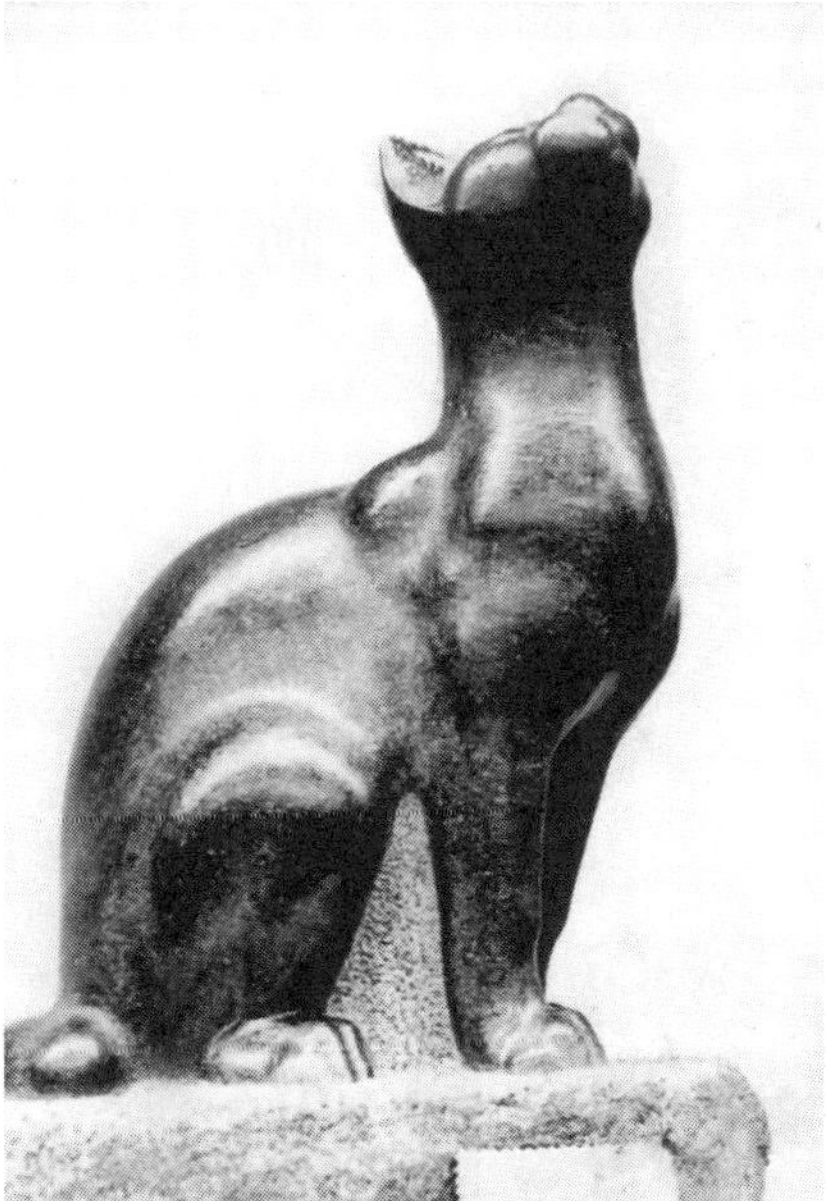

「猫」黒御影石

「河童」インドヒスイ石

生命の根源から使命を受けてからの行動

一九七七年七月八日　空に飛んでいる針先ほどの小さな丸い透明の生命を発見する。
一九七八年一月六日「宇宙に輝く月と同じ大きな黄金の球体から美しく輝く七色の光のスポットが斜めに出る世界を発見する」
一九七八年十月十三日金曜日「神仏とは違う懸け離れた別世界が、宇宙に黄金以上に美しく輝く、太陽よりも大きく見える、生命の根源からの黄金以上に美しく輝く光のスポットが私に降りて、発見する」。それから生命の根源の光で病気の発生源を解明するために、様々な病人を診察と治療を行って、人間と生命の関係を解明し、人間の死後、遺体から離れて生きる生命の生存行動と業を解明する。
一九九二年四月　アメリカのロサンゼルスの仏教大学で、心理学者の目幸先生と対談する。その時に大学の先生から、ロサンゼルスの新聞で私のことを発表し、人々を集めるので、講演をしてくださいと頼まれる。その後で、目幸先生が三日間ロサンゼルスの街の生命体を助けてくださいと、頼まれる。
一九九三年十月九日　神戸で、学会研究発表で「生命の根源と生命について」講演する。
二〇一四年までに幸せになれない生命体をお助けさせて頂いて、研究解明する。日本の国は北海道から沖縄まで。外国の国は五十ヵ国で、フィリピン三回、インド、イタリア二回、ギリシア、トルコ三回、エジプト二回、韓国二回、台湾二回、中国、シンガポール、香港、マレーシア、ベトナム、カンボジア、アメリカ、カナダ、オーストラリア、ニュージーランド、オーストリア、スイス、ドイツ二回、フランス、ノルウェー、スウェーデン、フィンランド、セルビア、ボスニア、マケドニア、アルバニア、モンテネグロ、サラエボ、ラトビア、リトアニア、エストニア、ロシア、アルゼンチン二回、ブラジル、ペルー、ケニア、タンザニア、南極、イスラエル、チェコ、スロバキア、ハンガリー、オランダ、モロッコ、チュニジア、アラブ首長国連邦、ドバイ。

生命の根源　救われる原理　上

2020年12月8日　第1刷発行

著　者　谷井信市《たにいしんいち》

発行者　太田宏司郎
発行所　株式会社パレード
大阪本社　〒530-0043　大阪府大阪市北区天満2-7-12
TEL 06-6351-0740　FAX 06-6356-8129
東京支社　〒151-0051　東京都渋谷区千駄ヶ谷2-10-7
TEL 03-5413-3285　FAX 03-5413-3286
https://books.parade.co.jp
発売元　株式会社星雲社（共同出版社・流通責任出版社）
〒112-0005　東京都文京区水道1-3-30
TEL 03-3868-3275　FAX 03-3868-6588

印刷所　中央精版印刷株式会社

ISBN 978-4-434-28213-3　C0014